职业教育本科土建类专业融媒体系列教材

地基与基础

贾瑞晨
主　编　甄精莲

夏　彪
副主编　贺安宁

主　审　蒋　荣

中国建筑工业出版社

图书在版编目（CIP）数据

地基与基础 / 贾瑞晨，甄精莲主编. — 北京：中
国建筑工业出版社，2021.6
职业教育本科土建类专业融媒体系列教材
ISBN 978-7-112-26051-5

Ⅰ. ①地… Ⅱ. ①贾… ②甄… Ⅲ. ①地基-高等职
业教育-教材②基础（工程）-高等职业教育-教材　Ⅳ.
①TU47

中国版本图书馆 CIP 数据核字（2021）第 064293 号

本教材内容共分 6 个教学单元，包括岩土工程勘察、土方工程计算与施工、浅基
础设计与施工、桩基础工程施工、基坑工程施工以及地基处理。本教材每个教学单元
均配套数字资源和课后思考题及习题，同时本教材配有两套教学检测试卷（含答案）
以及技能考试试题，扫二维码可以获取（二维码在教学单元 6 思考与练习后）。本教
材内容简明，重点突出，实用性强，可作为高等职业学校职业教育本科土建类专业的
专业基础课教材，同时可供土建类专业勘察、设计和施工技术人员参考使用。

为便于本课程教学，作者自制免费课件及习题资源，索取方式：1. 邮箱 jckj@
cabp. com. cn；2. 电话（010）58337285；3. 建工书院 http://edu. cabplink. com；
4. 加入交流 QQ 群 758823763。

责任编辑：李天虹　李　阳
责任校对：李美娜

职业教育本科土建类专业融媒体系列教材
地基与基础
主　编　贾瑞晨　甄精莲
副主编　夏　彪　贺安宁
主　审　蒋　荣
*
中国建筑工业出版社出版、发行（北京海淀三里河路 9 号）
各地新华书店、建筑书店经销
北京鸿文瀚海文化传媒有限公司制版
北京京华铭诚工贸有限公司印刷
*
开本：787 毫米×1092 毫米　1/16　印张：12¼　字数：301 千字
2021 年 6 月第一版　2021 年 6 月第一次印刷
定价：**39.00** 元（赠教师课件）
ISBN 978-7-112-26051-5
（37250）

前言 *Preface*

　　本教材以符合高职高专院校培养高技能人才和全面推进素质教育的需要为编写目标，结合行业职业技能标准要求，依据国家最新的《建筑地基基础设计规范》GB 50007—2011、《建筑桩基技术规范》JGJ 94—2008、《建筑地基处理技术规范》JGJ 79—2012 和行业最新技术标准编写而成。

　　本教材以建筑地基基础施工实际需求作为编写的出发点，按照地基基础施工实际工作过程进行编排，以地基基础设计、计算、施工等典型工作任务为学习驱动，阐述了地基基础工程施工中各种施工方法的特点、适用范围、施工工艺流程、施工要点、施工质量验收等基本内容，为学生合理选用施工方法、制定施工方案、实施施工管理奠定了基础。

　　本教材内容囊括了建筑地基基础工程的全部施工过程，可以为学生全面了解建筑地基基础工程的设计与施工、开阔职业视野提供帮助。

　　编写过程中，考虑到培养对象的职业性，本教材坚持以技能为本位，注重基本知识与基本技能的结合，内容上以实用为准，基本理论以够用为度。为突出应用能力培养，本教材编排了较多的综合实训项目，便于教学中根据实际需要组织有针对性的训练。此外，本教材与时俱进，根据当前建筑工程企业常用的施工方法进行编写，删减了落后的施工工艺，适当引入了新型施工工艺。

　　本教材由湖南高速铁路职业技术学院贾瑞晨、甄精莲担任主编并统稿。教学单元 1 由湖南高速铁路职业技术学院夏彪编写，教学单元 2、教学单元 3 由贾瑞晨编写，教学单元 4、教学单元 5 由甄精莲编写，教学单元 6 由湖南高速铁路职业技术学院贺安宁编写，参与编写的还有湖南高速铁路职业技术学院罗人蜜、刘建军、谢珠玑、欧阳志、蒋为。

　　本教材湖南高速铁路职业技术学院蒋荣教授审阅，并提出了许多宝贵意见和建议，在此表示衷心的感谢！

　　本教材引用了有关的专业文献和资料，在此对有关文献的作者表示感谢。

　　限于编者水平，书中不妥之处在所难免，敬请读者批评指正。

课程导图 The Structure Mapping

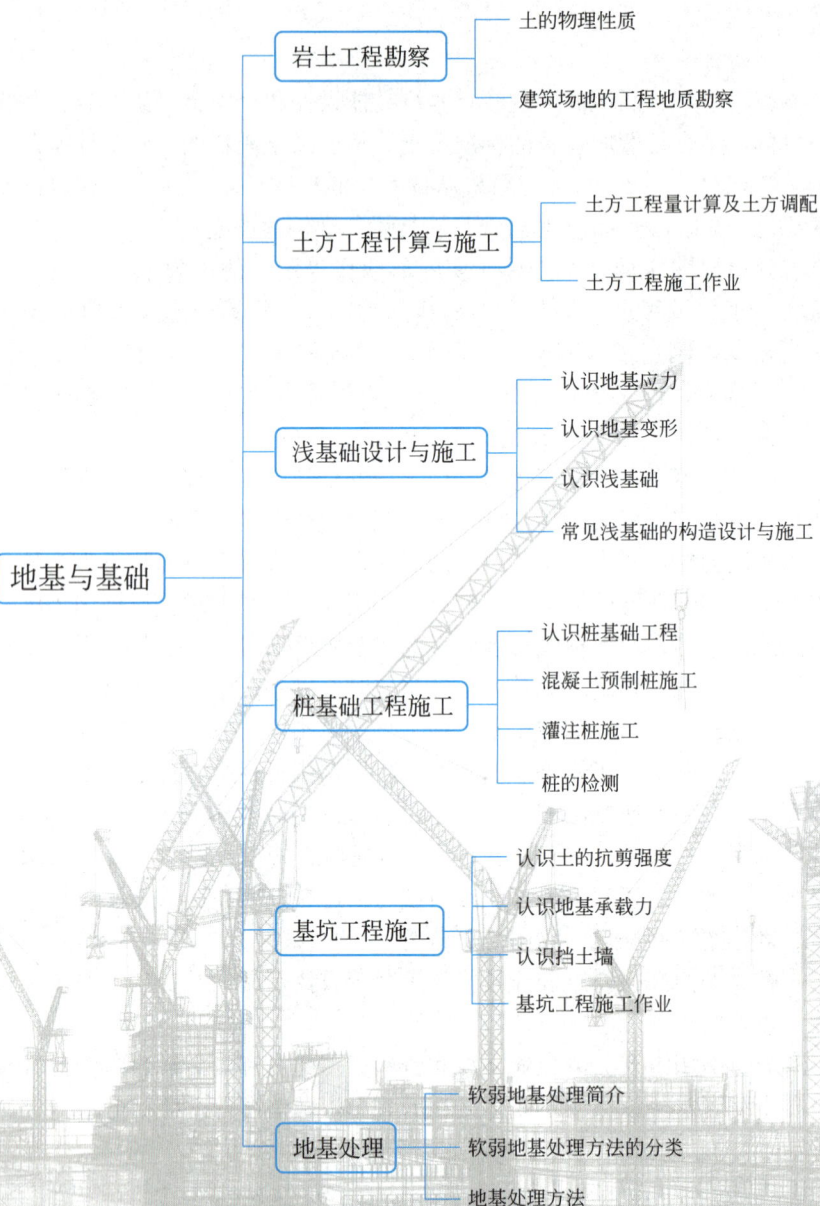

地基与基础

- 岩土工程勘察
  - 土的物理性质
  - 建筑场地的工程地质勘察

- 土方工程计算与施工
  - 土方工程量计算及土方调配
  - 土方工程施工作业

- 浅基础设计与施工
  - 认识地基应力
  - 认识地基变形
  - 认识浅基础
  - 常见浅基础的构造设计与施工

- 桩基础工程施工
  - 认识桩基础工程
  - 混凝土预制桩施工
  - 灌注桩施工
  - 桩的检测

- 基坑工程施工
  - 认识土的抗剪强度
  - 认识地基承载力
  - 认识挡土墙
  - 基坑工程施工作业

- 地基处理
  - 软弱地基处理简介
  - 软弱地基处理方法的分类
  - 地基处理方法

本课程导学

建议学时 *Suggested Study Time*

教学单元	任务	学时
岩土工程勘察	土的物理性质	4
	建筑场地的工程地质勘察	4
土方工程计算与施工	土方工程量计算及土方调配	4
	土方工程施工作业	2
浅基础设计与施工	认识地基应力	8
	认识地基变形	4
	认识浅基础	2
	常见浅基础的构造设计与施工	6
桩基础工程施工	认识桩基础工程	2
	混凝土预制桩施工	2
	灌注桩施工	4
	桩的检测	2
基坑工程施工	认识土的抗剪强度	4
	认识地基承载力	4
	认识挡土墙	6
	基坑工程施工作业	4
地基处理	软弱地基处理简介	1
	软弱地基处理方法的分类	
	地基处理方法	3
土工试验指导		6
总计		72

目录 *Content*

教学单元 5

教学单元 6

教学单元1 岩土工程勘察

思维导图

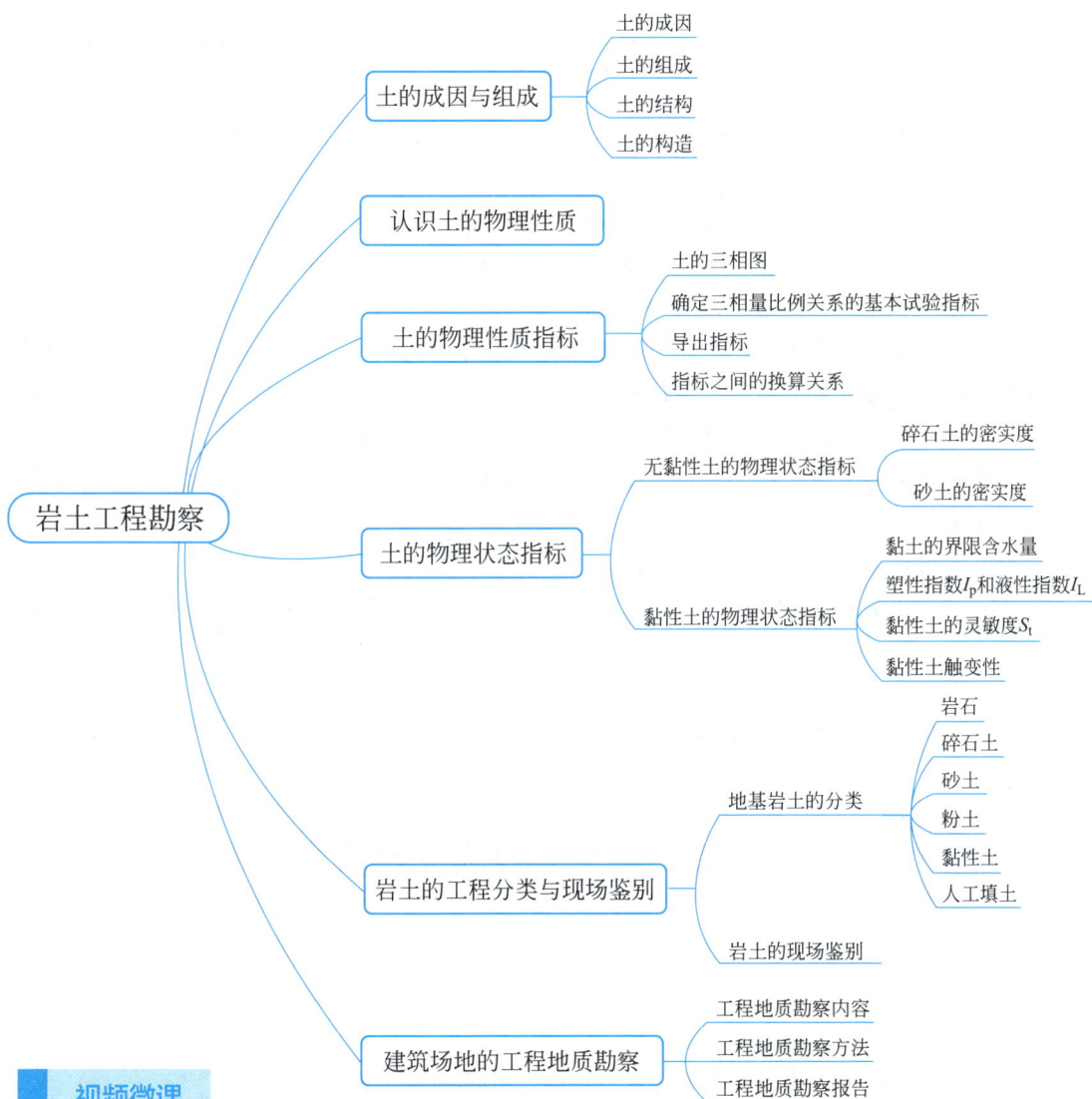

- 岩土工程勘察
  - 土的成因与组成
    - 土的成因
    - 土的组成
    - 土的结构
    - 土的构造
  - 认识土的物理性质
  - 土的物理性质指标
    - 土的三相图
    - 确定三相量比例关系的基本试验指标
    - 导出指标
    - 指标之间的换算关系
  - 土的物理状态指标
    - 无黏性土的物理状态指标
      - 碎石土的密实度
      - 砂土的密实度
    - 黏性土的物理状态指标
      - 黏土的界限含水量
      - 塑性指数I_P和液性指数I_L
      - 黏性土的灵敏度S_t
      - 黏性土触变性
  - 岩土的工程分类与现场鉴别
    - 地基岩土的分类
      - 岩石
      - 碎石土
      - 砂土
      - 粉土
      - 黏性土
      - 人工填土
    - 岩土的现场鉴别
  - 建筑场地的工程地质勘察
    - 工程地质勘察内容
    - 工程地质勘察方法
    - 工程地质勘察报告

视频微课

教学单元1
导学

■ **引入案例** ▪ ▪ ▪

意大利比萨斜塔

比萨斜塔是意大利比萨城大教堂的独立式钟楼，位于比萨大教堂的后面，它与相邻的大教堂、洗礼堂、墓园等对 11 世纪～14 世纪意大利建筑艺术有着巨大影响。1590 年，伽利略曾在此塔做落体实验，创立了物理学上著名的自由落体定律，比萨斜塔也因此成为世界上最珍贵的历史文物之一。

比萨斜塔共 8 层，从地面到塔顶高 55m，于 1173 年动工，1178 年建造至第 4 层中部（高度 29m）时，因塔明显倾斜而停工；94 年后，即 1272 年复工，经 6 年时间建完第 7 层，高 48m，再次停工；1360 年再次复工，1370 年修建完工，整体建设历时约 200 年。比萨斜塔被设计为垂直建造，但在第 3 层建造完成后，塔已向北倾斜约 0.25°，在随后的建造过程中，建造者采取各种措施修正倾斜，如刻意将钟楼上层搭建成反方向的倾斜，以便补偿已经发生的重心偏离。据史料记载，1278 年工程进展到第 7 层时，塔向南倾斜约 0.6°，1360 年建造顶层钟房时增加到 1.6°。

比萨斜塔之所以会倾斜，是因为塔身建立在深厚的高压缩性土之上，塔的地基持力层为粉砂层，下面为粉土层和黏土层，地基的不均匀沉降导致塔身倾斜。根据现有的文字记载，比萨斜塔在几个世纪以来的倾斜是缓慢的，这是因为它和它地基下方的土层实际上达到了某种程度上的平衡，1550 年～1817 年间，塔的倾斜总和不超过 5cm。然而 1838 年的一次工程使倾斜突然增加了 20cm。该工程结束以后，比萨斜塔的加速倾斜又持续了几年，之后趋于平稳，减少到每年倾斜约 1mm。

1990 年 1 月，比萨斜塔南北两端沉降差已达 1.8m，塔顶中心线偏离塔底中心线达 5.27m，倾角为 5.5°，斜率为 9.3%（是我国地基基础规范允许值的 18 倍多）。由于倾斜程度过大，容易发生危险，比萨斜塔于 1990 年停止向游客开放，之后经过 12 年的修缮，斜塔被扶正 44cm，2001 年 12 月重新对外开放。

任务 1.1　土的物理性质

■ **学习目标** ▪ ▪ ▪

- 了解土的成因、组成与结构；
- 掌握土的物理性质指标及三相比例指标之间的换算关系；
- 熟悉无黏性土、黏性土的物理状态指标；
- 掌握相对密度、塑限、液限、塑性指数和液性指数等基本概念；
- 掌握规范对地基土的工程分类方法，掌握砂土、黏性土的分类标准。

土是岩石经过风化、搬运、沉积等地质作用而形成的松散沉积物，由固体颗粒（固相）、水（液相）和气体（气相）三者组成。土的物理性质主要取决于土的固体颗粒的矿物成分及大小、土的三相比例、土的结构以及土所处的物理状态。土的物理性质在一定程度上影响岩土的力学性质，是土最基本的工程特性。

1.1.1　土的成因与组成

1. 土的成因

自然界中的土是岩石风化作用的产物。这里的风化作用包括物理风化、化学风化和生物风化。

地壳表层的岩石长期暴露在大气中，经受气候的变化，会逐渐分解，破碎成大小和形状不同的一些碎块，这是物理风化。经物理风化后的产物与母岩具有相同的矿物成分，这种矿物称为原生矿物，如石英、长石、云母等。

物理风化后形成的碎块与水、氧气、二氧化碳等物质接触，使岩石碎屑发生化学变化，这个过程称为化学风化。化学风化改变了原来组成矿物的成分，产生了与母岩矿物成分不同的次生矿物，如黏土矿物、铝铁氧化物和氢氧化物等。

生物风化是指动植物和人类活动对岩石的破坏，如植物的根对岩石的破坏、人类开山等，经生物风化的矿物成分未发生变化。

岩石风化产生的碎屑颗粒原地堆积，或经过风、水的搬运沉积，形成松散的沉积物，即工程上所称的土。根据不同的沉积类型，土可以分为残积土、坡积土、洪积土、冲积土、湖积土、冰川积土和风积土等。此外还有在特殊环境下形成的特殊土，如沿海的软土、陕甘晋的黄土、滇黔桂的红黏土等。不同沉积类型的土有着不同的分布规律和工程地质特征，下面简单介绍几种主要的土。

（1）残积土

残积土是指残留在原地未被搬运的原岩风化产物。残积土与基岩之间没有明显的界线，一般是由基岩风化带直接过渡到新鲜基岩。残积土的主要工程地质特征为：没有层理构造，均质性很差，因而土的物理力学性质很不一致；颗粒一般较粗且带棱角，孔隙比较大，作为地基易引起不均匀沉降。

（2）坡积土

坡积土是高处岩石风化产物在雨水、融雪、水流的缓慢洗刷剥蚀下，沿着斜坡向下逐渐移动并沉积在平缓的山坡上而形成的沉积物。坡积土的主要工程地质特征为：会沿下卧基岩倾斜面滑动；土颗粒粗细混杂，土质不均匀，厚度变化大，作为地基易引起不均匀沉降；新近堆积的坡积物土质疏松，压缩性较高。

（3）洪积土

洪积土是由岩石风化产物在暂时性山洪急流的挟带下堆积于山谷冲沟出口或山前倾斜平原而形成的沉积物。洪积土的主要工程地质特征为：洪积土常呈现不规则交错的层理构造；靠近山地的洪积土的颗粒较粗，地下水位埋藏较深，土的承载力一般较高，常为良好的天然地基；离山较远地段的洪积土颗粒较细，成分均匀，厚度较大，土质较为密实，一般也是良好的天然地基。

（4）冲积土

冲积土是由江、河两岸的基岩及其上覆的坡积、洪积物，经流水的剥蚀、搬运与沉积，在平缓地带形成的沉积物。冲积土可分为平原河谷冲积土、山区河谷冲积土和三角洲冲积土。其中，平原河谷冲积土又包括河床沉积土、河漫滩沉积土、河流阶地沉积土及古河道沉积土等。冲积土的主要工程地质特征为：河床沉积土大多为中密砂砾，承载力较高，但必须注意河流的冲刷作用及凹岸边坡的稳定；河漫滩地段地下水埋藏较浅，下部为砂砾、卵石等粗粒土，上部一般为颗粒较细的土，局部夹有淤泥和泥炭，压缩性较高，承载力较低；河流阶地沉积土强度较高，一般可作为良好的地基；山区河谷冲积土的颗粒较粗，一般为砂粒所充填的石、圆砾，在高阶地往往是岩石或坚硬土层，最适宜作为天然地基；三角洲冲积土的颗粒较细，含水量大，呈饱和状态，有较厚的淤泥或淤泥质土层分布，承载力较低。

2. 土的组成

在自然状态下，土是由固体颗粒、水和气体组成的。固体颗粒构成土的骨架，骨架之间贯穿着孔隙，孔隙中填充有水和气体，因此，土也被称为三相孔隙介质。

（1）土的固体颗粒

土的固体颗粒简称土颗粒、土粒，其大小和形状、矿物成分及其组成情况是决定土的工程性质的重要因素。

1）土颗粒的成分

土颗粒的矿物成分可分为原生矿物和次生矿物。一般粗颗粒的砾石、砂等都是由原生矿物构成的，其成分与母岩相同，性质比较稳定，其工程性质表现为无黏性，透水性较大，压缩性较低，常见的如石英、长石和云母等。细粒土主要由次生矿物构成，而次生矿物主要是黏土矿物，其成分与母岩完全不同，性质较不稳定，具有较强的亲水性，遇水易膨胀，失水易收缩。常见的黏土矿物有蒙脱石、伊利石、高岭石，这三种黏土矿物的亲水性依次减弱。

2）土的粒组划分

自然界中的土都是由大小不同的土颗粒组成的，土颗粒的大小与土的性质密切相关。例如土颗粒由粗变细，则土的性质由无黏性变为黏性。粒径大小在一定范围内的土，其矿物成分及性质也比较相近。因此，可将土中各种不同粒径的土粒按适当的粒径范围分为若干粒组，各个粒组的性质随分界尺寸的不同而呈现出一定质的变化。划分粒组的分界尺寸称为界限粒径，我国习惯采用的土的粒组划分方案见表1-1。

土的粒组划分方案 表 1-1

粒组统称	粒组名称		粒径 d 范围(mm)	分析方法	主要特征
巨粒	漂石(块石)粒		$d>200$	直接测定	透水性很大,压缩性极小,颗粒间无粘结,无毛细性
	卵石(碎石)粒		$60<d\leqslant200$		
粗粒	砾粒	粗砾	$20<d\leqslant60$	筛分法	透水性大,压缩性小,无黏性,有一定毛细性
		细砾	$2<d\leqslant20$		
	砂粒	粗砂	$0.5<d\leqslant2$		
		中砂	$0.25<d\leqslant0.5$		
		细砂	$0.075<d\leqslant0.25$		

粒组统称	粒组名称	粒径 d 范围(mm)	分析方法	主要特征
细粒	粉粒	$0.005<d\leqslant0.075$	静水沉降原理	透水性小,压缩性中等,毛细上升高度大,微黏性
	黏粒	$d\leqslant0.005$		透水性极弱,压缩性变化大,具黏性和可塑性

确定各个粒组相对含量的颗粒分析试验方法有筛分法和沉降分析法两种。筛分法是用一套不同直径的标准筛把各种粒组分离出来,适用于粒径为 $0.075\sim60$mm 的土。沉降分析法包括密度计法(也称比重计法)和移液管法(也称吸管法),是利用不同大小的土粒在水中的沉降速度不同来确定小于某粒径的土粒的含量,适用于粒径小于 0.075mm 的土。

土的颗粒级配是指土中各个粒组占土粒总量的百分率,常用来表示土粒的大小及组成情况。根据颗粒分析试验结果可以绘制颗粒级配曲线,判断土的级配状况,如图 1-1 所示。颗粒级配曲线一般用横坐标表示粒径,因为土粒粒径相差悬殊,常在百倍、千倍以上,所以采用对数坐标形式;纵坐标用来表示小于某粒径的土的质量分数(或累计百分含量)。

图 1-1 中曲线 a 平缓,表示土样所含土粒的粒径范围广,粒径大小相差较大,土粒不均匀,较大颗粒间的孔隙被较小的颗粒所填充,土的密实度较好,即颗粒级配良好;反之,曲线 b 较陡,则表示土样所含土粒的粒径范围窄,粒径的大小相差不大,土粒较均匀,颗粒级配不良。为反映土颗粒的组成特征,工程上常采用不均匀系数 C_u 和曲率系数 C_c 两个级配指标来描述。

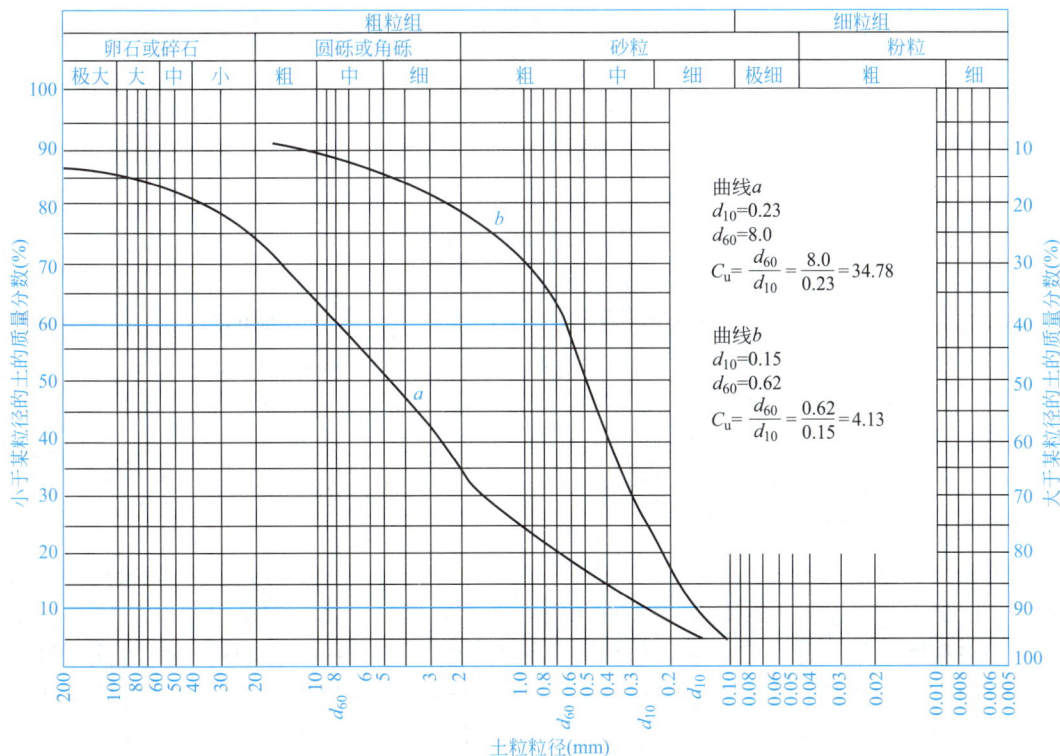

曲线 a
$d_{10}=0.23$
$d_{60}=8.0$
$C_u=\dfrac{d_{60}}{d_{10}}=\dfrac{8.0}{0.23}=34.78$

曲线 b
$d_{10}=0.15$
$d_{60}=0.62$
$C_u=\dfrac{d_{60}}{d_{10}}=\dfrac{0.62}{0.15}=4.13$

图 1-1 颗粒级配曲线

不均匀系数 C_u 反映粒径分布曲线上的土粒分布范围，按下式计算：

$$C_u = \frac{d_{60}}{d_{10}} \tag{1.1-1}$$

曲率系数 C_c 反映粒径分布曲线上的土粒分布形状，按下式计算：

$$C_c = \frac{d_{30}^2}{d_{60} d_{10}} \tag{1.1-2}$$

式中，d_{60} 为限定粒径，表示小于某粒径的土粒质量占土的总质量的 60% 时所对应的粒径；d_{10} 为有效粒径，表示小于某粒径的土粒质量占土的总质量的 10% 时所对应的粒径；d_{30} 为小于某粒径的土粒质量占土的总质量的 30% 时所对应的粒径。

不均匀系数 C_u 反映不同粒组的分布情况，C_u 越大，则曲线越平缓，表示土中的粒组变化范围宽，土粒不均匀，土的级配良好；反之，C_u 越小，曲线越陡，表示土中的粒组变化范围窄，土粒均匀，土的级配不良。工程中，把 $C_u < 5$ 的土称为均粒土，$C_u > 10$ 的土称为级配良好的非均粒土。

曲率系数 C_c 反映级配曲线的整体形状。当级配曲线斜率很大时，表明某一粒组含量过于集中，其他粒组含量相对较少。经验表明，当级配连续时，C_c 的范围为 1～3。

由上可知，土的级配优劣可由土粒的不均匀系数和粒径分布曲线的形状曲率系数确定。我国《土的工程分类标准》GB/T 50145—2007 规定：对于砂类或砾类土，当 $C_u \geqslant 5$ 且 $C_c = 1～3$ 时，为级配良好；不能同时满足上述条件时，则级配不良。级配良好的土，其强度和稳定性较好，透水性和压缩性较小，是填方工程的良好用料。

（2）土中水

自然状态下土中都含有水，土中水的存在状态及其与土颗粒之间的相互作用对土的性质影响很大，而且土颗粒越细影响越大。

按存在状态，土中的水可划分为固态水、气态水和液态水：固态水是指土中的冰。水结成冰后体积增大，使土体产生冻胀，破坏土的结构；冰融化后土体强度又会急剧降低，对地基不利。气态水是指土中以水蒸气形式存在的水，其对土的性质影响不大。一般情况下所说的水是指土体中的液态水，分为结合水和自由水两大类。

1）结合水

结合水又称吸附水，是受土粒表面电场吸引而吸附于土颗粒表面的水，根据其离土粒表面的距离又可以分为强结合水和弱结合水。

强结合水是指紧靠颗粒表面的结合水，厚度很薄，大约只有几个水分子的厚度。由于强结合水受到电场的吸引力很大，故在重力作用下不会流动，其性质接近固体，不传递静水压力，具有一定的黏滞性、弹性和抗剪强度。强结合水的冰点远低于 0℃，可达 −78℃，在温度达 105℃ 以上时才能蒸发。

弱结合水是在强结合水以外、电场作用范围以内的水，这类水仍受颗粒表面的电场吸引，但引力较小，且随距离的增大逐渐消失而过渡到自由水。弱结合水具有比自由水更大的黏滞性，是一种黏滞水膜，可以在电场力的作用下从一个土粒的周围转移到另一个土粒的周围，即弱结合水膜能发生变形，但不会因重力作用而流动，也不能传递静水压力。弱结合水对黏性土的性质影响最大，是黏性土在一定含水量范围内具有可塑性的原因。

2）自由水

自由水是指存在于土粒电场范围以外的水，其性质与普通水相同，能传递静水压力，其分为重力水和毛细水两种。

重力水位于地下水位以下的土孔隙中，能在重力或压力差作用下流动，对土粒有浮力作用。在地下水位以下的土受重力水的浮力作用，土中的应力状态会发生改变。施工时，重力水对于基坑开挖、排水等方面会产生较大影响。

毛细水位于地下水位以上的土孔隙中。土粒间的孔隙贯通，形成无数不规则的毛细管，土中的自由水在水与空气交界面处的表面张力作用下，通过毛细管逐渐上升，形成毛细水。毛细管越细，毛细水上升的高度越高，因此，粉粒土中的毛细水上升高度比砂类土高。在工程建设中，毛细水对地基土的湿陷、冻胀和地下构筑物的防潮措施有重大的影响。

（3）土中气体

土中气体存在于土孔隙中未被水占据的部位。土中气体以两种形式存在，一种与大气相通，另一种则封闭在土孔隙中与大气隔绝。在接近地表的粗颗粒土中，土孔隙中的气体常与大气相通，当外力作用于土体时能被挤出孔隙，因此它对土的性质影响不大。在细粒土中常存在与大气隔绝的封闭气泡，它不易逸出，当土受压时被压缩，卸荷时又能有所恢复，因此增大了土的弹性和压缩性，延长了土体变形稳定时间，同时降低了土的透水性。例如淤泥和泥炭等有机质土，由于微生物的分解作用，在土中蓄积了甲烷等可燃气体，使土在自重作用下长期得不到压密，从而形成高压缩性土层。

3. 土的结构

土的结构是指由土粒单元的大小、形状、表面特征、相互排列及其联结关系等因素形成的综合特征。土的结构对土的工程性质有重要影响，一般可分为单粒结构、蜂窝结构和絮状结构三种基本类型。

（1）单粒结构

单粒结构是无黏性土的基本组成形式，由粗颗粒土（如卵石、砂等）在重力作用下沉积而成。单粒结构的特点是颗粒较大，土粒间的分子吸引力相对很小，颗粒间几乎没有连接或仅有微弱的毛细水连接。如图1-2所示。单粒结构可以是疏松的，也可以是紧密的。呈疏松状单粒结构的土，当受到振动或其他外力作用时，土粒易于移动而产生很大的变形，未经处理，一般不宜作为建筑物的地基。呈紧密状单粒结构的土，强度较大，压缩性较小，可作为良好的天然地基。

（2）蜂窝结构

蜂窝结构是细颗粒土的结构形式。是由粒径为$0.005\sim0.075mm$的土粒（主要为粉粒）在水中下沉时形成的。这类土颗粒间的引力大于其自重，因此下沉的颗粒碰到别的正在下沉或已经沉积的土颗粒时，土粒将停留在接触面上不再下沉，从而形成了具有很大孔隙的蜂窝结构，如图1-3所示。

（3）絮状结构

絮状结构是黏土的结构形式，黏粒的粒径小于$0.005mm$，自重轻，在水中不会下沉，长期处于悬浮状态。当这些悬浮在水中的黏粒被带到电解质浓度较大的环境中，黏粒

| (a) | (b) |

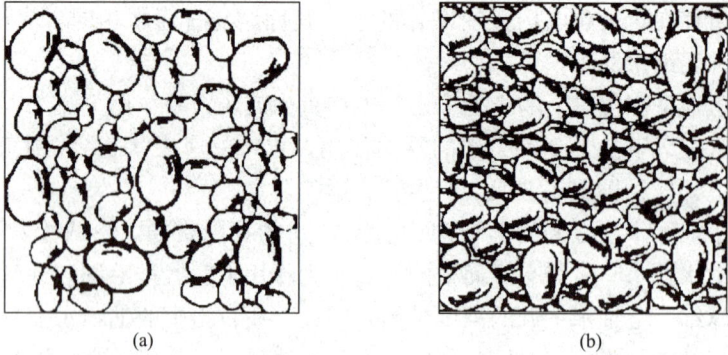

图 1-2　土的单粒结构

（a）疏土状态；（b）紧密状态

会凝聚成絮状的黏粒集合体下沉，并相继和已沉积的絮状集合体接触而形成空隙很大的絮状结构，如图 1-4 所示。

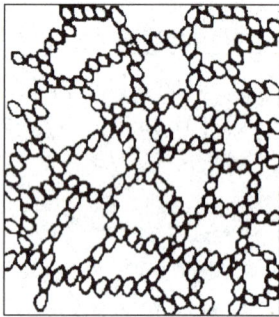

图 1-3　土的蜂窝结构　　　　　图 1-4　土的絮状结构

　　蜂窝结构和絮状结构的土中存在大量孔隙，结构不稳定，当其天然结构被破坏后，压缩性会增大而强度降低，因而不能作为地基。

　　土的结构形成以后，当外界条件变化时，土的结构也会发生相应的变化。例如土层在压密固结时，结构会趋于更紧密的排列而当作用在土体上的外力消失或减弱时，土体膨胀，会松动土的结构。因此在土工试验或施工过程中都必须尽量减少对土的扰动，避免破坏土的原状结构。

4. 土的构造

　　土的构造是指同一土层中结构不同部分相互排列的特征，常见的土的构造为层状构造、分散构造、裂隙构造和结核构造。

　　（1）层状构造是指不同颜色或不同粒径的土组成层理，一层一层互相平行。这种构造反映了土粒在沉积过程中的不同阶段、不同搬运条件等，是细粒土的一个重要特征。

　　（2）分散构造是指土层中的土颗粒性质相近、分布均匀。分散构造一般见于厚度较大的粗粒土，如砂、卵石层等，其工程性质较好。

　　（3）裂隙构造是指土体中有很多不连续的小裂隙，这些裂隙的存在破坏了土的整体性，使土体的强度和稳定性降低、渗透性增高、工程性质变差。某些坚硬或硬塑状态的黏土即为裂隙构造。

（4）结核构造是指在细粒土中混有粗颗粒或各种结核，如含砾石的黏土。结核状构造土的工程性质取决于细粒土部分的性质。

1.1.2　土的物理性质指标

自然界中的土体结构组成十分复杂，为了方便分析问题，将土简化成固、液、气的三相体系。每一个土单元中，三相所占的比例不是固定不变的，而是随着周围环境条件的变化而变化。土的三相比例不同，其状态和工程性质也不相同。

描述土的三相物质在体积和质量上的比例关系的有关指标，称为土的三相比例指标。三相比例指标反映着土的干和湿、松和密、软和硬等物理状态，是评价土的工程性质的最基本的物理指标，也是工程地质报告中不可缺少的基本内容。三相比例指标可分为两种，一种是基本指标，另一种是导出指标。

1. 土的三相图

为了更直观地反映土中的三相物质的比例关系，通常把土中分散的三相物质分别集中起来，按恰当的比例绘制出如图 1-5 所示的三相图。图的左边表示各相的质量，右边表示各相所占的体积，各符号的意义如下：

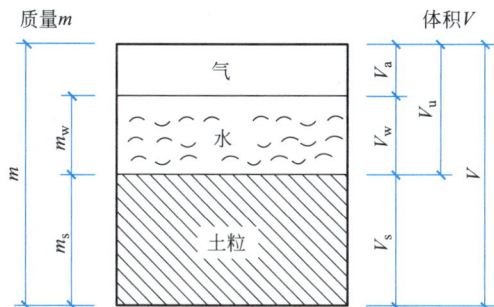

图 1-5　土的三相图

V—土的总体积；V_v—土中孔隙体积；V_w—土中水的体积；V_a—土中气体的体积；V_s—土中固体土粒的体积；

m—土的总质量；m_w—土中水的质量；m_a—土中气体的质量，$m_a \approx 0$；m_s—土中固体土颗粒的质量

2. 确定三相量比例关系的基本试验指标

为了确定三相图中的物理量，必须通过实验室的试验测定几个基本指标。通常做的三个基本物理性质试验是土的密度试验、土粒比重或相对密度试验、土的含水量试验，从而得到土的密度 ρ、土粒相对密度 d_s 和土的含水量 w 这三项基本指标。

（1）土的密度和重度

土的密度定义为单位体积土的质量，用 ρ 表示，以 t/m³ 或 g/m³，其计算公式为：

$$\rho = \frac{m}{V}$$

（1.1-3）

天然状态下土的密度变化范围较大。一般黏性土和粉土 $\rho=1.8\sim2.0$g/m³；砂土 $\rho=1.6\sim2.0$g/m³；腐殖土 $\rho=1.5\sim1.7$g/m³。

土的密度一般用环刀法测定，用一个圆环刀（刀刃向下）放在削平的原状土样面上，徐徐削去环刀外围的土，边削边压，使保持天然状态的土样压满环刀内，称得环刀内土样的质量，求得它与环刀容积之比值即为其密度。

土的重度定义为单位体积土的重量，是重力的函数，用 γ 表示，以 kN/m³ 计：

$$\gamma=\frac{G}{V}=\frac{mg}{V}=\rho\cdot g \tag{1.1-4}$$

式中，G 为土的重量；g 为重力加速度，$g=9.80665$m/s²，工程上为了计算方便，有时取 $g=10$m/s²。

（2）土粒相对密度

土粒密度（单位体积土粒的质量）与4℃时纯水密度之比，称为土粒相对密度，用 d_s 表示，为无量纲量，即：

$$d_s=\frac{m_s}{V}\cdot\frac{1}{\rho_{w_1}}=\rho_s/\rho_{w_1} \tag{1.1-5}$$

式中，ρ_{w_1} 为4℃时纯水的密度，$\rho_{w_1}=1$g/cm³；ρ_s 为土粒的密度（g/m³）。

土粒相对密度在数值上等于土颗粒的密度，可在实验室内用比重瓶法测定。由于土粒相对密度变化不大，通常可按经验数值选用，一般参考值见表 1-2。

土粒相对密度参考值　　　　　　　　　　　　　表 1-2

土的名称	砂土	粉土	黏性土	
			粉质黏土	黏土
土粒相对密度	2.65～2.69	2.70～2.71	2.72～2.73	2.74～2.76

（3）土的含水量

土的含水量定义为土中水的质量与土粒质量之比，用 w 表示，以百分数计。

$$w=\frac{m_w}{m_s}\times100\%=\frac{m-m_s}{m_s}\times100\% \tag{1.1-6}$$

含水量 w 是标志土的湿度的一个重要物理指标。天然土层的含水量变化范围很大，它与土的种类、埋藏条件及其所处的自然地理环境等有关。一般说来，对同一类土，当其含水量增大时，则其强度就降低。

土的含水量一般用"烘干法"测定。先称小块原状土样的湿土质量 m，然后置于烘箱内维持100℃～105℃烘至恒重，再称干土质量 m_s，湿、干土质量之差 $m-m_s$ 与干土质量 m_s 之比值，就是土的含水量。

3. 导出指标

在测定土的密度、土粒比重和土的含水量这三个基本指标后，就可以根据三相图计算出三相组成，各自在体积上与质量上的含量。工程上，为了便于表示三相含量的某些特征，定义如下几种指标：

（1）表示土中孔隙含量的指标

工程上常用孔隙比 e 或孔隙率 n 表示土中孔隙的含量。孔隙比 e 定义为土中孔隙体积与土粒体积之比，即：

$$e = \frac{V_v}{V_s} \tag{1.1-7}$$

孔隙比用小数表示，它是一个重要的物理性能指标，可用来评价天然土层的密实程度。一般情况下，$e<0.6$ 的土是密实的低压缩性土，$e>1.0$ 的土是疏松的高压缩性土。

孔隙率 n 定义为土中孔隙体积与土总体积之比，以百分数计，即：

$$n = \frac{V_v}{V} \times 100\% \tag{1.1-8}$$

孔隙比和孔隙率的关系：

$$n = \frac{e}{1+e} \times 100\% \tag{1.1-9}$$

$$e = \frac{n}{1-n} \tag{1.1-10}$$

（2）表示土中含水程度的指标

含水量 w 当然是表示土中含水程度的一个重要指标。此外，工程上往往需要知道孔隙中充满水的程度，这可用饱和度 S_r 表示。土的饱和度 S_r 定义为土中被水充满的孔隙体积与孔隙总体积之比，即：

$$S_r = \frac{V_w}{V_v} \times 100\% \tag{1.1-11}$$

砂土根据饱和土 S_r 的指标值分为稍湿、很湿和饱和三种湿度状态，其划分标准见表 1-3。显然，干土的饱和度 $S_r=0$，而完全饱和土的饱和度 $S_r=100\%$。

砂土湿度状态的划分   表 1-3

砂土湿度状态	稍湿	很湿	饱和
饱和度 S_r（%）	$S_r \leqslant 50$	$50 < S_r \leqslant 80$	$S_r > 80$

（3）表示土的密度和重度的几种指标

除了天然密度 ρ（有时也叫湿密度）以外，工程计算中还常使用两种土的密度，即饱和密度 ρ_{sat} 和干密度 ρ_d。土的饱和密度定义为土中孔隙被水充满时土的密度，表示为：

$$\rho_{sat} = \frac{m_s + V_v \rho_w}{V} \tag{1.1-12}$$

土的干密度定义为单位土体积中土粒的质量，表示为：

$$\rho_d = \frac{m_s}{V} \tag{1.1-13}$$

在计算土中自重应力时，须采用土的重力密度，简称重度。与上述几种土的密度相应的有土的天然重度 γ、饱和重度 γ_{sat}、干重度 γ_d。在数值上，它们等于相应的密度乘以重力加速度 g，即 $\gamma = \rho \cdot g$，$\gamma_{sat} = \rho_{sat} \cdot g$，$\gamma_d = \rho_d \cdot g$。另外，对于地下水位以下的土体，由于受到水的浮力作用，将扣除水浮力后单位体积土所受的重力称为土的有效重度，以 γ'

表示，当认为水下土是饱和时，它在数值上等于饱和重度 γ_{sat} 与水的重度 γ_w（$\gamma_w = \rho_w \cdot g$）之差，即：

$$\gamma' = \frac{m_s g - V_s \gamma_w}{V} = \gamma_{sat} - \gamma_w \tag{1.1-14}$$

显然，几种密度和重度在数值上有如下关系：

$$\rho_{sat} \geqslant \rho \geqslant \rho_d$$

$$\gamma_{sat} \geqslant \gamma \geqslant \gamma_d > \gamma'$$

4. 三相比例指标之间的换算关系

在土的三相比例指标中，土的含水量、土的密度和土粒相对密度三个基本指标是通过试验测定的，其他相应各项指标可以通过土的三相比例关系换算求得。各项指标之间的换算公式见表 1-4。

土的三相比例指标的换算公式　　　　　　　　表 1-4

指标	常用换算公式	指标	常用换算公式
土粒相对密度	$d_s = \dfrac{S_r e}{w}$	饱和重度	$\gamma_{sat} = \dfrac{\gamma_w(d_s + e)}{1 + e}$
含水量	$w = \dfrac{S_r e}{d_s}$ $w = \dfrac{\gamma}{\gamma_d}$	干重度	$\gamma_d = \dfrac{\gamma}{1 + w}$ $\gamma_d = \dfrac{\gamma_w d_s}{1 + e}$
干密度	$\rho_d = \dfrac{\rho}{1 + w}$ $\rho_d = \dfrac{d_s \rho_w}{1 + e}$	重度	$\gamma = \gamma_d(1 + w)$ $\gamma = \dfrac{\gamma_w(d_s + S_r e)}{1 + e}$
有效重度	$\gamma' = \dfrac{\gamma_w(d_s - 1)}{1 + e}$ $\gamma' = \gamma_{sat} - \gamma_w$	孔隙比	$e = \dfrac{\gamma_w d_s(1 + w)}{\gamma} - 1$ $e = \dfrac{\gamma_w d_s}{\gamma_d} - 1$
孔隙率	$n = \dfrac{e}{1 + e}$ $n = 1 - \dfrac{\gamma_d}{\gamma_w d_s}$	饱和度	$S_r = \dfrac{w d_s}{e}$ $S_r = \dfrac{w \gamma_d}{n \gamma_w}$

【例 1-1】 某原状土样，试验测得土的天然密度 $\rho = 1.7 \text{t/m}^3$，含水量 $w = 22.2\%$，土粒相对密度 $d_s = 2.72$。试求土的孔隙比 e、孔隙率 n 和饱和度 S_r。

【解】 $e = \dfrac{d_s(1 + w)\rho_w}{\rho} - 1 = \dfrac{2.72 \times (1 + 0.22)}{1.70} - 1 = 0.952$

$n = \dfrac{e}{1 + e} = \dfrac{0.952}{1 + 0.952} = 0.488 = 48.8\%$

$S_r = \dfrac{w d_s}{e} = \dfrac{0.22 \times 2.72}{0.952} = 0.629 = 62.9\%$

【例 1-2】 用环刀切取一土样，测得该土样体积为 60cm^3，质量为 114g。土样烘干后测得其质量为 100g。若土粒相对密度 $d_s = 2.7$，试求土的密度、含水量和孔隙比。

【解】$\rho = \dfrac{m}{V} = \dfrac{114}{60} = 1.9 \, \text{g/cm}^3 = 1.9 \ (\text{t/m}^3)$

$w = \dfrac{m_w}{m_s} \times 100\% = \dfrac{114 - 100}{100} \times 100\% = 14\%$

$e = \dfrac{\rho_w d_s (1 + w)}{\rho} - 1 = \dfrac{1 \times 2.7 \times (1 + 0.14)}{1.9} - 1 = 0.62$

1.1.3 土的物理状态指标

所谓土的物理状态，是指土所表现出的干湿、软硬、松密程度等。土的物理状态指标，对于无黏性土是指土的密实度；对于黏性土是指土的软硬程度，即黏性土的稠度。

1. 无黏性土的物理状态指标

无黏性土是指具有单粒结构的碎石土与砂土，其土颗粒排列紧密，呈密实状态时，强度较高，压缩性较小，可作为良好的天然地基；呈松散状态时，强度较低，压缩性较大，为不良地基。评价无黏性土工程性质的关键是正确地划分其密实度，即单位体积中固体颗粒充满的程度。

（1）碎石土的密实度

碎石土的密实度一般可以根据重型圆锥动力触探锤击数 $N_{63.5}$ 来确定，见表1-5；或在现场根据土的骨架颗粒含量、排列、可挖性及可钻性综合鉴别（表1-6）。

碎石土的密实度   表1-5

重型圆锥动力触探锤击数 $N_{63.5}$	密实度	重型圆锥动力触探锤击数 $N_{63.5}$	密实度
$N_{63.5} \leqslant 5$	松散	$10 < N_{63.5} \leqslant 20$	中密
$5 < N_{63.5} \leqslant 10$	稍密	$N_{63.5} > 20$	密实

注：1. 本表适用于平均粒径小于等于50mm且最大粒径不超过10mm的卵石、碎石、圆砾、角砾。对于平均粒径大于50mm或最大粒径大于100mm的碎石土，可按《建筑地基基础设计规范》GB 50007—2011附录B鉴别其密实度。

    2. 表内 $N_{63.5}$ 为经综合修正后的平均值。

碎石土密实度的野外鉴别方法   表1-6

密实度	骨架颗粒的含量和排列	可挖性	可钻性
密实	骨架颗粒含量大于总重的70%,呈交错排列,连续接触	锹、镐挖掘,用撬棍方能松动,井壁一般较稳定	钻进极困难,冲击钻探时,钻杆、吊锤跳动剧烈,孔壁较稳定
中密	骨架颗粒含量等于总重的60%～70%,呈交错排列,大部分接触	锹、镐可挖掘,井壁有掉块现象,从井壁取出大颗粒处能保持颗粒凹面形状	钻进较困难,冲击钻探时,钻杆、吊锤跳动不剧烈,孔壁有坍塌现象
稍密	骨架颗粒含量等于总重的55%～60%,排列混乱,大部分不接触	锹可以挖掘,井壁易坍塌,从井壁取出大颗粒后,砂土立即坍落	钻进较容易,冲击钻探时,钻杆稍有跳动,孔壁易坍塌
松散	骨架颗粒含量小于总重的55%,排列十分混乱,绝大部分不接触	揪易挖掘,井壁极易坍塌	钻进很容易,冲击钻探时,钻杆无跳动,孔壁极易坍塌

注：1. 密实度应按表列各项特征综合确定。

    2. 骨架颗粒系指与表1-14中相对应粒径的颗粒。

（2）砂土的密实度

判别砂土密实状态的指标通常有下列三种：

1）孔隙比 e

采用天然孔隙比的大小来判断砂土的密实度，是一种较简便的方法。一般当 $e < 0.6$ 时，属密实的砂土，是良好的天然地基；当 $e > 0.95$ 时，为松散状态，不宜作天然地基。这种方法的不足之处是没有考虑级配对砂土密实度的影响，有时较疏松的级配良好的砂土比较密的颗粒均匀的砂土孔隙比要小。另外对于砂土取原状土样来测定孔隙比存在困难。

2）相对密实度 D_r

当砂土处于最密实状态时，其孔隙比称为最小孔隙比 e_{min}；而当砂土处于最疏松状态时的孔隙比则称为最大孔隙比 e_{max}；砂土在天然状态下的孔隙比用 e 表示，相对密实度 D_r 用下式表示，即：

$$D_r = \frac{e_{max} - e}{e_{max} - e_{min}} \qquad (1.1\text{-}15)$$

当砂土的天然孔隙比接近于最大孔隙比时，其相对密度接近于 0，则表明砂土处于最松散的状态；而当砂土的天然孔隙比接近于最小孔隙比时，其相对密度接近于 1，表明砂土处于最紧密的状态。根据相对密实度 D_r 可将砂土分为松散、中密和密实三种状态，见表 1-7。

用相对密实度划分砂土密实度　　　　　　　　　　　　　　表 1-7

相对密实度 D_r	$0 \leqslant D_r \leqslant 1/3$	$1/3 < D_r \leqslant 2/3$	$2/3 < D_r \leqslant 1$
密实度	松散	中密	密实

3）标准贯入锤击数 N

虽然相对密度从理论上能反映颗粒级配、颗粒形状等因素，但是要准确测量天然孔隙比、最大与最小孔隙比往往十分困难。在实际工程中，常利用标准贯入试验、静力触探、动力触探等原位测试方法来评价砂土的密实度。

标准贯入试验是使标准的重锤（63.5kg）以一定的落距（76cm）自由下落，将一标准贯入器打入土中，记录贯入器入土 30cm 的锤击数 N。标准贯入锤击数 N 的大小反映了土层的密实度，见表 1-8。

按锤击数 N 划分砂土密实度　　　　　　　　　　　　　　表 1-8

密实度	松散	稍密	中密	密实
标准贯入试验锤击数 N	$N \leqslant 10$	$10 < N \leqslant 15$	$15 < N \leqslant 30$	$N > 30$

【例 1-3】 某砂土试样，试验测定土粒相对密度 $d_s = 2.7$，含水量 $w = 9.43\%$，天然密度 $\rho = 1.66\text{g/cm}^3$。已知砂样最密实状态时称得干砂质量 $m_{s1} = 1.62\text{kg}$，最疏松状态时称得干砂质量 $m_{s2} = 1.45\text{kg}$。求此砂土的相对密实度 D_r，并判断砂土所处的密实状态。

【解】 对于砂土在最紧密和最疏松两种不同状态下，均取单位体积 $V = 1000\text{cm}^3$ 的土样。砂土在天然状态下的孔隙比：

$$e = \frac{d_s(1+w)\rho_w}{\rho} - 1 = 0.78$$

两种不同状态下砂土的干密度：

$$\rho_{dmax} = \frac{m_{s1}}{V} = \frac{1620}{1000} = 1.62 \ (g/cm^3)$$

$$\rho_{dmin} = \frac{m_{s2}}{V} = \frac{1450}{1000} = 1.45 (g/cm^3)$$

砂土最小孔隙比、最大孔隙比：

$$e_{min} = \frac{d_s \rho_w}{\rho_{dmax}} - 1 = 0.67$$

$$e_{max} = \frac{d_s \rho_w}{\rho_{dmin}} - 1 = 0.86$$

砂土的相对密度 D_r

$$D_r = \frac{e_{max} - e}{e_{max} - e_{min}} = 0.42$$

由于 $0.33 < D_r < 0.67$，根据表 1-7 砂土相对密度的判断条件判定该砂土处于中密状态。

2. 黏性土的物理状态指标

黏性土主要成分是黏粒，土粒细，土的比表面积大（单位体积的颗粒总表面积大），粒表面与水互相作用的能力强。黏性土的物理状态可以用稠度表示，其反映了黏性土处于不同含水量时的软硬程度或稀稠程度。黏性土由于其含水量的不同而分别处于固态、半固态、可塑状态及流动状态。

（1）黏性土的界限含水量

如图 1-6 所示，当含水量很大时，土是一种黏滞流动的液体，即泥浆，这种状态称为流动状态；随着含水量的减少，黏滞流动的特点渐渐消失而显示出塑性（即土在外力作用下可塑成任何形状而不产生裂纹，并且外力移去后仍能保持既得的形状的性质），这种状态称为可塑状态；当含水量继续减少，土的可塑性逐渐消失，从可塑状态变为半固体状态；当含水量很小时，土的体积不再随含水量的减少而减小，这种状态称为固体状态。

图 1-6 黏性土的物理状态与含水量的关系

黏性土从一种状态过渡到另一种状态的分界含水量称为界限含水量。黏性土由可塑状态转到流动状态的界限含水量称为液限 w_L；由半固态转到可塑状态的界限含水量称为塑限 w_p，由固态转到半固态的界限含水量称为缩限 w_s。

工程上常用的界限含水量是液限和塑限，其通常用液塑限联合测定仪来测定，此外，塑限还常采用滚搓法来测定。

（2）黏性土的塑性指数 I_P 和液性指数 I_L

1）塑性指数

塑性指数是指液限和塑限的差值，即黏性土处在可塑状态的含水量的变化范围，用 I_P

表示。即：

$$I_P = w_L - w_p \qquad (1.1\text{-}16)$$

式中，w_L、w_p 是黏性土的液限和塑限，用百分率表示，计算塑性指数时去掉百分符号。

显然，塑性指数反映了黏性土可塑范围的大小，塑性指数越大，表明黏性土的黏性和塑性越好。塑性指数的大小与土中结合水的可能含量有关，土中结合水的含量与土的颗粒组成、矿物组成以及土中水的离子成分和浓度等因素有关。土粒越细，黏粒含量越多，其比表面积也越大，与水作用和进行交换的机会越多，塑性指数也越大。

由于塑性指数在一定程度上综合反映了影响黏性土物理状态的各种重要因素，因此在工程上常按塑性指数对黏性土进行分类，见表1-9。

黏性土的分类   表 1-9

塑性指数 I_p	$10 < I_p \leqslant 17$	$I_p > 17$
土的名称	粉质黏土	黏土

2）液性指数

液性指数是指土的天然含水量和塑限的差值与塑性指数 I_P 之比，用 I_L 表示。即

$$I_L = \frac{w - w_p}{w_l - w_p} = \frac{w - w_p}{I_P} \qquad (1.1\text{-}17)$$

式中，w、w_L、w_p 是黏性土的天然含水量、液限和塑限，用百分率表示，计算时去掉百分符号。

液性指数是表示黏性土软硬程度（稠度）的物理指标。《建筑地基基础设计规范》GB 50007—2011 根据液性指数 I_L 将黏性土划分为坚硬、硬塑、可塑软塑和流塑五种状态见表1-10。

黏性土状态的划分   表 1-10

状态	坚硬	硬塑	可塑	软塑	流塑
液性指数 I_L	$I_L \leqslant 0$	$0 < I_L \leqslant 0.25$	$0.25 < I_L \leqslant 0.75$	$0.75 < I_L \leqslant 1$	$I_L > 1$

（3）黏性土的灵敏度 S_t

天然状态下的黏性土通常具有一定的结构，当土体受到扰动时，土的结构被破坏，强度降低，压缩量增大。一般用土的灵敏度 S_t 来表示土的结构性对土体强度的这种影响，即：

$$S_t = \frac{q_n}{q_0} \qquad (1.1\text{-}18)$$

式中，q_n 为原状土的无侧限抗压强度（kPa），原状土是指取样时持天然状态下土的结构和含水量不变的土样；q_0 为重塑土的无侧限抗压强度（kPa），重塑土是指土样完全扰动后又将其压实成和原状土同等密实的状态，但含水量不变的土样。

工程中根据灵敏度的大小，可将饱和黏性土分为三类，见表1-11。

黏性土的灵敏度 S_t　　　　　　　表 1-11

灵敏度 S_t	$1 < S_t \leqslant 2$	$2 < S_t \leqslant 4$	$S_t > 4$
灵敏度划分	低灵敏度土	中灵敏度土	高灵敏度土

　　土的灵敏度越高，其结构性越强，受扰动后土的强度降低就越多。黏性土受扰动而强度降低的性质，一般说来对工程建设是不利的，如在基坑开挖过程中，因施工可能造成土的扰动，这会使地基强度降低。

　　（4）黏性土的触变性

　　黏性土受扰动以后强度降低，但静置一段时间以后强度逐渐恢复的现象，称为土的触变性。土的触变性是土结构中连接形态发生变化引起的，是土微观结构随时间变化的宏观表现。地基处理中，利用黏性土的触变性可使地基的强度得以恢复，当采用深层挤密类方法进行地基处理时，处理以后的地基常静置一段时间再进行上部结构的修建，以便让地基强度得以恢复。

1.1.4　岩土的工程分类与现场鉴别

1. 地基岩土的分类

　　岩土的分类方法很多，《建筑地基基础设计规范》GB 50007—2011 把作为建筑地基的岩土分为岩石、碎石土、砂土、粉土、黏性土和人工填土六类。

　　（1）岩石

　　岩石应为颗粒间牢固连接，呈整体或具有节理裂隙的岩体。作为建筑物地基除应确定岩石的地质名称（如花岗岩、化砂岩等）外，还应按划分其坚硬程度和完整程度，见表 1-12、表 1-13。

岩石坚硬程度的划分　　　　　　　表 1-12

坚硬程度类别	坚硬岩	较硬岩	较软岩	软岩	极软岩
饱和单轴抗压强度标准 f_{rk}（MPa）	$f_{rk} > 60$	$30 < f_{rk} \leqslant 60$	$15 < f_{rk} \leqslant 30$	$5 < f_{rk} \leqslant 15$	$f_{rk} \leqslant 5$

岩石完整程度划分　　　　　　　表 1-13

完整程度等级	完整	较完整	较破碎	破碎	极破碎
完整性指数	>0.75	0.75～0.55	0.55～0.35	0.35～0.15	<0.15

注：完整性指数为岩体纵波波速与岩块纵波波速之比的平方。选定岩体、岩块测定波速时应有代表性。

　　（2）碎石土

　　碎石土为粒径大于 2mm 的颗粒含量超过全重 50% 的土，可分为漂石、块石、卵石、砾石、圆砾和角砾，具体分类见表 1-14。碎石土的密实度可分为松散、稍密、中密、密实，划分依据见表 1-5、表 1-6。

碎石土的分类   表 1-14

土的名称	颗粒形状	粒组含量
漂石 块石	圆形及亚圆形为主 棱角形为主	粒径大于 200mm 的颗粒超过总质量的 50％
卵石 砾石	圆形及亚圆形为主 棱角形为主	粒径大于 20mm 的颗粒超过总质量的 50％
圆砾 角砾	圆形及亚圆形为主 棱角形为主	粒径大于 2mm 的颗粒超过总质量的 50％

注：分类时应根据粒组含量栏从上到下以最先符合者确定。

（3）砂土

砂土为粒径大于 2mm 的颗粒含量不超过全重 50％、粒径大于 0.075mm 的颗粒含量超过全重 50％的土。砂土可按表 1-15 分为砾砂、粗砂、中砂、细砂和粉砂，砂土的密实度分类见表 1-7、表 1-8。

砂土的分类   表 1-15

土的名称	粒组含量
砾砂	粒径大于 2mm 的颗粒占总质量的 25％～50％
粗砂	粒径大于 0.5mm 的颗粒占总质量的 50％
中砂	粒径大于 0.25mm 的颗粒占总质量的 50％
细砂	粒径大于 0.075mm 的颗粒占总质量的 85％
粉砂	粒径大于 0.075mm 的颗粒占总质量的 50％

注：分类时应根据粒组含量栏从上到下以最先符合者确定。

（4）粉土

粉土是介于砂土与黏性土之间，塑性指数 $I_P \leqslant 10$ 且粒径大于 0.075mm 的颗粒含量不超过全重 50％的土。其具有砂土和黏性土的某些特征。

（5）黏性土

黏性土为塑性指数 $I_P > 10$ 的土，可分为黏土和粉质黏土。黏性土的软硬程度根据液性指数 I_L 可分为坚硬、硬塑、可塑软塑和流塑五种状态，见表 1-10。

（6）人工填土

由于人类活动堆填的土称为人工填土。人工填土根据其组成和成因，可分为素填土、压实填土、杂填土和冲填土。

（1）素填土是由碎石、砂土、粉土、黏性土等一种或几种材料组成的填土，其中不含杂质或杂质很少。

（2）压实填土是经过压实或夯实的素填土。

（3）杂填土是由建筑垃圾、工业废料、生活垃圾等杂物组成的填土。

（4）冲填土是由水力冲填泥砂形成的填土。

人工填土的物质成分复杂，均匀性较差，作为地基应注意其不均匀性。

除上述六类土外，还有一些特殊土，如软土、红黏土、湿陷性黄土、膨胀土等，它们在特定的地理环境、气候等条件下形成，具有特殊的工程性质。

【**例1-4**】某住宅进行工程地质勘察时，取回一个砂土试样。经筛选试验，得到各粒组含量百分率，如图1-7所示，试定砂土名称。

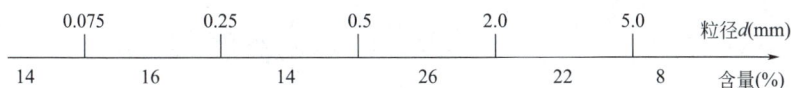

0.075		0.25		0.5		2.0		5.0	粒径d(mm)
14		16		14		26		22	8 含量(%)

图1-7　砂土试样的粒径级配

【**解**】根据砂土的分类标准（表1-15），按粒径分组含量由大到小以最先符合者确定的规定，该砂土粒径$d>2$mm含量占30%，在25%～50%，应定为砾砂。

【**例1-5**】图1-8为某三种土A、B、C的颗粒级配曲线，试按《建筑地基基础设计规范》GB 50007—2011分类法确定三种土的名称。

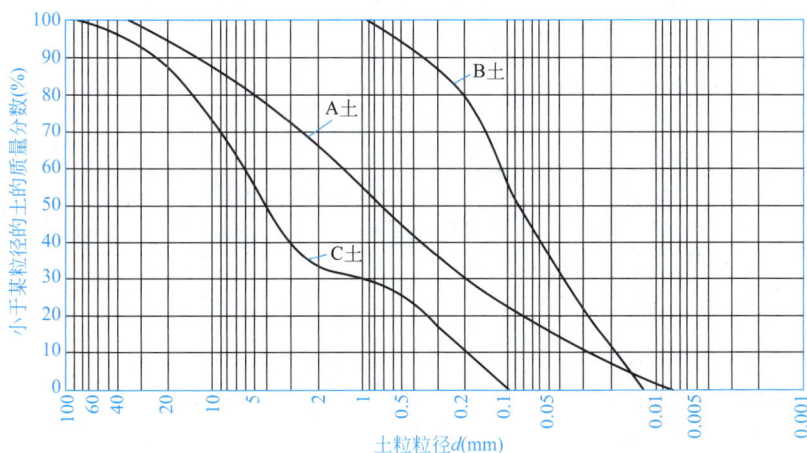

图1-8　某三种土A、B、C的颗粒级配曲线

【**解**】A土：从A土级配曲线查得，粒径小于2mm的占总土质量的67%、粒径小于0.075mm占总土质量的21%，满足粒径大于2mm的不超过50%、粒径大于0.075mm的超过50%的要求，该土属于砂土。又由于粒径大于2mm的占总土质量的33%，满足粒径大于2mm占总土质量25%～50%的要求（表1-15），故此土应命名为砾砂。

B土：从B土级配曲线查得，粒径大于2mm的没有，粒径大于0.075mm的占总土质量的52%，属于砂土。按砂土分类表1-14分类，此土应命名为粉砂。

C土：从C土级配曲线查得，粒径大于2mm的占总土质量的67%，粒径大于20mm的占总土质量的13%，属于碎石土。按碎石土分类见表1-13，该土应命名为圆砾或角砾。

【**例1-6**】A、B两种土样，试验结果见表1-16，试确定该土的名称及软硬状态。

土样试验结果　　　　　　　　　　　　　　　　　　表1-16

土样	天然含水量w(%)	塑限w_p(%)	液限w_l(%)
A	40.4	25.4	47.9
B	23.2	21.0	31.2

【**解**】A土样：

塑性指数 $I_P = w_L - w_P = 47.9 - 25.4 = 22.5$

液性指数 $I_L = \dfrac{w - w_P}{w_L - w_P} = \dfrac{w - w_P}{I_P} = \dfrac{40.4 - 25.4}{22.5} = 0.67$

因 $I_P > 17$，$0.25 < I_L \leqslant 0.75$，所以该土为黏土，处于可塑状态。

B 土样：

塑性指数 $I_P = w_L - w_P = 31.2 - 21 = 10.2$

液性指数 $I_L = \dfrac{w - w_P}{w_L - w_P} = \dfrac{w - w_P}{I_P} = \dfrac{23.2 - 21}{10.2} = 0.22$

因 $10 < I_P \leqslant 17$，$0 < I_L \leqslant 0.25$，所以该土为粉质黏土，处于硬塑状态。

2. 岩土的现场鉴别

在建筑施工中，通常按土的开挖难易程度将土分为松软土、普通土、坚土、砂砾土、软石、次坚石、坚石和特坚石 8 类，其中，前 4 类属于一般的土，后 4 类属于岩石。土的工程分类与现场鉴别方法见表 1-17。

土的工程分类与现场鉴别方法　　　　表 1-17

土的分类	土的名称	可松性系数		开挖方法及工具
		K_S	K'_S	
一类土（松软土）	砂土；粉土；冲积砂土层	1.08～1.07	1.01～1.03	用锹、锄头挖掘，少许用脚蹬
	疏松的种植土；泥炭（淤泥）	1.20～1.30	1.03～1.04	
二类土（普通土）	粉质黏土；潮湿的黄土；夹有碎石、卵石的砂；粉土混卵（碎）石；种植土；填土	1.14～1.28	1.02～1.05	用锹、条锄挖掘，少许用镐翻松
三类土（坚土）	软及中等密实的黏土；重粉质黏土、粉质黏土；砾石土；干黄土、含有碎石卵石的黄土；压实的填土	1.24～1.30	1.04～1.07	主要用镐，少许用锹、锄头挖掘，部分用撬棍
四类土（砂砾坚土）	坚硬密实的黏性土或黄土；含碎石、卵石的中等密实的黏性土或黄土；粗卵石；天然级配砂石	1.26～1.32	1.06～1.09	整个先用镐、撬棍，后用锹挖掘，部分用楔子及大锤
	软泥灰岩及蛋白石	1.33～1.37	1.11～1.15	
五类土（软石）	硬质黏土；中等密实的页岩、泥灰岩、白垩土；胶结不紧的砾岩；软的石灰岩及贝壳石灰岩	1.30～1.45	1.10～1.20	用镐或撬棍、大锤挖掘，部分用爆破方法
六类土（次坚石）	泥岩；砂岩；砾岩；坚实的页岩；密实的石灰岩；风化花岗岩、片麻岩及正长岩	1.30～1.45	1.10～1.20	用爆破方法挖掘，部分用风镐
七类土（坚石）	大理岩；辉绿岩；玢岩；粗、中粒花岗岩；坚实的白云岩、砂岩、砾岩、片麻岩、石灰岩；微风化的安山岩、玄武岩	1.30～1.45	1.10～1.20	用爆破方法开挖
八类土（特坚石）	安山岩；玄武岩；花岗片麻岩；坚实的细粒花岗岩、闪长岩、石英岩、辉长岩、辉绿岩、玢岩、角闪岩	1.45～1.50	1.20～1.30	用爆破方法开挖

注：K_S 为土的最初可松性系数；K'_S 为土的最后可松性系数。

任务 1.2 建筑场地的工程地质勘察

学习目标

- 了解建筑场地工程地质勘察的目的、内容及方法；
- 了解几种常用的工程地质勘探方法；
- 能熟练地阅读勘察报告并使用。

工程地质勘察是使用各种勘察手段和方法，调查研究和分析评价建筑场地和地基的工程地质条件，为设计和施工提供所需的工程地质资料及合理性建议。它是工程规划、设计、施工中极为重要的前期工作和基础工作之一，直接关系到工程的安全运行、建设周期和工程造价。各项工程建设在设计和施工之前，必须按基本建筑程序进行工程地质勘察。

1.2.1 工程地质勘察的内容

工程地质勘察的工作通常分阶段进行，服务于基本建设程序的各个阶段。基本的建设程序可分为决策阶段、实施阶段、使用阶段，相应的工程地质勘察也分为可行性研究勘察阶段、初步勘察阶段、详细勘察阶段。

1. 可行性研究勘察

可行性研究勘察是规划性勘察、选址勘察，其任务是取得拟建场地的主要工程地质资料，并对拟选场地的稳定性和适宜性做出方案比较和工程地质评价。该阶段的主要工作有：

（1）搜集区域地质，包括地形地貌、矿产、当地的工程地质、岩土工程和建筑经验等资料；

（2）在充分搜集和分析已有资料的基础上，通过勘察了解场地的地层、构造、岩性、不良地质作用和地下水等工程地质条件；

（3）当拟建场地工程地质条件复杂，已有资料不能满足时，要根据具体情况进行工程地质测绘和必要的勘探工作；

（4）当有两个或两个以上拟选场地时，应进行比较分析。

2. 初步勘察

初步勘察是用于做初步方案的阶段勘察，是在建筑物场地已经确定后进行的，其任务是对场地内拟建建筑物地段的稳定性做出工程地质评价，为确定建筑物总平面布置、地基基础设计方案以及不良地质现象的防治对策提供工程地质资料。该阶段的主要工作有：

（1）搜集拟建工程的有关文件、工程地质和岩土工程资料以及工程场地范围的地形图；

（2）初步查明地质构造、地层结构、岩地工程特性，地下水埋藏条件；

（3）查明场地不良地质作用的成因、分布、规模、发展趋势，并对场地和稳定性做出评价；

（4）对抗震设防烈度≥6度的场地，应对场地和地基的地震效应做出初步评价；

（5）高层建筑初步勘察时，应对可能采取的地基基础类型、基坑开挖与支护、降水方案进行初步分析评价。

3. 详细勘察

详细勘察是用于做施工图的阶段勘察，是在初步勘察的基础上进行的。其任务是对具体的建筑物提出详细的岩土工程资料和设计、施工所需的岩土参数；并对地基类型、基础形式、地基处理、基坑支护、工程降水和不良地质作用的防治提出建议。该阶段的主要工作有：

（1）搜集带有坐标和地形的建筑总平面图，场区的地面整平标高，建筑物的性质、规模、荷载、结构特点、基础形式、埋置深度、地基允许变形等资料；

（2）查明不良地质作用的类型、成因、分布范围、发展趋势和危害程度，提出整治方案和建议；

（3）查明建筑范围内岩土层的类型、深度、工程特性、分析和评价地基的稳定性、均匀性和承载力；

（4）对需进行沉降计算的建筑物，提供地基变形计算参数，预测建筑物的变形特征；

（5）查明埋藏的河道、沟浜、墓穴、防空洞、孤石等对工程不利的埋藏物；

（6）查明地下水的埋藏条件，提供地下水位及其变化幅度；

（7）在季节性冻土地区，提供地下水位标准冻结深度；

（8）判定水和土对建筑材料的腐蚀性。

1.2.2　工程地质勘察的方法

1. 工程地质测绘与调查

工程地质测绘与调查的目的是通过对场地的地形地貌、地层岩性，地质构造、地下水与地表水、不良地质现象进行调查研究与必要的测绘工作，为评价场地工程地质条件及合理确定勘探工作提供依据。

对建筑场地的稳定性进行研究是工程地质调查和测绘的重点问题。

进行工程地质测绘与调查时，在选址阶段，应搜集研究已有的地质资料，进行现场踏勘；在初勘阶段，当地质条件较复杂时，应继续进行工程地质测绘；详勘阶段，仅在初勘测绘基础上，对某些专门地质问题作必要的补充。

测绘与调查的范围，应包括场地及其附近与研究内容有关的地段。

常用的测绘方法是在地形图上布置一定数量的观察点或观察线，以便按点或沿线观察地质现象。观察点一般选择在不同地貌单元、不同地层的交接处以及对工程有意义的地质构造和可能出现不良地质现象的地段。观察线通常与岩层走向、构造线方向以及地貌单元轴线相垂直（例如横穿河谷阶地），以便能观察到较多的地质现象。有时为了追索地层界线或断层等构造线，观察线也可以顺着走向布置。观察到的地质现象应标示于地形图上。

2. 勘探工作

勘探是地基勘察过程中查明地下地质情况的一种必要手段，它是在地面的工程地质测绘和调查所取得的各项定性资料基础上，进一步对场地的工程地质条件进行定量的评价。

一般勘探工作包括坑探、钻探、触探和地球物理勘探等。

（1）坑探

坑探是在建筑场地挖探井（槽）以取得直观资料和原状土样，这是一种不必使用专门机具的一种常用的勘探方法。当场地地质条件比较复杂时，利用坑探能直接观察地层的结构和变化，但坑探可达的深度较浅。

坑探探井的平面形状一般采用 1.5m×1.0m 的矩形或直径为 0.8～1.0m 的圆形，其深度视地层的土质和地下水埋藏深度等条件而定，一般为 2～3m。较深的探坑须进行坑壁加固。

在探井中取样可按以下步骤进行：先在井底或井壁的指定深度处挖一土柱，土柱的直径必须稍大于取土筒的直径。将土柱顶面削平，放上两端开口的金属筒并削去筒外多余的土，一面削土一面将筒压入，直到筒已完全套入土柱后切断土柱。削平筒两端的土体，盖上筒盖，用熔蜡密封后贴上标签，注明土样的上下方向。

（2）钻探

钻探是用钻机在地层中钻孔，以鉴别和划分地层，并可沿孔深取样，用以测定岩石和土层的物理力学性质，此外，土的某些性质也可直接在孔内进行原位测试。

钻机一般分回转式与冲击式两种。回转式钻机是利用钻机的回转器带动钻具旋转，磨削孔底的地层进行钻进，它通常使用管状钻具，能取柱状岩芯标本。冲击式钻机则利用卷扬机借钢丝绳带动钻具，利用钻具的质量上下反复冲击，使钻头冲击孔底，破碎地层形成钻孔，但它只能取出岩石碎块或扰动土样。

场地内布置的钻孔，一般分技术孔和鉴别孔两类。在技术孔中按不同的土层和深度采取原状土样。原状土样的采取常用取土器。钻探时，按不同土质条件，常分别采用击入或压入取土器两种方式在钻孔中取得原状土样。击入法一般以重锤少击效果较好，压入法则以快速压入为宜，这样可以减少取土过程中土样的扰动。

（3）触探

触探是通过探杆用静力或动力将金属探头贯入土层，并量测各层土对触探头的贯入阻力大小的指标，从而间接地判断土层及其性质的一类勘探方法和原位测试技术。作为勘探手段，触探可用于划分土层，了解地层的均匀性，作为测试技术，则可估计地基承载力和土的变形指标等。

触探常分为静力触探与动力触探。静力触探借静压力将触探头压入土层，利用电测技术测得贯入阻力来判定土的力学性质。与常规的勘探手段比较，静力触探能快速、连续地探测土层及其性质的变化，因此在拟定桩基方案时常采用该法。动力触探一般是将一定质量的穿心锤，以一定的高度（落距）自由下落，将探头贯入土中，然后记录贯入一定深度所需的锤击次数，并以此判断土的性质。

（4）地球物理勘探

地球物理勘探（以下简称物探）也是一种兼有勘探和测试双重功能的技术。由于不同的岩石、土层和地质构造往往具有不同的物理性质，利用诸如其导电性、磁性、弹性、湿度、密度、天然放射性等的差异，通过专门的物探仪器的量测，就可区别和推断有关地质问题。常用的物探方法主要有电阻率法、电位法、声波、电视测井等。在下列情况下，宜应用物探：

（1）作为钻探的先行手段，了解隐蔽的地质界线，界面或异常点、异常带，为经济合理确定钻探方案提供依据；

（2）作为钻探的辅助手段，在钻孔之间增加物探点，为钻探成果的内插、外推提供依据；

（3）测定岩土体某些特殊参数，如波速、动弹性模量，土对金属的腐蚀等。

学习拓展

1.2.2 岩土工程勘察报告

1.2.3 工程地质勘察报告

地基勘察的最终成果是以报告书的形式提出的。勘察结束后，将取得的野外工作和室内试验的记录和数据以及搜集到得各种直接和间接资料进行分析整理、检查核对、归纳总结后，做出建筑场地的工程地质评价，最终以报告的形式提交工程地质勘察的结果。

1. 工程地质勘察报告的编制

勘察报告的内容包括文字和图表两大项：文字部分包括工程概况、地质土层物理状态描述、对土层的工程地质综合评价、对地基与基础的设计和施工的建议；图表部分包括探点平面布置图、工程地质柱状图、工程地质剖面图，土的物理力学指标试验成果表。

勘察报告的详细内容包括：①勘察目的、要求和依据的技术标准；②拟建工程概况；③勘察方法和勘察工作布置；④场地地形、地貌、地层、地质构造、岩土性质及其均匀性；⑤各项岩土性质指标，岩土的强度参数、变形参数、地基承载力的建议值；⑥地下水埋藏情况、类型、水位及其变化；⑦土和水对建筑材料的腐蚀性；⑧可能影响工程稳定的不良地质作用的描述和对工程危害程度的评价；⑨场地稳定性和适宜性评价。

2. 工程地质勘察报告的阅读

工程地质勘察报告的阅读重点在于对土层的工程地质综合评价、对地基与基础的设计和施工的建议、土的物理力学指标试验成果表。

3. 工程地质勘察报告的使用

（1）场地稳定性评价

场地稳定性评价包括区域稳定性和场地稳定性两方面。前者是指一个地区的整体稳定，后者是指一个具体的工程建筑场地有无不良地质现象，及其对场地稳定性的直接和潜在的危害。原则上场地稳定性评价采取区域稳定性和地基稳定性相结合方法，因此，勘察报告的综合分析首先是评价场地的稳定性和适宜性，然后才是地基土的承载力和变形问题。

（2）持力层的选择

对浅基础而言，在满足地基稳定和变形要求的前提下，基础应尽量浅埋，尽量利用上层土作地基持力层。如果持力层承载力不能满足设计要求，则可采用适当的地基处理措施，如软弱地基的深层搅拌、预压堆载、化学加固、湿陷性地基的强夯密实等。

对深基础而言，主要的问题是选择桩尖持力层。桩端持力层宜选择稳定的硬塑至坚硬状态的低压缩性黏土层和粉土层，中密以上的砂土和碎石层，中等风化至微风化的基岩。

（3）考虑环境效应

选定基础方案时就要预测到施工过程中可能出现的岩土工程问题，并提出相应的防治措施和合理的施工方法。

实训项目

一、实训题目

工程地质勘察报告阅读及现场参观。

二、实训方式

将学生分成若干小组，在指导教师或工程技术人员的带领下参观具体的基坑开挖现场，并进行该建筑场地工程地质勘察报告的阅读。

三、实训目的

通过现场参观和地质勘察报告的阅读，使学生对工程现场的地基土情况有一个全面了解，并初步学会工程地质勘察报告的使用。

四、实训内容和要求

学生应了解该房屋建筑的工程特点及场地特征，了解工程地质勘察报告的目的和要求、主要内容和工作、土层分布和土层描述的内容；理解关于地基土物理力学性质指标的意义和确定方法，能看懂工程地质勘察报告的附图、附表等；明确场地评价和地基基础设计与施工的建议；了解本工程基础类型、地基处理方法、基坑开挖与支护方案等。

五、实训成果

实训结束后，针对工程地质勘察报告的阅读和本工程基础设计、地基处理、基坑开挖与支护的类型、特点，以及现场参观情况，写出实训报告，其内容应能将工程地质资料和工程特点联系起来，阐述他们之间的有关工程问题。并组织学生进行分析讨论，指导教师进行点评，以提高学生分析问题的能力，积累工程经验。

思考与练习

一、简答题

1. 简要说明主要几种成因下的土。

2. 如何用土的颗粒级配曲线和不均匀系数来判断土的级配状况？

3. 土中有哪几种形式的水？各种水对土的工程特性有何影响？

4. 土的物理性质指标有哪些？其中哪几个可以直接测定？常用测定方法是什么？

5. 土的密度与土的重度的物理意义和单位有何区别？说明天然重度、饱和重度、有效重度和干重度之间的相互关系，并比较其数值的

学习检测

教学单元1　思考与练习答案

大小。

6. 判别无黏性土密实度的指标有哪几种?

7. 什么是黏性土的界限含水量? 常用的界限含水量有哪些?

8. 塑性指数的大小反映了土的什么特征? 液性指数的大小与土所处的物理状态有何关系?

9. 《建筑地基基础设计规范》GB 50007—2011 把地基土分为哪几类? 如何判别砂土和黏性土?

10. 简述岩土工程勘察的目的。

11. 工程地质初步勘察阶段的任务和要求是什么?

二、计算题

1. 某办公楼工程地质勘察中取原状土作试验,用体积为 $100cm^3$ 的环刀取样试验,用天平测得环刀加湿土的质量为 245.00g,环刀质量为 55.00g,烘干后土样质量为 170.00g,土粒相对密度为 2.70。计算此土样的天然密度、干密度、饱和密度、天然含水量、孔隙比、孔隙率以及饱和度,并比较各种密度的大小。

2. 甲、乙两个土样的物理指标见表 1-18,问:(1)甲土与乙土中的黏粒含量哪个更多? 分别属于何种类型的土?(2)甲土与乙土分别处于哪种稠度状态?

土样物理指标 表 1-18

土样	w（%）	w_L（%）	w_P（%）
甲	31	35	16
乙	12	22	10

3. 某黏性土的含水率 $w = 39\%$,液限 $w_L = 47.9\%$,塑限 $w_P = 25.4\%$。试求:①计算该土的塑性指数;②计算该土的液性指数;③确定该土的名称;④按液性指数确定土的状态。

4. 有一砂土样的物理性试验结果,标准贯入试验锤击数 $N = 34$,经筛分后各颗粒粒组含量见表 1-19。试确定该砂土的名称和状态。

筛分后各颗粒粒组含量 表 1-19

粒径(mm)	<0.01	0.01~0.05	0.05~0.075	0.075~0.25	0.25~0.5	0.5~2.0
粒组含量(%)	3.9	14.3	26.7	28.6	19.1	7.4

5. 测得砂土的天然重度为 $18.0kN/m^3$,含水量为 9.59%,土粒重度为 $26.7kN/m^3$,最大孔隙比 e_{max} 为 0.655,最小孔隙比 e_{min} 为 0.475。试求砂土的天然孔隙比 e 及其相对密实度 D_r,并判定该土的密实程度。

教学单元 2　土方工程计算与施工

思维导图

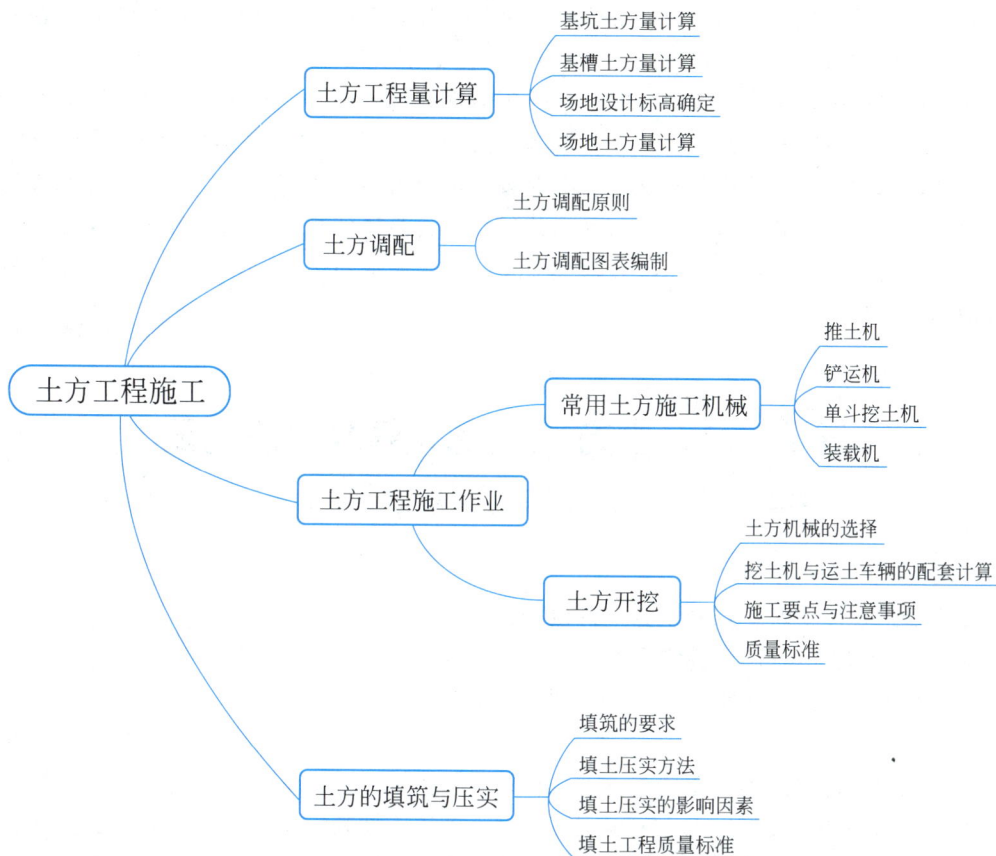

土方工程施工
- 土方工程量计算
  - 基坑土方量计算
  - 基槽土方量计算
  - 场地设计标高确定
  - 场地土方量计算
- 土方调配
  - 土方调配原则
  - 土方调配图表编制
- 土方工程施工作业
  - 常用土方施工机械
    - 推土机
    - 铲运机
    - 单斗挖土机
    - 装载机
  - 土方开挖
    - 土方机械的选择
    - 挖土机与运土车辆的配套计算
    - 施工要点与注意事项
    - 质量标准
- 土方的填筑与压实
  - 填筑的要求
  - 填土压实方法
  - 填土压实的影响因素
  - 填土工程质量标准

视频微课

教学单元2
导学

2009 年，上海市某在建的商品房小区工地内，发生一幢 13 层的在建楼房向南整体倾倒事故，一名工人逃生不及被压致死。

事后有关方组织了专家组进行了深入调查，得出房屋倾倒的直接原因是：紧贴该楼的北侧在短期内堆土过高，最高处达 10m 左右；与此同时，紧邻该楼南侧的地下车库基坑正在开挖，开挖深度 4.6m，大楼两侧的压力差使土体产生水平位移，过大的水平力超过了桩基的抗侧能力，导致房屋倾倒。

在此次事件中，项目负责人将项目的地下车库分包给不具备开挖土方资质的某单位进行开挖。后项目负责人为便于土方回填及绿化用土，指使该单位将其中的 12 号楼地下车库开挖出的土方堆放在此事件中倾倒的 7 号楼北侧等处。2009 年 6 月，项目负责人为赶工程进度，在未进行天然地基承载力计算的情况下，仍指使该单位开挖该项目 0 号地下车库的土方，并将土方继续堆放在 7 号楼北侧等处，使堆高最高达 10m，这是造成 7 号楼整体倒塌的根本原因。

任务 2.1　土方工程量计算及土方调配

- 掌握简单的基坑、基槽土方工程量的计算；
- 掌握场地设计标高的确定、场地土方量的计算；
- 掌握土方调配的原则、土方调配图表的编制。

土方工程是建筑工程施工中的主要分部工程之一，主要包括土（或石）的开挖、运输、填筑、平整和压实等。土方工程工程量大、施工工期长，施工条件复杂，因此在组织土方工程施工前必须做好施工组织设计，在这之中，计算土方的工程量极为重要。

各种土方工程的外形有时很复杂，而且不规则，一般情况下，将其划分成为一定的几何形状，采用具有一定精度而又和实际情况近似的方法进行计算。

2.1.1　基坑（槽）土方量计算

1. 基坑土方量计算

基坑土方量可按立体几何中的拟柱体体积公式计算，如图 2-1 所示，有：

$$V = \frac{H}{6}(A_1 + 4A_0 + A_2) \quad (2.1\text{-}1)$$

式中，V 为基坑土方量（m^3）；H 为基坑深度（m）；

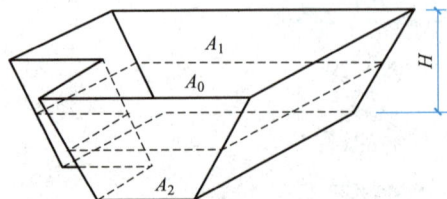

图 2-1　基坑土方量计算示意

A_1、A_2 为基坑上、下的底面积（m^2）；A_0 为基坑中截面的面积（m^2）。

2. 基槽土方量计算

基槽和路堤管沟的土方量可以沿长度方向分段，用同样方法计算各段土方量，如图2-2所示，有：

$$V_i = \frac{L_i}{6}(A_1 + 4A_0 + A_2) \quad (2.1\text{-}2)$$

式中，V_i 为第 i 段的土方量（m^3）；L_i 为第 i 段的长度（m）；A_1、A_2 为第 i 段前后横截面底面积（m^2）；A_0 为第 i 段中截面的面积（m^2）。

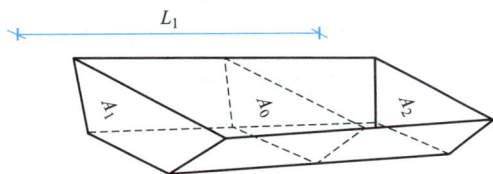

图 2-2　基槽土方量计算示意

将各段土方量相加即得总土方量 $V_{总}$，即：

$$V_{总} = V_1 + V_2 + V_3 + \cdots + V_n = \sum V_i \tag{2.1-3}$$

2.1.2　场地平整土方量计算

场地平整是将现场平整成施工所要求的设计平面。场地平整前，首先要确定场地设计标高，计算挖、填土方工程量，确定土方平衡调配方案。并根据工程规模，施工期限，土的性质及现有机械设备条件，选择土方机械，拟定施工方案。

1. 场地设计标高确定

场地设计标高是进行场地平整和土方量计算的依据，合理地确定场地设计标高，对于减少挖填方数量、节约土方运输费用、加快施工进度等具有重要的经济意义。确定场地设计标高时应考虑以下因素：①满足建筑规划和生产工艺及运输的要求；②尽量利用地形，减少挖填方数量；③场地内的挖、填土方量力求平衡，使土方运输费用最少；④有一定的排水坡度，满足排水要求；⑤考虑最高洪水位的影响。

如设计文件对场地设计标高无明确规定和特殊要求，可参照下述步骤和方法确定。

（1）初步计算场地设计标高

如图2-3所示，将场地地形图划分为边长 $a = 10 \sim 40m$ 的若干个方格。每个方格的角点标高，在地形平坦时，可根据地形图上相邻两条等高线的高程，用插入法求得；当地形起伏较大（用插入法有较大误差）或无地形图时，则可在现场用木桩打好方格网，然后用测量的方法求得。

初步计算场地设计标高的原则是场地内挖填方平衡，即场地内挖方总量等于填方总量，因此，场地设计标高可按下式计算：

$$H_0 N a^2 = \sum \left(a^2 \frac{H_{11} + H_{12} + H_{21} + H_{22}}{4} \right)$$

$$H_0 = \frac{\sum (H_{11} + H_{12} + H_{21} + H_{22})}{4N} \tag{2.1-4}$$

式中，H_0 为场地设计标高（m）；N 为方格数；a 为方格网边长（m）；H_{11}、H_{12}、H_{21}、H_{22} 为任一方格的四个角点的标高（m）。

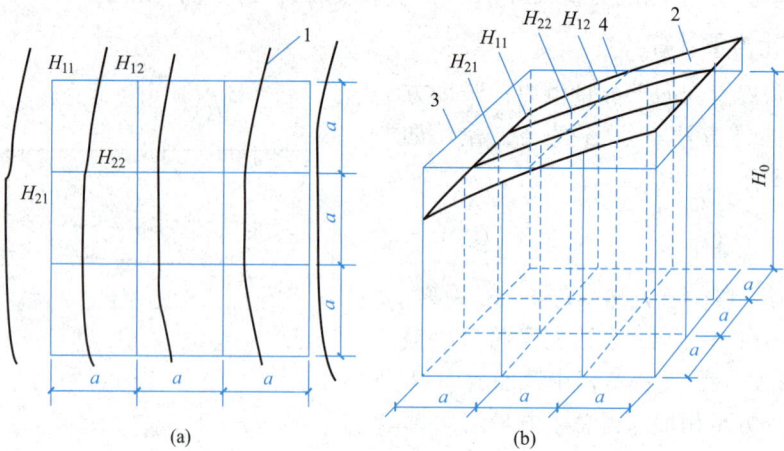

图 2-3　场地设计标高计算简图

（a）地形图上划分方格；（b）设计标高示意

1—等高线；2—自然地面；3—设计标高平面；4—自然地面与设计标高平面的交线（零线）

如图 2-3 所示，H_{11} 系一个方格的角点标高；H_{12}、H_{21} 系相邻两个方格公共角点标高；H_{22} 则系相邻的四个方格的公共角点标高。如果将所有方格的四个角点标高相加，则类似 H_{11} 这样的角点标高加一次，类似 H_{12} 的角点标高加两次，类似 H_{22} 的角点标高要加四次。因此，上式可改写为：

$$H_0 = \frac{\sum H_1 + 2\sum H_2 + 3\sum H_3 + 4\sum H_4}{4N} \tag{2.1-5}$$

式中，H_1 为一个方格独有的角点标高（m）；H_2 为两个方格共有的角点标高（m）；H_3 为三个方格共有的角点标高（m）；H_4 为四个方格共有的角点标高（m）。

（2）场地设计标高的调整

按公式（2.1-4）或公式（2.1-5）计算的设计标高 H_0 是理论值，实际上还需考虑以下因素对设计标高进行调整：

1）由于土具有可松性，按 H_0 进行施工，填土将有剩余，必要时可相应地提高设计标高。

2）由于设计标高以上的填方工程用土量，或设计标高以下的挖方工程挖土量的影响，使设计标高降低或提高。

3）由于边坡挖填方量不等，或经过经济比较后将部分挖方就近弃于场外、部分填方就近从场外取土而引起挖填土方量的变化，需相应地增减设计标高。

（3）考虑泄水坡度对角点设计标高的影响

如按上述计算及调整后的场地设计标高进行场地平整，整个场地将处于同一水平面，但实际上由于排水的要求，场地表面均应有一定的泄水坡度。因此，应根据场地泄水坡度的要求（单向泄水或双向泄水），计算出场地内各方格角点实际施工时所采用的设计标高。

1）单向泄水

场地采用单向泄水时，以计算出的设计标高 H_0 作为场地中心线（与排水方向垂直的中心线）的标高，如图 2-4 所示，场地内任意一点的设计标高为：

$$H_n = H_0 \pm l \times i \tag{2.1-6}$$

式中，H_n 为场地内任一点的设计标高（m）；l 为该点至场地中心线的距离（m）；i 为场地泄水坡度（不小于 0.2%）。

例如，图 2-4 中 H_{52} 点的设计标高为：

$$H_{52} = H_0 - l \times i = H_0 - 1.5ai$$

2）双向泄水

场地采用双向泄水时，以 H_0 作为场地中心点的标高，如图 2-5 所示，场地内任意一点的设计标高为：

$$H_n = H_0 \pm l_x \times i_x \pm l_y \times i_y \tag{2.1-7}$$

式中，H_n 为场地内任一点的设计标高（m）；l_x、l_y 为该点对场地中心线 x-x、y-y 的距离（m）；i_x、i_y 为 x-x、y-y 方向的泄水坡度。

例如，图 2-5 中场地内 H_{42} 点的设计标高为：

$$H_{42} = H_0 - 1.5ai_x - 0.5ai_y$$

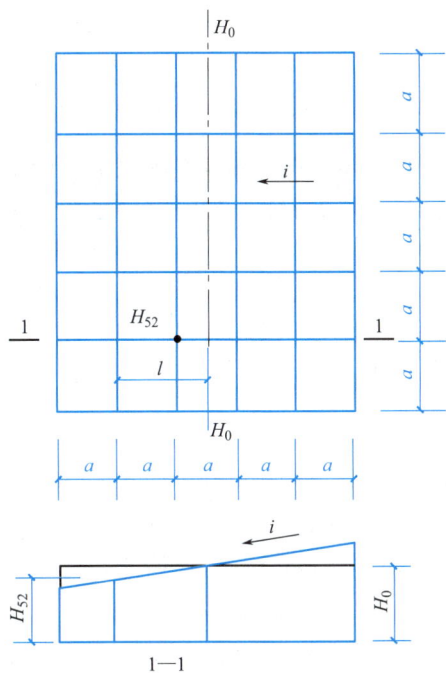

图 2-4　单向泄水坡度的场地

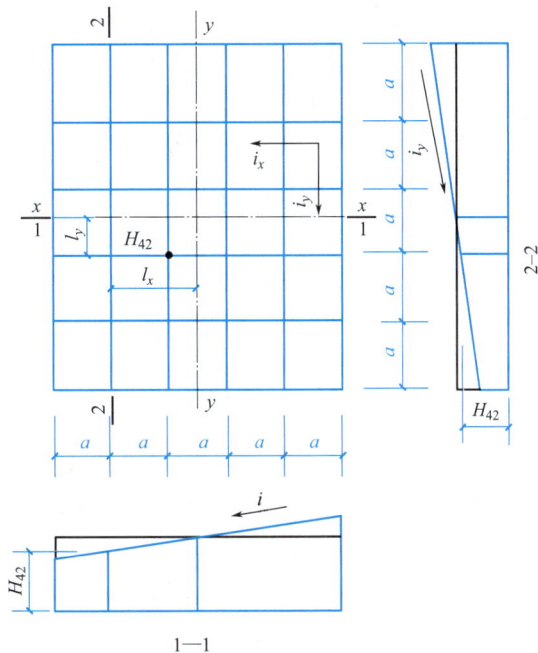

图 2-5　双向泄水坡度的场地

2. 场地土方量计算

大面积场地平整的土方量，通常采用方格网法计算。即根据方格网各方格角点的自然地面标高和实际采用的设计标高，算出相应的角点填挖高度（施工高度），然后计算每一方格的土方量，并算出场地边坡的土方量，这样便可求得整个场地的填、挖土方总量。其具体步骤如下。

（1）划分方格网并计算各方格角点的施工高度

根据已有地形图（一般用 1∶500 的地形图），将欲计算的场地划分成若干个方格网，

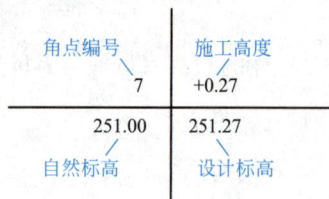

图 2-6　角点标注方式

尽量使方格网与测量的纵、横坐标网对应，方格的边长一般采用 20~40m，将设计标高和自然地面标高分别标注在方格点的左下角和右下角，如图 2-6 所示。

各方格角点的施工高度按下式计算：

$$h_n = H_n - H \tag{2.1-8}$$

式中，h_n 为角点施工高度（m），即填挖高度，以"＋"为填，"－"为挖；H_n 为角点的设计标高（m），若无泄水坡度时，即为场地的设计标高；H 为角点的自然地面标高（m）。

（2）计算零点位置

在一个方格网内同时有填方或挖方时，要先算出方格网边的零点位置，并标注于方格网上。所谓"零点"，就是方格网边线上不挖不填的点。连接零点就得零线，它是填方区与挖方区的分界线。

如图 2-7 所示，零点的位置按下式计算：

$$x_1 = \frac{h_1}{h_1 + h_2} \cdot a; \quad x_2 = \frac{h_2}{h_1 + h_2} \cdot a \tag{2.1-9}$$

式中，x_1、x_2 为角点至零点的距离（m）；h_1、h_2 为相邻两角点的施工高度（m），均用绝对值；a 为方格网的边长（m）。

在实际工作中，为省略计算，常采用图解法直接求出零点。用尺在各角上标出相应比例，连线与方格相交点即为零点位置，如图 2-8 所示，此法甚为方便，同时可避免计算或查表出错。

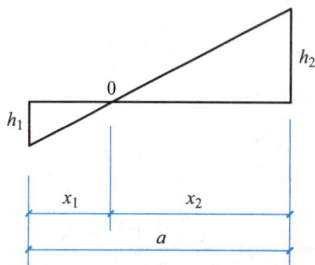

图 2-7　零点位置计算示意图

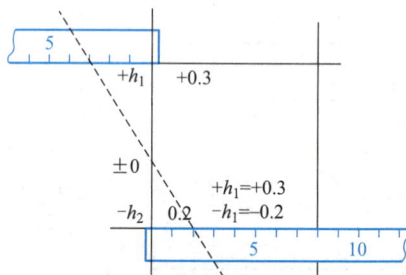

图 2-8　零点位置图解法

（3）计算方格内土方工程量

按方格网底面积图形，参见表 2-1 中所列公式，计算每个方格内的挖方或填方量。

常用方格网点计算公式　　　　　　　　　　　　　表 2-1

项目	图式		计算公式
一点填方或挖方（三角形）			$V = \dfrac{1}{2} bc \dfrac{\sum h}{3} = \dfrac{bch_3}{6}$ 当 $b = c = a$ 时，$V = \dfrac{a^2 h_3}{6}$

续表

项目	图式	计算公式
二点填方或挖方（梯形）		$V_+ = \dfrac{b+c}{2}a\dfrac{\sum h}{4} = \dfrac{a}{8}(b+c)(h_1+h_3)$ $V_- = \dfrac{d+e}{2}a\dfrac{\sum h}{4} = \dfrac{a}{8}(d+e)(h_2+h_4)$
三点填方或挖方（五角形）		$V = \left(a^2 - \dfrac{bc}{2}\right)\dfrac{\sum h}{5}$ $= \left(a^2 - \dfrac{bc}{2}\right)\dfrac{h_1+h_2+h_4}{5}$
四点填方或挖方（正方形）		$V = \dfrac{a^2}{4}\sum h = \dfrac{a^2}{4}(h_1+h_2+h_3+h_4)$

注：1. a 为方格网的边长（m）；b、c 为零点到一角的边长（m）；h_1、h_2、h_3、h_4 为方格网四角点的施工高程（m）；$\sum h$ 为填方或挖方施工高程的总和（m），用绝对值代入；V 为挖方或填方体积（m³）。

2. 本表公式是按各计算图形底面积乘以平均施工高程而得出的。

（4）计算边坡土方量

边坡的土方量可以划分为两种近似几何形体计算，一种为三角棱锥体，另一种为三角棱柱体，如图 2-9 所示，其计算公式如下。

1）三角棱锥体边坡体积

三角棱锥体边坡如图 2-9 中的①所示，其体积计算公式为：

$$V_1 = \frac{1}{3}A_1 l_1 \tag{2.1-10}$$

$$A_1 = \frac{h_2(mh_2)}{2} = \frac{mh_2^2}{2} \tag{2.1-11}$$

式中，l_1 为边坡①的长度（m）；A_1 为边坡①的端面积（m²）；h_2 为角点的挖土高度（m）；m 为边坡的坡度系数，$m = $ 宽 / 高 。

2）三角棱柱体边坡体积

三角棱柱体边坡如图 2-9 中的④所示，其体积计算公式为：

$$V_4 = \frac{A_1+A_2}{2}l_4 \tag{2.1-12}$$

当两端横断面面积相差很大时，三角棱柱体边坡体积计算公式为：

$$V_4 = \frac{l_4}{6}(A_1+4A_0+A_2) \tag{2.1-13}$$

式中，l_4 为边坡④的长度（m）；A_1、A_2、A_0 为边坡④两端及中部横断面面积（m²），按公式（2.1-11）计算。

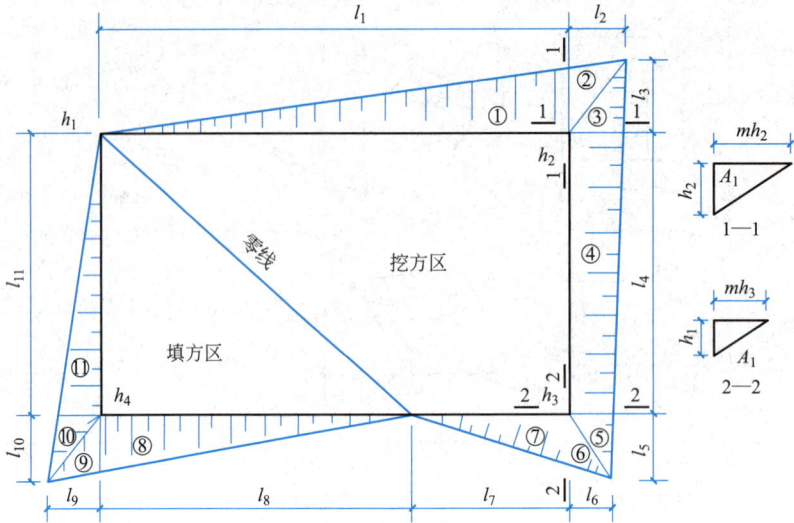

图 2-9　场地边坡平面图

（5）计算土方总量

将挖方区（或填方区）的所有方格土方量和边坡土方量汇总后即得场地平整挖（填）方的工程量。

【例 2-1】某建筑场地地形图和方格网（$a=20$m），如图 2-10 所示。土质为粉质黏土，场地设计泄水坡度：$i_x=3‰$，$i_y=2‰$。建筑设计、生产工艺和最高洪水位等方面均无特殊要求。试确定场地设计标高（不考虑土的可松性影响，如有余土，用以加宽边坡），并计算填、挖土方量（不考虑边坡土方量）。

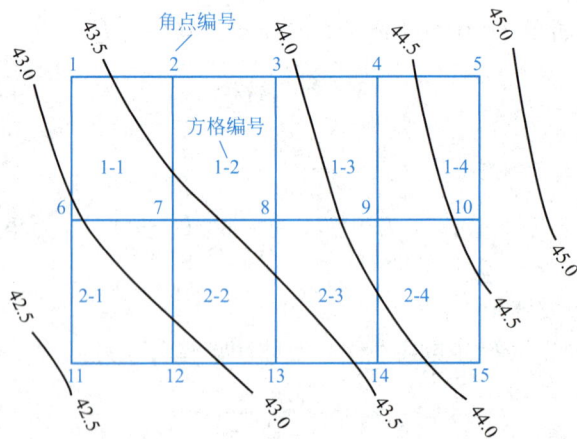

图 2-10　某建筑场地地形图和方格网布置

【解】（1）计算各方格角点的地面标高各方格角点的地面标高，可根据地形图上所标等高线，假定两等高线之间的地面坡度按直线变化，用插入法求得。如求角点 4 的地面标高（H_4），由图 2-11 可得：$h_x : 0.5 = x : l$，则 $h_x = 0.5x/l$，$h_4 = 44.0 + h_x$。

为了避免繁琐的计算，通常采用图解法，如图 2-12 所示。用一张透明纸，上面画 6 根等距离的平行线。把该透明纸放到标有方格网的地形图上，将 6 根平行线的最外边两根分别对准 A 点和 B 点，这时 6 根等距的平行线将 A、B 之间的 0.5m 高差分成 5 等分，于是便可直接读得角点 4 的地面标高 $H_4 = 44.34$m。其余各角点标高均可用图解法求出。本例各方格角点标高如图 2-13 所示。

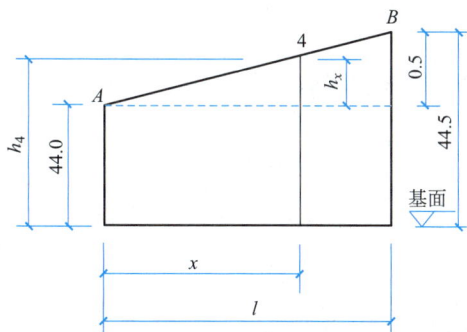

图 2-11　例 2-1 插入法计算简图

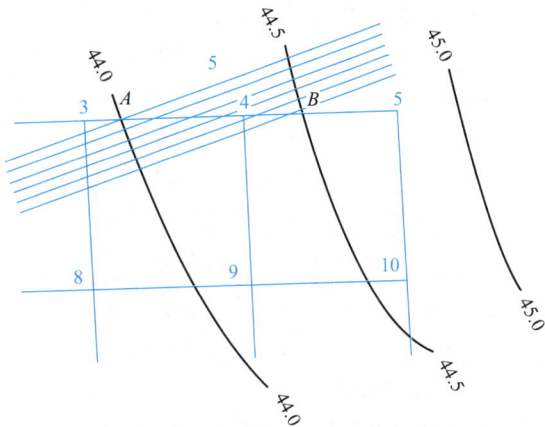

图 2-12　插入法的图解法

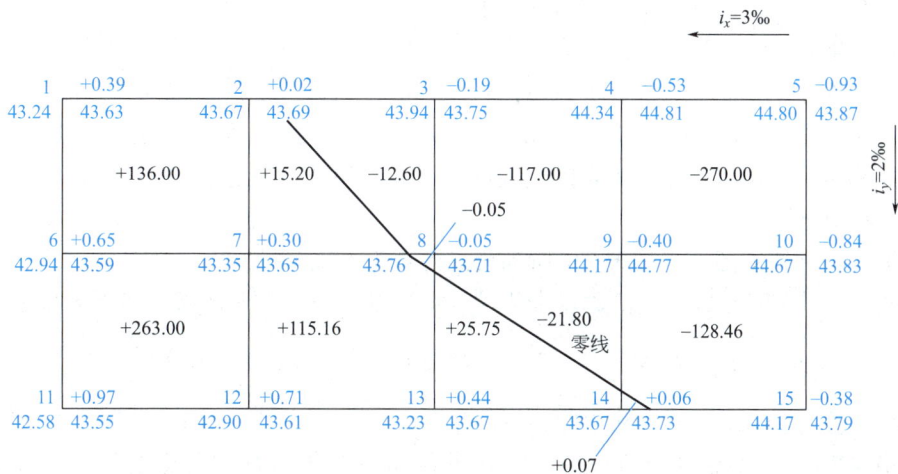

图 2-13　各方格角点标高

（2）计算场地设计标高 H_0

$$\sum H_1 = 43.24 + 44.80 + 44.17 + 42.58 = 174.79 \text{（m）}$$

$$2\sum H_2 = 2 \times (43.67 + 43.94 + 44.34 + 44.67 + 43.67 + 42.23 + 42.90 + 42.94) = 698.72 \text{（m）}$$

$$3\sum H_3 = 3 \times 0 = 0 \text{（m）}$$

$$4 \sum H_4 = 4 \times (43.35 + 43.76 + 44.17) = 525.12 \ (\text{m})$$

$$H_0 = \frac{\sum H_1 + 2 \sum H_2 + 3 \sum H_3 + 4 \sum H_4}{4N} = \frac{174.79 + 698.72 + 0 + 525.12}{4 \times 8} \approx$$

$43.71 \ (\text{m})$

（3）计算方格角点的设计标高

以场地中心角点 8 为 H_0，如图 2-13 所示，由已知泄水坡度 $i_x = 3‰$，$i_y = 2‰$，各方格角点设计标高按公式（2.1-7）计算得：

$$H_1 = H_0 - 40 \times 3‰ + 20 \times 2‰ = 43.71 - 0.12 + 0.04 = 43.63 \ (\text{m})$$

$$H_2 = H_1 + 20 \times 3‰ = 43.63 + 0.06 = 43.69 \ (\text{m})$$

$$H_6 = H_0 - 40 \times 3‰ = 43.71 - 0.12 = 43.59 \ (\text{m})$$

其余各角点设计标高算法同上，其值见图 2-13 中设计标高值。

（4）计算角点的施工高度

由公式（2.1-8），各角点的施工高度为：

$$h_1 = 43.63 - 43.24 = +0.39 \ (\text{m})$$

$$h_3 = 43.75 - 43.94 = -0.19 \ (\text{m})$$

（5）确定零线

有关方格边线上零点的位置由公式（2.1-9）确定。2～3 角点连线零点距角点 2 的距离为 $x_{2-3} = \dfrac{0.02 \times 20}{0.02 + 0.19} \approx 1.9 \ (\text{m})$

距离角点 3 的距离 $x_{3-2} = 20 - 1.9 = 18.1 \ (\text{m})$

同理求得：

$x_{7-8} = 17.1 \ (\text{m})$，$x_{8-7} = 2.9 \ (\text{m})$；$x_{13-8} = 18.0 \ (\text{m})$，$x_{8-13} = 2.0 \ (\text{m})$；

$x_{14-9} = 2.6 \ (\text{m})$，$x_{9-14} = 17.4 \ (\text{m})$；$x_{14-15} = 2.7 \ (\text{m})$，$x_{15-14} = 17.3 \ (\text{m})$。

由此确定零点位置，相邻零点的连线即为零线，如图 2-13 所示。

（6）计算土方量

根据方格网挖填图形，按表 2-1 所列公式计算土方工程量。

方格 1-1，1-3，1-4，2-1 四角点全为挖（填）方，按正方形计算，其土方量为：

$$V_{1-1} = \frac{a^2}{4}(h_1 + h_2 + h_3 + h_4) = \frac{20^2}{4} \times (0.39 + 0.02 + 0.30 + 0.65) = (+)136 \ (\text{m}^3)$$

同样计算得：$V_{2-1} = (+) 263 \ (\text{m}^3)$，$V_{1-3} = (-) 117 \ (\text{m}^3)$，$V_{1-4} = (-) 270 \ (\text{m}^3)$

方格 1-2，2-3 各有两个角点为挖方；另两角点为填方，按梯形公式计算，其土方量为：

$$V_{1-2}^{填} = \frac{a}{8}(b+c)(h_1 + h_3) = \frac{20}{8} \times (1.9 + 17.1) \times (0.02 + 0.3) = (+)15.2 \ (\text{m}^3)$$

$$V_{1-2}^{挖} = \frac{a}{8}(d+e)(h_2 + h_4) = \frac{20}{8} \times (18.1 + 2.9) \times (0.19 + 0.05) = (-)12.6 \ (\text{m}^3)$$

同理：$V_{2-3}^{填} = (+) 25.75 \ (\text{m}^3)$，$V_{2-3}^{挖} = (-) 21.8 \ (\text{m}^3)$

方格网 2-2，2-4 为一个角点填方（或挖方）和三个角点挖方（或填方），分别按三角形和五角形公式计算，其土方量为：

$$V_{2-2}^{填} = \left(a^2 - \frac{bc}{2}\right)\frac{h_1 + h_2 + h_3}{5} = \left(20^2 - \frac{2.9 \times 2}{2}\right)\frac{0.3 + 0.71 + 0.44}{5} \approx (+) \ 115.16 \ (m^3)$$

$$V_{2-2}^{挖} = \frac{bch_4}{6} = \frac{2.9 \times 2 \times 0.05}{6} \approx (-) \ 0.05 \ (m^3)$$

同理：$V_{2-4}^{填} = (+) \ 0.07 \ (m^3)$，$V_{2-4}^{挖} = (-) \ 128.46 \ (m^3)$

将计算出的土方量填入相应的方格中，如图 2-13 所示。场地各方格土方量总计：挖方 $555.18m^3$，填方 $549.931m^3$。

2.1.3 土方调配

土方量计算完成后，即可着手土方的调配工作。土方调配，就是对挖土的利用、堆弃和填土的取得三者之间的关系进行综合协调的处理。好的土方调配方案，应该是使土方运输量或费用达到最小，而且又能方便施工。

1. 土方调配原则

（1）应力求达到挖方与填方基本平衡和就近调配、运距最短，使挖方量与运距的乘积之和尽可能为最小，即土方运输量或费用最小。

（2）土方调配应考虑近期施工与后期利用相结合的原则，考虑分区与全场相结合的原则，还应尽可能与大型地下建筑物的施工相结合，以避免重复挖运和场地混乱。

（3）合理布置挖、填方分区线，选择恰当的调配方向、运输线路，使土方机械和运输车辆的性能得到充分发挥。

（4）好土用在回填质量要求高的地区。

（5）土方平衡调配应尽可能与城市规划和农田水利相结合，将余土一次性运到指定弃土场，做到文明施工。

总之，进行土方调配，必须根据现场具体情况、有关技术资料、工期要求、土方施工方法与运输方法综合考虑，并按上述原则经计算比较来选择经济合理的调配方案。

2. 土方调配图表的编制

场地土方调配，需做成相应的土方调配图表，其编制的步骤如下：

（1）划分调配区。在划分调配区时应注意：①调配区的划分应与房屋或构筑物的位置相协调，满足工程施工顺序和分期分批施工的要求，使近期施工与后期利用相结合；②调配区的大小应使土方机械和运输车辆的功效得到充分发挥；③当土方运距较大或场区内土方不平衡时，可根据附近地形，考虑就近借土或就近弃土，每一个借土区或弃土区均可作为一个独立的调配区；④调配区的范围应该和土方的工程量计算用的方格网协调，通常可有若干个方格组成一个调配区。

（2）计算土方量。按前述计算方法，求得各调配区的挖填方量，并标写在图上。

（3）计算调配区之间的平均运距。平均运距即挖方区土方重心与填方区土方重心的距离。因此，确定平均运距需先求出各个调配区土方重心，计算时取场地或方格网中的纵横两边为坐标轴，分别求出各区土方的重心位置，即：

$$\overline{X} = \frac{\sum x_i V_i}{\sum V_i} \quad \overline{Y} = \frac{\sum y_i V_i}{\sum V_i} \tag{2.1-14}$$

式中，$\overline{X}$、$\overline{Y}$ 为挖方或填方调配区的重心坐标；V_i 为第 i 块方格的土方量；x_i、y_i 为第 i 块方格的重心坐标。

为了简化计算，可用作图法近似地求出形心位置来代替重心位置。

重心求出后，标于相应的调配区图上，然后用比例尺量出每对调配区之间的平均运距。

（4）确定土方最优调配方案。最优调配方案的确定，是以线性规划为理论基础的，常用"表上作业法"求得。

（5）绘制土方调配图、调配平衡表。根据表上作业法求得的最优调配方案，在场地地形图上绘出土方调配图，图上应标出土方调配方向，土方数量及平均运距，如图 2-14 所示。并按土方调配图，列出土方调配平衡表，如表 2-2 即是按图 2-14 所示调配方案编制的土方量调配平衡表。

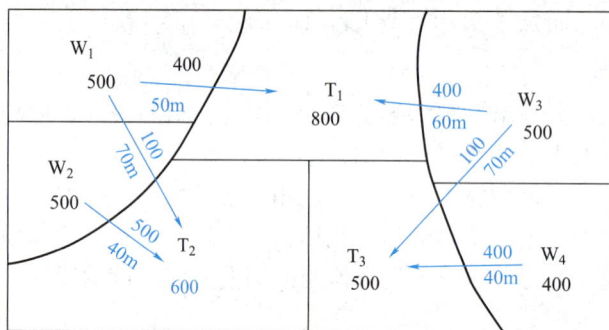

图 2-14　土方调配图

注：箭头上面数量表示土方调配量（m³）；箭头下面表示平均运距（m）；W 为挖方区；T 为填方区

土方调配平衡表　　　　　　　　　　　　　　表 2-2

挖方区编号	挖方数量（m³）	各填方区填方数量（m³）					
		T_1		T_2		T_3	
		填方数量（m³）	运距（m）	填方数量（m³）	运距（m）	填方数量（m³）	运距（m）
W_1	500	400	50	100	70	—	—
W_2	500	—	—	500	40	—	—
W_3	500	400	60	—	—	100	70
W_4	400	—	—	—	—	400	40
合计	1900	800	—	600	—	500	—

任务2.2　土方工程施工作业

学习目标 ▪▪▪

- 了解常用土方施工机械，能合理选择土方施工机械，并编制机具计划；
- 掌握土方开挖施工准备、土方开挖机械的选择及计算、进行土方开挖质量检测与评定；

•掌握回填的施工技术、能编制土方开挖和土方回填技术交底、土方工程的质量要求，能进行土方回填质量检测与评定。

2.2.1　常用土方施工机械

土方工程的施工过程主要包括土方开挖、运输、填筑与压实等。目前采用人工作业的情况已经不多，一般只是在小型基坑（槽）、管沟及土方量少的场所，对大量土方一般均应采用机械化施工。常用的施工机械有推土机、铲运机、单斗挖土机、装载机、碾压机、夯实机械等，施工时应正确选用施工机械，加快施工进度。

1. 推土机

推土机多用于场地清理和平整、开挖深度 1.5m 以内的基坑，填平沟坑以及配合铲运机、挖土机工作等。其经济运距在 100m 以内，效率最高为 60m，运用于挖推一～三类土。

2. 铲运机

铲运机能综合完成铲土、运土、平土或填土等全部土方施工工序，对行驶道路要求低，在土方工程中常应用于大面积场地平整，开挖大基坑、沟槽以及填筑路基、堤坝等工程。适宜铲运含水量不大于 27％的松土和普通土。铲运机按行走方式分自行式和拖式两种，自行式铲运机的经济运距以 800～1500m 为宜；拖式铲运机的运距以 600m 内为宜，当运距为 200～300m 时效率最高。

在铲运机斗容量确定的条件下，其生产率的高低主要取决于机械的开行路线和施工方法。开行路线主要有环形路线与"8"字形路线，如图 2-15 所示。常见的施工方法有下坡铲土法、跨铲法、助铲法。

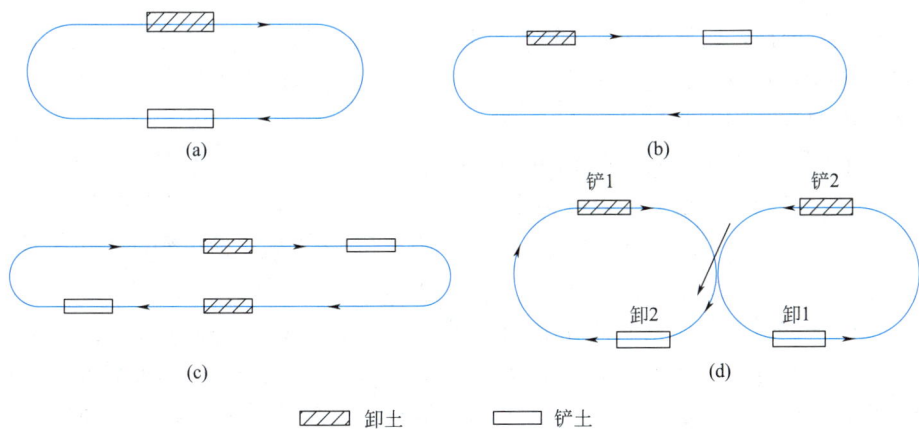

图 2-15　铲运机开行路线

（a）、（b）环行路线；（c）大环行路线；（d）"8"字形路线

3. 单斗挖土机

单斗挖土机按其行走装置的不同，分为履带式和轮胎式两类；按其工作装置的不

同，分为正铲、反铲、拉铲和抓铲等；按其操纵机械的不同，可分为机械式和液压式两类。

（1）正铲挖土机适用于开挖停机面以上的一～三类土，它与运土汽车配合能完成整个挖运。开挖方式根据挖土机的开挖路线与运输工具的相对位置不同，可分为正向挖土侧向卸土和正向挖土后方卸土两种。

（2）反铲挖土机能开挖停机面以下的一～三类土（索式反铲挖土机只宜挖一～二类土），适用于挖基坑、基槽和管沟、有地下水的土壤或泥泞土壤。反铲挖土机挖土时可采用沟端开挖和沟侧开挖两种方式，一次开挖深度取决于最大挖掘深度的技术参数。

（3）拉铲挖掘机的挖土特点是"后退向下，自重切土"，其挖土半径和挖土深度较大，但不如反铲灵活，开挖精确性差。适用于挖停机面以下的一～二类土。可用于开挖大而深的基坑或水下挖土。

（4）抓铲挖土机其挖土特点是"直上直下，自重切土"，挖掘力较小。适用于开挖停机面以下的一～二类土，如挖窄而深的基坑、疏通旧有渠道以及挖取水中淤泥等，或用于装卸碎石、矿渣等松散材料。在软土地基的地区，常用于开挖基坑等。

4. 装载机

装载机适用于装卸土方和散料，也可用于松软土的表层剥离、地面平整和场地清理等工作。其按行走方式分履带式和轮胎式装载机两种；按工作方式分单斗式、链式和轮斗式装载机三种。

2.2.2 土方开挖

1. 土方机械的选择

土方机械的选择，通常先根据工程特点和技术条件提出几种可行方案，然后进行技术经济比较，选择效率高、费用低的机械进行施工，一般可选用土方单价最小的机械。现综合有关土方机械选择要点如下：

（1）当地形起伏不大，坡度在20°以内选择推土机。

（2）地形起伏较大的丘陵地带，一般挖土高度在3m以上，运输距离超过1km，工程量较大且又集中时，可采用组合方式进行挖土和运土，有如下几种组合：①正铲挖土机＋自卸汽车；②推土机＋漏斗＋自卸汽车；③推土机＋装载机＋汽车。

（3）开挖基坑时，如土的含水量较小，可结合运距长短、挖掘深浅，分别采用推土机、铲运机或正铲挖土机配合自卸汽车进行施工；如地下水位较高，又不采用降水措施或土质松软，可能造成正铲挖土机和铲运机陷车时，则采用反铲、拉铲或抓铲挖土机配合自卸汽车施工；移挖作填以及基坑和管沟的回填，运距在60～100m以内可用推土机。

2. 挖土机与运土车辆的配套计算

土方机械配套计算时，应先确定主导施工机械，其他机械应按主导机械的性能进行配套选用。当用挖土机挖土，汽车运土时，应以挖土机为主导机械。

（1）挖土机台班产量 P_d 计算：

$$P_d = \frac{8 \times 3600}{t} \cdot q \cdot \frac{K_C}{K_S} \cdot K_B \qquad (2.2\text{-}1)$$

式中，P_d 为挖土机台班产量（m³/台班）；t 为挖土机每次作业循环延续时间（s），视机械性能而定，如 W_1—100 正铲挖土机为 25～40s，W_1—100 拉铲挖土机为 45～60s；q 为挖土机斗容量（m³）；K_C 为土斗的充盈系数，可取 0.8～1.1；K_S 为土的最初可松性系数，见表1-17；K_B 为时间利用系数，一般取 0.6～0.8。

（2）挖土机的数量 N 计算：

$$N = \frac{Q}{P_d} \cdot \frac{1}{T \cdot C \cdot K} \text{（台）} \qquad (2.2\text{-}2)$$

式中，Q 为土方工程量（m³）；T 为工期（d）；C 为每天工作班数（台班）；K 为工作时间利用系数，取 0.8～0.9。

（3）运输车辆计算

为了使挖土机充分发挥生产能力，运输车辆的大小和数量应根据挖土机数量配套选用。运输车辆的载重量应为挖土机铲斗土重的整倍数，一般为 3～5 倍。运输车辆过多，会使车辆窝工，道路堵塞；运输车辆过少，又会使挖土机等车停挖。为了保证都能正常工作，运输车辆数量 N' 按下式计算：

$$N' = \frac{T'}{t} \text{（台）} \qquad (2.2\text{-}3)$$

式中，T' 为运输车辆每装卸一车土循环作业所需时间（s）；t 为运输车辆装满一车土的时间（s）。

3. 施工要点与注意事项

（1）基坑开挖时，两人操作间距应大于 2.5m，多台机械开挖，挖土机间距应大于 10m。挖土应由上而下，逐层进行，严禁采用挖空底脚（挖神仙土）的施工方法。

（2）基坑开挖应严格按要求放坡。操作时应随时注意土壁变动情况，如发现有裂纹或部分坍塌现象，应及时进行支撑或放坡，并注意支撑的稳固和土壁的变化。

（3）基坑（槽）挖土深度超过 3m 以上，使用吊装设备吊土时，起吊后，坑内操作人员应立即离开吊点的垂直下方，起吊设备距坑边一般不得少于 1.5m，坑内人员应戴安全帽。

（4）用手推车运土，应先铺好道路。卸土回填，不得放手让车自动翻转。用翻斗汽车运土，运输道路的坡度、转弯半径应符合有关安全规定。

（5）深基坑上下应先挖好阶梯或设置靠梯，或开斜坡道，采取防滑措施，禁止踩踏支撑上下。坑四周应设安全栏杆或悬挂危险标志。

（6）基坑（槽）设置的支撑应经常检查是否有松动变形等不安全迹象，特别是雨后更应加强检查。

（7）坑（槽）沟边 1m 以内不得堆土、堆料和停放机具，1m 以外堆土，其高度不宜超过 1.5m。坑（槽）沟与附近建筑物的距离不得小于 1.5m，危险时必须加固。

4. 质量标准

土方开挖的质量检验标准见表2-3。

土方开挖工程质量检验标准　　　　　　　　表 2-3

项	序	项目	允许偏差或允许值(mm)					检验方法
			柱基、基坑、基槽	挖方场地平整		管沟	地(路)面基层	
				人工	机械			
主控项目	1	标高	−50	±30	±50	−50	−50	用水准仪检验
	2	长度、宽度(由设计中心线向两边量)	+200 −50	+300 −100	+500 −150	+100	—	用经纬仪和钢尺量
	3	边坡坡度						观察或用坡度尺检查
一般项目	1	表面平整度	20	20	50	20	20	用 2m 靠尺或楔形塞尺检查
	2	基本土性	按设计要求					观察或土样分析

注：地(路)面基层的偏差只适用于直接在挖、填方上做地(路)面的基层。

2.2.3　土方的填筑与压实

在土方填筑前，应清除基底上的垃圾、树根等杂物，抽除坑穴中的水、淤泥。在建筑物和构筑物地面下的填方或厚度小于 0.5m 的填方，应清除基底上的草皮、垃圾和软弱土层。在土质较好、地面坡度不陡于 1:10 的较平坦场地的填方，可不清除基底上的草皮，但应割除长草。在稳定山坡上填方，当山坡坡度为 1:10~1:15 时，应清除基底上的草皮；坡度陡于 1:5 时，应将基底挖成阶梯形，阶宽不小于 1m。当填方基底为耕植土或松土时，应将基底碾压密实。在水田、沟渠或池塘上填方前，应根据实际情况采用排水疏干、挖除淤泥或抛填块石、砂砾、矿渣等方法处理后再进行填土。填土区如遇有地下水或滞水时，必须设置排水措施，以保证施工顺利进行。

1. 填筑的要求

为了保证填方工程强度和稳定性方面的要求，必须正确选择填土的种类和填筑方法。填方土料应符合设计要求。碎石类土、砂土和爆破石渣可用作表层以下的填料。当填方土料为黏土时，填筑前应检查其含水量是否在控制范围内，含水量大的黏土不宜作为填土用。含有大量有机质的土，吸水后容易变形，承载能力降低；含水溶性硫酸盐大于 5% 的土，在地下水的作用下，硫酸盐会逐渐溶解消失，形成孔洞，影响土的密实性。这两种土以及淤泥、冻土、膨胀土等均不应作为填土。

填土应分层进行，并尽量采用同类土填筑。如采用不同土填筑时，应将透水性较大的土层置于透水性较小的土层之下，不能将各种土混杂在一起使用，以免填方内形成水囊。

碎石类土或爆破石渣作填料时，其最大粒径不得超过每层铺土厚度的 2/3，使用振动碾时，不得超过每层铺土厚度的 3/4；铺填时，大块料不应集中，且不得填在分段接头或填方与山坡连接处。

2. 填土压实方法

填土的压实方法一般有碾压法、夯实法和振动压实法。

（1）碾压法

碾压法是利用机械滚轮的压力压实土壤，使之达到所需的密实度，此法多用于大面积填土工程。碾压机械有光面碾（压路机）、羊足碾和气胎碾。光面碾对砂土、黏性土均可压实。羊足碾需要较大的牵引力，且只宜压实黏性土（因在砂土中使用羊足碾会使土颗粒在"羊足"较大的单位压力作用下向四周移动，从而使土的结构遭到破坏）。气胎碾在工作时是弹性体，其压力均匀，填土质量较好。此外，还可利用运土机械进行碾压，施工时使运土机械行驶路线能大体均匀地分布在填土面积上，并达到一定重复行驶遍数，使其满足填土压实质量的要求。

碾压机械压实填方时，行驶速度不宜过快；一般光面碾控制在2km/h，羊足碾控制在3km/h。否则会影响压实效果。

（2）夯实法

夯实法是利用夯锤自由下落的冲击力来夯实土壤，主要用于小面积回填。夯实法分人工夯实和机械夯实两种。

夯实机械有夯锤、内燃夯土机和蛙式打夯机，人工夯土用的工具有木夯、石夯、飞硪等。夯锤是借助起重机悬挂一重锤进行夯土的夯实机械，适用于夯实砂性土、湿陷性黄土、杂填土以及含有石块的填土。

视频微课

2.2.3　强夯地基处理施工

（3）振动压实法

振动压实法是将振动压实机放在土层表面，借助振动机械使压实机械振动，土颗粒在振动力的作用下发生相对位移而达到紧密状态。这种方法用于振实非黏性土效果较好。

如使用振动碾进行碾压，可使土受振动和碾压两种作用，碾压效率高，适用于大面积填方工程。

3. 填土压实的影响因素

填土压实的影响因素较多，主要有压实功、土的含水量以及每层铺土厚度。

（1）压实功的影响

填土压实后的密度与压实机械在其上所施加的功有一定的关系。土的密度与所耗的功的关系如图2-16所示。当土的含水量一定，在开始压实时，土的密度急剧增加，待到接近土的最大密度时，压实功虽然增加许多，而土的密度则变化甚小。实际施工中，对于砂土只需碾压或夯击2～3遍，对粉土需3～4遍，对粉质黏土或黏土需5～6遍。此外，松土不宜用重型碾压机械直接滚压，否则土层有强烈起伏现象，效率不高，而应先用轻碾压

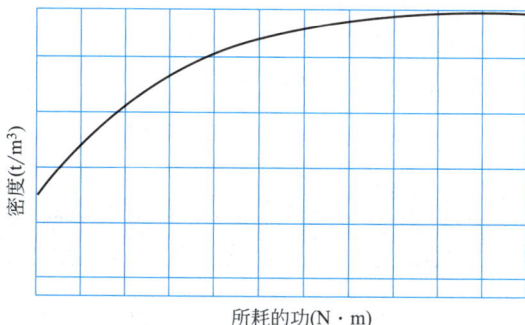

图2-16　土的密度与压实功的关系

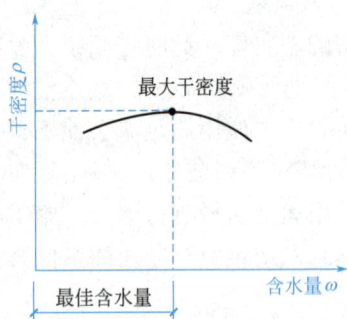

图 2-17 土的干密度与含水量关系

实，再用重碾压实。

（2）含水量的影响

在同一压实功条件下，填土的含水量对压实质量有直接影响。较为干燥的土颗粒之间的摩阻力较大，因而不易压实。当含水量超过一定限度时，土颗粒之间孔隙由水填充而呈饱和状态，也不能压实。当土的含水量适当时，水起到润滑作用，土颗粒之间的摩阻力减少，压实效果好。每种土都有其最佳含水量，土处在最佳含水量时，使用同样的压实功进行压实，所得到的密度最大（图 2-17），各种土的最佳含水量和最大干密度可参考表 2-4。工地简单检验黏性土含水量的方法一般是以手握成团落地开花为适宜。为了保证填土在压实过程中处于最佳含水量状态，当土过湿时，应予翻松晾干，也可掺入同类干土或吸水性土料；当土过干时，则应预先洒水润湿。

土的最佳含水量和最大干密度参考表　　　　　　　　表 2-4

项次	土的种类	变动范围		项次	土的种类	变动范围	
		最佳含水量(%)重量比	最大干密度(g/cm³)			最佳含水量(%)重量比	最大干密度(g/cm³)
1	砂土	8～12	1.80～1.88	3	粉质黏土	12～15	1.85～1.95
2	黏土	19～23	1.58～1.70	4	粉土	16～22	1.61～1.80

注：1. 表中土的最大干密度应根据现场实际达到的数字为准。

2. 一般性的回填可不作此项测定。

（3）铺土厚度的影响

土在压实功的作用下，其应力随深度增加而逐渐减小（图 2-18），其影响深度与压实机械、土的性质和含水量等有关。铺土厚度应小于压实机械压土时的作用深度，但其中还有最优土层厚度问题，铺得过厚，要压很多遍才能达到规定的密实度。铺得过薄，则也要增加机械的总压实遍数。最优的铺土厚度应能使土方压实而机械的功耗费最少。可按照表 2-5 选用。在表中规定压实遍数范围内，轻型压实机械取大值，重型的取小值。

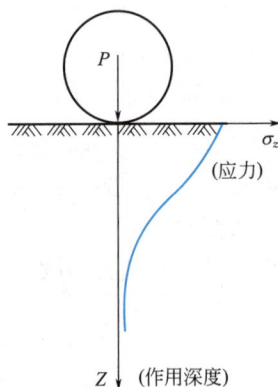

图 2-18 压实作用沿深度的变化

填方每层的铺土厚度和压实遍数　　　　　　　　表 2-5

压实机具	每层铺土厚度(mm)	每层压实遍数(遍)
平碾	250～300	6～8
振动压实机	250～350	3～4

压实机具	每层铺土厚度(mm)	每层压实遍数(遍)
柴油打夯机	200~250	3~4
人工打夯	<200	3~4

注：人工打夯时，土块颗粒不应大于50mm。

压实功、土的含水量以及每层铺土厚度之间是互相影响的。为了保证压实质量，提高压实机械的生产率，重要工程应根据土质和所选用的压实机械在施工现场进行压实试验，以确定达到规定密实度所需的压实遍数、铺土厚度及最优含水量。

4. 填土工程的质量标准

（1）柱基、基坑、基槽和管沟基底的土质，必须符合设计要求，并严禁扰动。

（2）填方的基底处理，必须符合设计要求或施工规范规定。

（3）填方柱基、基坑、基槽、管沟回填的土料必须符合设计要求和施工规范要求。

（4）填方和柱基、基坑、基槽、管沟的回填，必须按规定分层夯压密实。取样测定压实后土的干密度，90%以上符合设计要求，其余10%的最低值与设计值的差不应大于0.08g/cm³，且不应集中。

土的实际干密度可用"环刀法"测定。其取样组数：柱基回填取样不少于柱基总数的10%，且不少于5个；基槽、管沟回填每层按长度20~50m取样一组；基坑和室内填土每层按100~500m²取样一组；场地平整填土每层按400~900m²取样一组。取样部位应在每层压实后的下半部。

填土工程的质量检验标准见表2-6。

填土工程质量检验标准　　　　　　　　　　　　　　　　表2-6

项	序	项目	允许偏差或允许值(mm)					检验方法
			柱基、基坑、基槽	挖方场地平整		管沟	地(路)面基层	
				人工	机械			
主控项目	1	标高	-50	±30	±50	-50	-50	用水准仪检验
	2	分层压实系数	按设计要求					用规定方法
一般项目	1	表面平整度	20	20	50	20	20	用2m靠尺或楔形塞尺检查
	2	回填土料	按设计要求					取样检查或直观鉴别
	3	分层厚度及含水量	按设计要求					用水准仪及抽样检查

实训项目

一、实训题目

编制某综合楼工程基坑土方开挖施工方案。

二、实训内容

该工程主体为框架-剪力墙结构，地上12层，地下1层。建筑总高度为42.5m，建筑总面积为 18600m^2，基坑形状呈"一"字形，东西长 60m，南北宽 45m，基坑底面开挖标高为 -7.200m，自然地面标高为 -0.900m，地下水位线标高为 -2.800m。渗透系数为 4m/d。边坡采用 $1:0.33$。

该基坑土层情况是：从自然地面以下至 -1.800m 为杂填土，$-1.800 \sim -8.500$m 为粉质砂土，-8.500m 以下为黏性土。该工程位于市区内，场地东、西、北三侧均有建筑物，南侧面临市区主干道。

1. 该基坑土方开挖施工方案，主要内容应包括：

（1）编制本施工方案的依据。

（2）工程概况的介绍。

（3）基坑的测量放线及抄平。

（4）施工总体部署（本工程采用放坡开挖方式，不考虑支护）。

（5）施工方法（操作工艺）。

（6）质量控制及标准。

（7）施工机械选择。

（8）主要技术、安全、管理措施。

2. 进度计划、劳动力、材料计划安排及施工平面图布置，由于所给条件限制，可以省略不做，也可以给出补充条件完成此项。

三、实训要求

制定施工方案一定要有针对性，结合本地区的常规做法和规定，一切从实战出发。制定出一个切实可行的施工方案，从中积累施工经验，为毕业后尽快上岗打下一个坚实的基础。

四、实训方式

以实训教学专用周的形式进行，时间为 0.5 周，也可根据各校具体情况安排。

五、实训成果

实训结束后，每位学生提供一份实训资料，按照施工企业技术资料归档要求装订成册。

思考与练习

一、简答题

1. 试述场地平整土方量计算的步骤和方法。

2. 土方调配应遵循哪些原则？调配区如何划分？

3. 为什么对场地设计标高 H_0 要进行调整？

4. 影响土体压实的因素有哪些？

5. 冬雨期进行土方施工时应该注意的问题是什么？

二、计算题

1. 某基坑坑底长度为 85m，宽度为 60m，深度为 8m。根据设计要求基坑四边放坡，其边坡坡度为 $1:0.5$。已知土的最初可松性系数

学习检测

教学单元2
思考与练习答案

$K_s=1.14$，最终可松性系数 $K'_s=1.05$。则：

（1）基坑挖土土方量为多少？

（2）若混凝土基础和地下室占有体积为 $22000m^3$，则需预留多少松散状态土用于回填？

（3）若多余土方需外运，则外运土方为多少？

（4）如果用 $4.0m^3$ 的汽车外运，则需运多少车？

2. 用来修建土体的土料，天然密度 $\rho=1.92g/cm^3$，含水量 $w=20\%$。先要修建一压实干密度 $\rho_d=1.70g/cm^3$、体积 V 为 $8000m^3$ 的土堤，求修建土堤所需开挖的体积。

3. 某料场的天然含水量 $w=22\%$，$d_s=2.70$，土的压密标准为 $\rho_d=1.70g/cm^3$。为避免过度碾压而产生剪切破坏，压密土的饱和度 S_r 不宜超过 0.85，问该料场的土料是否适合筑坝？如果不适合，建议采用什么措施？

教学单元 3 浅基础设计与施工

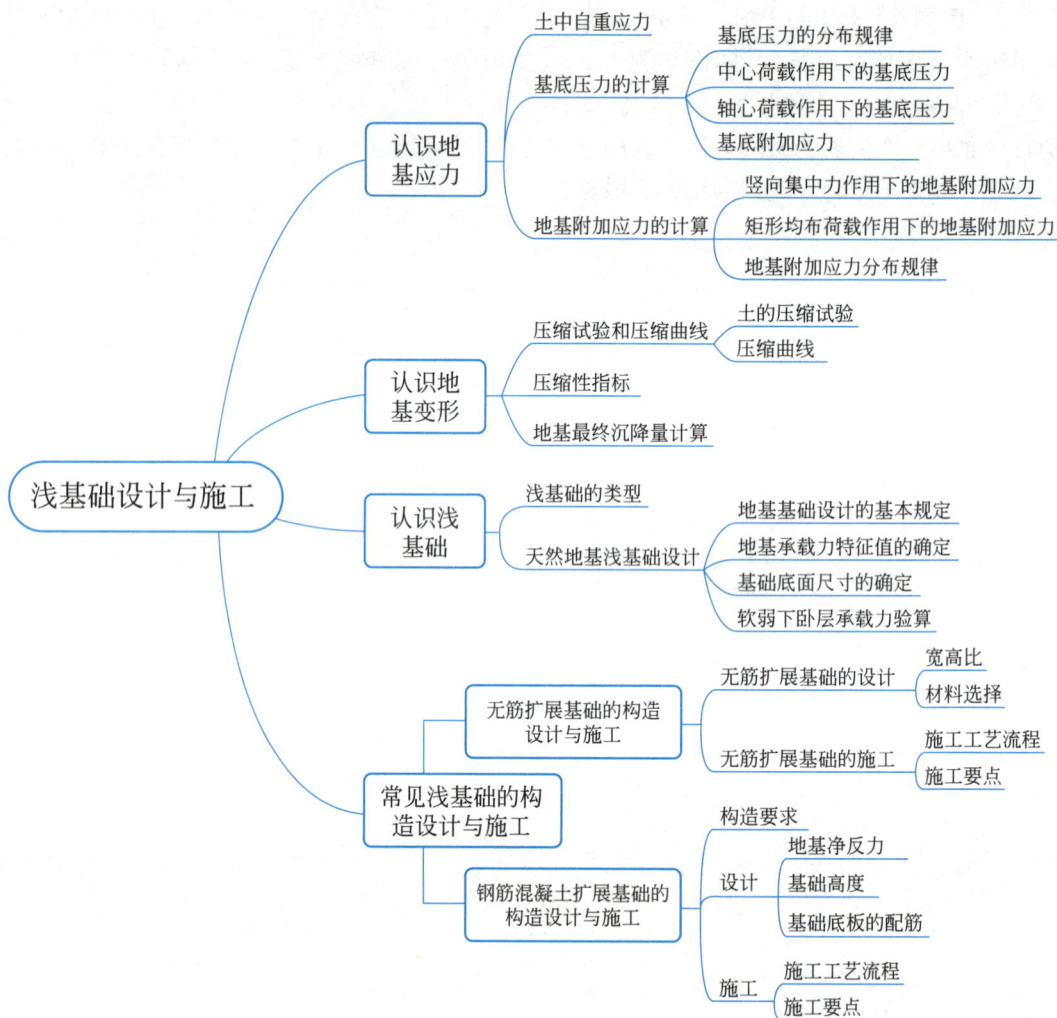

引入案例

某九层框架建筑物，在开始基础施工到装饰竣工完成的一年半中，基础发生"中间大两端小"的沉降，最大沉降达58cm，由于沉降差较大，造成了上部结构产生裂缝。经了解发现，该建筑物是一箱形基础上的框架结构，原场地中有厚达9.5～18.4m厚的软土层，软土层表面为3～8m的细砂层。设计者在细砂层面上回填砂石碾压密实，然后把碾压层作为箱形基础的持力层。

该案例产生过大沉降并影响上部结构安全，关键原因是对地基承载力的认识不够完整。地基承载力是取决于基础应力影响所及的受力范围，不仅是基础底附近的土体承载力。同时，地基承载力应包含两层内容：一是地基强度稳定；二是地基变形。本工程基础长×宽为60m×20m，其应力影响到地基下部的软土层，在上部结构荷载作用下软土产生固结沉降，随着时间的增长，沉降逐步发展，预计总沉降量会达约100cm，目前沉降量约为总沉降量的60%。由于沉降量过大，沉降不均匀，同时上部结构刚度也不均匀，从而在结构刚度突变处产生了裂缝。

该工程必须要对地基进行加固处理，加固采用静压预制混凝土桩方案。但设计时要考虑桩土的共同作用，同时充分考虑目前地基已承担了部分荷载，加固桩只需承担部分荷载即可，而不必设计成由加固桩承担全部荷载，从而达到节省的目的。

任务 3.1　认识地基应力

学习目标

- 掌握土中自重应力、基底压力、土中附加应力等基本概念；
- 掌握应力计算方法；
- 掌握附加应力分布规律。

地基是建筑物下面支承基础的土体或岩体。在建筑物荷载作用下，地基中原有的应力状态将发生变化，从而引起地基变形，建筑物沉降。地基变形控制是地基基础设计的主要原则之一。

地基土中的应力按产生的原因可分为自重应力和附加应力。自重应力是由上覆土体自重引起的应力。附加应力是由建筑物荷载作用引起的应力，是引起地基变形和破坏的主要原因。

3.1.1　土中自重应力的计算

1. 均匀土的自重应力

为了简化土中应力的计算，一般假定地基土为均质、连续、各向同性的弹性半空间无限体。在此条件下，受自身重力作用的地基土只能产生竖向变形，而不能产生侧向位移和剪切变形（图 3-1），则地基土中任意深度 z 处的竖向自重应力等于单位面积上土柱的重量，则水平方向的自重应力与竖向自重应力线性相关为：

$$\sigma_{cx} = \gamma \cdot z \tag{3.1-1}$$

$$\sigma_{cx} = \sigma_{cy} = K_0 \sigma_{cz} \tag{3.1-2}$$

式中，σ_{cz} 为在天然地面以下任意深度 z 处的竖向自重应力（kPa）；σ_{cx}、σ_{cy} 为深度 z 处土的侧向（沿水平面上 x、y 的方向）自重应力（kPa）；γ 为土的天然重度（kN/m^3）；K_0 为土的侧压力系数（或称静止土压力系数），可通过试验确定。

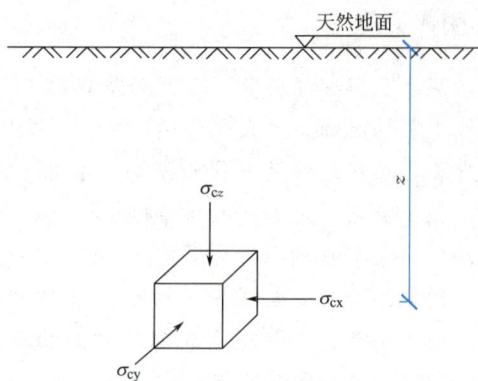

图 3-1 土中应力分布

由公式（3.1-1）可见，土的竖向自重应力随着深度直线增大，呈三角形分布；而同一深度上各点的自重应力都相等，如图 3-2 所示。

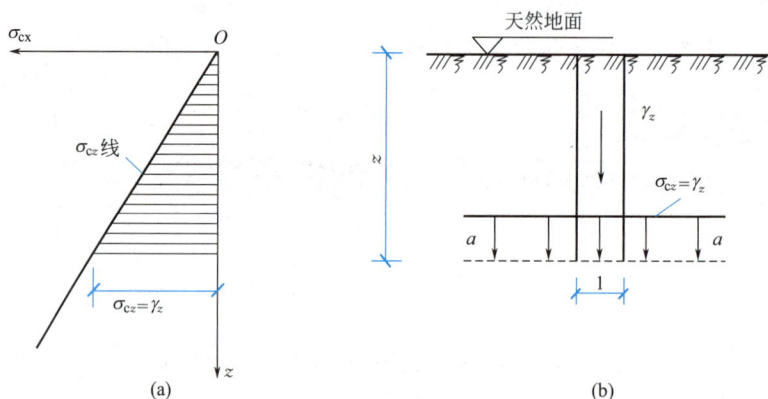

图 3-2 均质土的竖向自重应力
（a）沿深度分布；（b）任意水平面上分布

2. 多层土的自重应力

当深度 z 范围内有多层性质不同的土时，则深度 z 处土的竖向自重应力 σ_{cz} 为各土层竖向自重应力之和：

$$\sigma_{cz} = \gamma_1 h_1 + \gamma_2 h_2 + \gamma_3 h_3 + \cdots\cdots + \gamma_n h_n = \sum \gamma_i h_i \tag{3.1-3}$$

式中，n 为从天然地面至深度 z 处的土层数；γ_i 为第 i 层土的天然重度（kN/m^3）；h_i 为第 i 层土的厚度（m）。

由于地下各土层的重度不同，所以多层土的竖向自重应力分布线是折线，如图 3-3 所示。

3. 地下水位变化对自重应力的影响

若计算点在地下水位以下时，地下水位面应作为土层分界面，如图 3-3 所示。

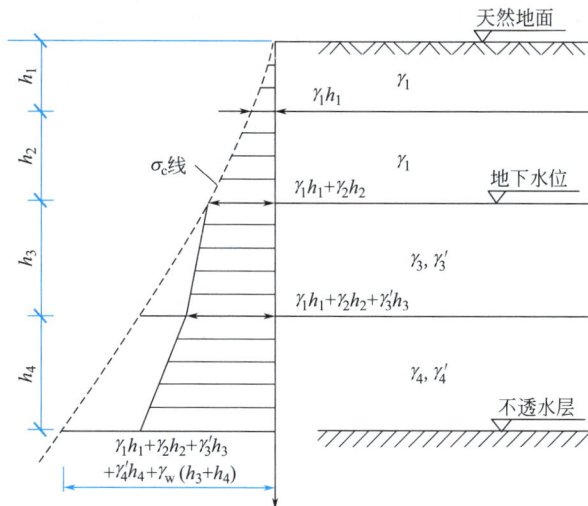

图 3-3 多层土中竖向自重应力沿深度的分布

对于地下水位下的透水性土层，如砂土、处于流塑状态的黏土（$I_L \geqslant 1$）等，由于水对土体有浮力作用，土的自重减轻，自重应力减少，因此，水下部分土柱的有效重量应采用土的有效重度（浮重度）γ'计算（$\gamma' = \gamma_{sat} - \gamma_w$）。

对于地下水位以下的不透水土层，如岩土或只含有结合水的坚硬黏土时，由于透水土层不存在水的浮力，不透水层层面及层面以下的自重应力等于覆土和水的总重，计算时应采用饱和重度 γ_{sat}。

自重应力在建筑物建造之前就已存在土中。对于形成地质年代比较久远的土，由于在自重应力作用下，其变形已经稳定，因此土的自重应力不会引起地基的变形（新沉积土或近期人工充填土除外）。但当地下水位由于某种因素影响而变化时，土中的自重应力将发生变化，一定时期会产生相应的变形，例如城市过量开采地下水造成地下水位下降，导致了地面下沉；基础工程完工前地下水位回升导致基坑边坡坍塌等。

【例 3-1】某建筑场地的土层指标见表 3-1，试计算地面下深度为 2.5m、6.0m 和 8.0m 处的自重应力，并绘制自重应力分布图。

【解】自重应力的计算见例表 3-1，自重应力分布如图 3-4 所示。

某建筑场地的土层指标   表 3-1

深度 (m)	土层	土的物理指标				总自重应力增量 (kPa)	总自重应力 (kPa)	水压力 (kPa)	有效自重 应力(kPa)
		γ kN(m^3)	d_s kN(m^3)	γ_{sat} kN(m^3)	w (%)				
0.0	①					0.0	0.0	0.0	0.0
2.5		18.2	2.71	18.34	38	$18.20 \times 2.5 = 45.5$	45.5	0.0	45.5
6.0						$18.34 \times 3.5 = 64.2$	109.7	$3.5 \times 10.0 = 35.0$	74.7
8.0	②	18.9	2.73	18.90	35	$18.90 \times 2.0 = 37.8$	147.5	$5.5 \times 10.0 = 55.0$	92.5
备注	地下水位位于地表下 2.5m，水的重度取 $\gamma_w = 10.0\text{kN/m}^3$								

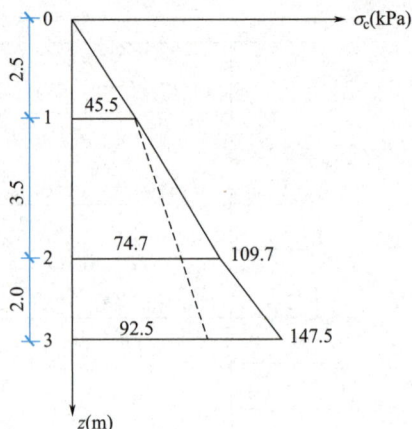

图 3-4　自重应力的分布

3.1.2　基底压力的计算

建筑物荷载通过基础传递给地基，在基础底面与地基之间便产生了接触压力。它既是基础作用于地基的基底压力，同时又是地基反作用于基础的基底反力。在计算地基附加应力时，必须研究基底压力的大小与分布情况。

1. 基底压力的分布规律

基底压力的分布呈多种曲线形态，不仅与基础的刚度、尺寸大小和埋置深度有关，还与作用在基础上的荷载大小、分布情况和地基土的力学性质等有关。荷载较小时，基底压力分布中间小两边大；荷载增大时，基底压力分布转变为马鞍形；荷载再增大时，基底压力分布呈抛物线形。

要准确确定基底压力的分布是十分困难的，在实际应用中，常作简化计算。

2. 中心荷载作用下基底压力

对于具有一定刚度且底面尺寸较小的基础（如柱下独立基础和墙下条形基础等），一般假定基底压力呈线性分布，如图 3-5 所示，按材料力学公式进行基底压力简化计算。

$$p = \frac{F+G}{A} \tag{3.1-4}$$

$$G = \gamma_G A d \tag{3.1-5}$$

式中，p 为基底平均压力（kPa）；F 为上部结构传至基础顶面的竖向力值（kN）；G 为基础及其上回填土的自重（kN）；A 为基底面积（m²），对于矩形基础 $A = lb$（l 和 b 分别为矩形基础底面的长与宽）；γ_G 为基础及回填土的平均重度（kN/m³），一般取 20kN/m³，地下水位以下取有效重度；d 为基础埋置深度（m），应从设计地面或室内外平均设计地面算起。

3. 偏心荷载作用下的基底压力

单向偏心荷载下的矩形基础如图 3-6 所示。设计时通常取基底长边方向与偏心方向一致，此时两短边边缘的压应力可按材料力学短柱偏心受压公式计算：

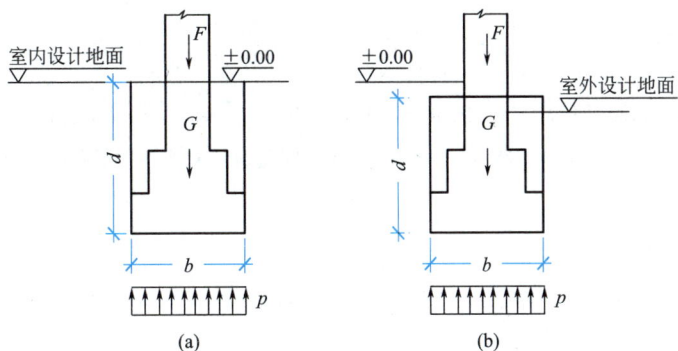

图 3-5 中心荷载作用下的基底压力分布

（a）内墙或内柱基础；（b）外墙或外柱基础

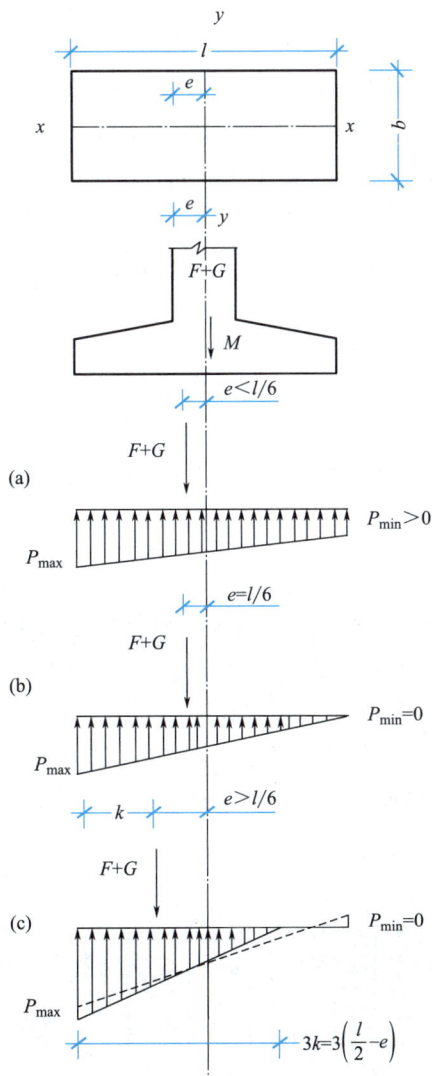

图 3-6 偏心荷载作用下的基底压力分布

$$\left.\begin{matrix} p_{max} \\ p_{min} \end{matrix}\right\} = \frac{F+G}{lb} \pm \frac{M}{W} \tag{3.1-6}$$

式中，p_{max}、p_{min} 为最大与最小压力值（kPa）；l、b 为矩形基础底面的长与宽（m）；M 为作用于矩形基底的力矩设计值（kN·m）；W 为基础底面的抵抗矩（m³），对于矩形基础 $W=\dfrac{bl^2}{6}$。

偏心荷载的偏心矩 $e=\dfrac{M}{F+G}$ 及 $W=\dfrac{bl^2}{6}$ 代入公式（3.1-6），得：

$$\left.\begin{matrix} p_{max} \\ p_{min} \end{matrix}\right\} = \frac{F+G}{lb}\left(1 \pm \frac{6e}{l}\right) \tag{3.1-7}$$

由公式（3.1-7）可见：

当 $e<l/6$ 时，$p_{min}>0$，基底压力分布呈梯形，如图 3-6（a）所示；

当 $e=l/6$ 时，$p_{min}=0$，基底压力分布呈三角形，如图 3-6（b）所示；

当 $e>l/6$ 时，按公式（3.1-7）的计算结果 $p_{min}<0$，即距偏心荷载较远的基底边缘反力为负值。由于基础与地基之间不可能承受拉力，此时意味着基础底面与地基局部脱离，实际基底压力分布呈三角形，如图 3-6（c）中实线所示的分布图，$p_{min}=0$。三角形压应力的合力作用于三角形形心，并于外荷载合力（$F+G$）大小相等而方向相反，由此可列出平衡方程：

$$F+G = \frac{1}{2} \times 3 \times b \times l' \times p_{max}$$

则基底边缘的最大压应力为：

$$p_{max} = \frac{2(F+G)}{3bl'} \tag{3.1-8}$$

式中，l' 为单向偏心荷载作用点至具有最大压力的基底边缘的距离（m），$l'=\dfrac{l}{2}-e$。

4. 基底附加压力

由于建筑物自重使基底增加的压力称为基底附加压力。一般情况下，建筑物建造前天然土层在自重作用下的变形早已结束，因此，只有基底附加压力才能引起地基的附加应力和变形。如果基础砌置在天然地面上，那么全部基底压力就是新增加于地基表面的基底附加压力。

实际上，如图 3-7 所示，基础总是埋置在天然地面下一定深度处，该处原有的自重应力由于开挖基坑而卸除。因此，建筑物建造后的基底压力扣除基底标高处原有的土中自重应力后的值，才是基底平面处新增加于地基的基底附加压力值，即：

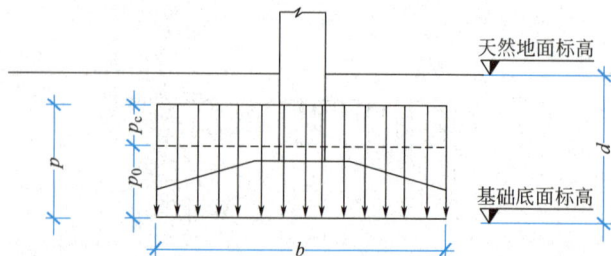

图 3-7　基底附加压力的计算

$$p_0 = p - \sigma_c = p - \gamma_0 d \tag{3.1-9}$$

式中，p_0 为基底附加压力（kPa）；p 为基底压力设计值（kPa）；σ_c 为土中自重应力（kPa）；γ_0 为基础底面标高以上天然土层的加权平均重度（kN/m³），$\gamma_0 = \sum r_i h_i / \sum h_i$，$h_i$ 为第 i 层土的厚度（m），r_i 为第 i 层土重度的加权因子，其中地下水位下土层的重度取有效重度；d 为基础埋深（m），必须从天然地面算起，对于新填土场地则应从老天然地面起算，$d = \sum h_i$。

3.1.3　地基附加应力

1. 认识地基附加应力

地基附加应力是由新增加建筑物荷载在地基中产生的应力，是基底附加应力通过土粒间的接触点向地基中传递扩散的结果，它是引起地基变形和破坏的主要原因。如图 3-8 所示，附加应力有如下的特点：

（1）附加应力通过土粒之间的传递，向水平方向和深度方向扩散，并逐渐减小。

（2）在任意深度同一水平面上附加应力不等，中心线上附加应力最大，向两侧逐渐减小，但扩散的范围越来越广。

（3）附加应力随地基土深度增加其数值逐渐减小。

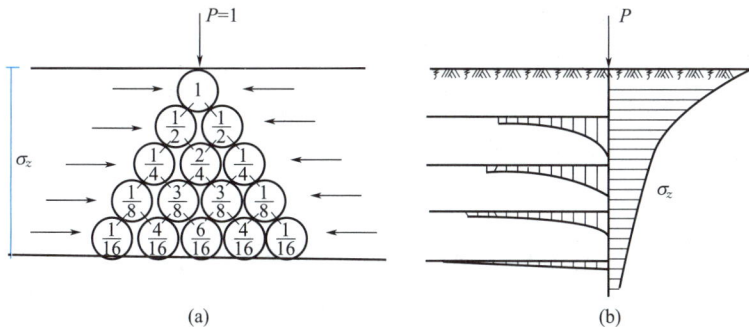

图 3-8　附加应力分布

（a）土中应力扩散示意图；（b）附加应力分布情况

土中附加应力计算目前主要采用弹性理论方法：假定地基土为均质、连续、各向同性的弹性半空间无限体，需根据基础底面的形状（矩形、条形、圆形等）和基底附加压力（均布、三角形等）的分布，按不同情况来分别考虑。

2. 地基附加应力分布规律

将地基中具有相同附加应力数值的点连接起来，即能得如图 3-9 所示的附加应力等值线图。根据各附加应力的计算公式计算结果，地基中的竖向附加应力 σ_z 具有如下的分布规律：

（1）σ_z 的分布范围相当大，它不仅分布在荷载面积之内，而且还分布到荷载面积以外，这就是所谓的附加应力扩散现象。

（2）在离基础底面（地基表面）不同深度 z 处各个水平面上，位于基底中心点下轴线处的 σ_z 为最大，离开中心轴线越远 σ_z 越小。

（3）在荷载分布范围内任意点竖直线上的 σ_z 值，随着深度增大逐渐减小。

（4）方形荷载所引起的 σ_z，其影响深度要比条形荷载小得多。例如方形荷载中心下 $z=2b$ 处，$\sigma_z \approx 0.1p_0$，而在条形荷载下的 $\sigma_z=0.1p_0$ 的等值线则在中心下约 $z=6b$ 处通过。

注意的是，$\sigma_z=0.1p_0$ 等值线反映了附加应力在地基中的影响范围。在后面章节中还会提到地基主要受力层这一概念，它指的是基础底面至 $\sigma_z=0.2p_0$ 深度处（对条形荷载该深度约为 $3b$，对方形荷载约为 $1.5b$）的这部分土层。建筑物荷载主要由地基的主要受力层承担，而且地基沉降的绝大部分是由这部分土层的压缩所形成的。

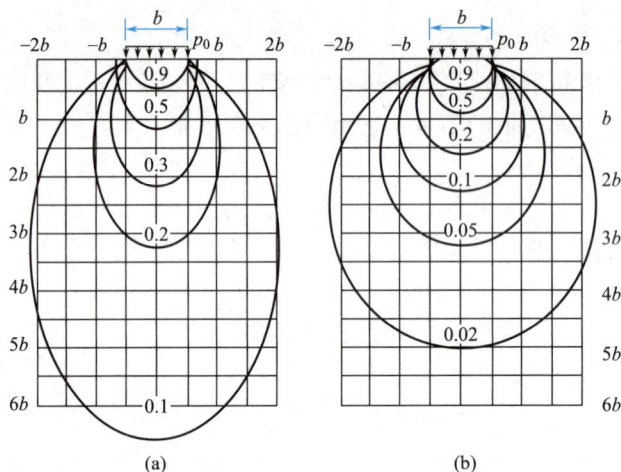

图 3-9　附加应力等值线

（a）条形荷载下等 σ_z 线；（b）方形荷载下等 σ_z 线

任务 3.2　认识地基变形

学习目标 ▰▰▰

- 掌握土的压缩系数、压缩模量等基本概念；
- 掌握地基沉降量计算的分层总和法；
- 掌握地基沉降量计算规范推荐的方法。

地基变形除与附加应力有关外，还与土的压缩性直接有关，土的压缩性是引起地基变形的内因。地基在建筑物荷载作用下由于压缩而引起的竖向位移称为沉降。

3.2.1　土的压缩性

土体在压力作用下体积减小的特性称为土的压缩性。地基变形除与附加应力有关外，还与土的压缩性有直接关系，土的压缩性是引起地基变形的内因。

土的压缩主要原因是土中水和气体被挤出孔隙，土中固体颗粒本身被压缩和土孔隙中水与封闭气体被压缩的情况可忽略不计。

土的压缩性的高低，常用压缩性指标来表示，这些指标可通过室内压缩试验或现场载荷试验等方法测到。

1. 压缩试验和压缩曲线

（1）土的压缩试验

土的室内压缩试验是用侧限压缩仪（又称固结仪）来进行的，亦称土的侧限压缩试验或固结试验。

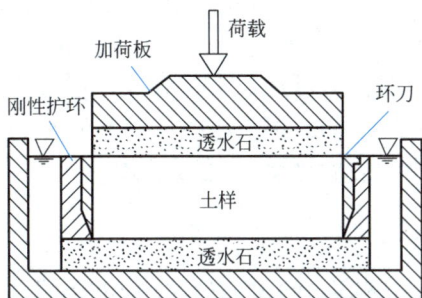

图 3-10　固结仪的压缩容器简图

固结试验：用金属环刀切取保持天然结构的原状土样，并置于圆筒形压缩容器的刚性护环内，如图 3-10 所示，土样上下各垫一块透水石，土样受压后土中水可以自由排出。土样在天然状态下或经人工饱和后，进行逐级加压固结，以便测定各级压力作用下土样压缩稳定后的孔隙比变化，进而得到表示土的孔隙比 e 与压力 p 的压缩关系曲线。

如图 3-11 所示，设初始高度 H_0，受压后的高度 H_i，则 $H_i = H_0 - \Delta H_i$，ΔH_i 为每级荷载作用下的压缩变形量。假设土样的土粒体积 $V_s = 1$，土的初始孔隙比为 e_0，受压后孔隙比为 e_i，根据土颗粒体积和土样横截面积在受压前后不变这两个条件，可得：

$$\frac{H_0}{1+e_0} = \frac{H_i}{1+e_i} = \frac{H_0 - \Delta H_i}{1+e_i} \tag{3.2-1}$$

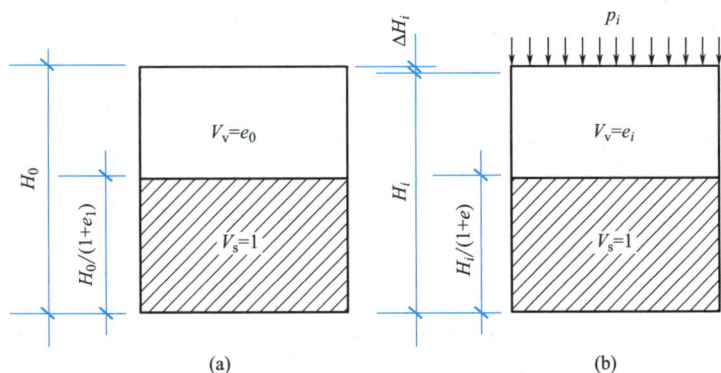

图 3-11　压缩试验中土样孔隙比变化示意

（a）压缩前；（b）压缩后

即在各级压力 p_i 作用下，土的孔隙比为：

$$e_i = e_0 - \frac{\Delta H_i}{H_0}(1+e_0) \tag{3.2-2}$$

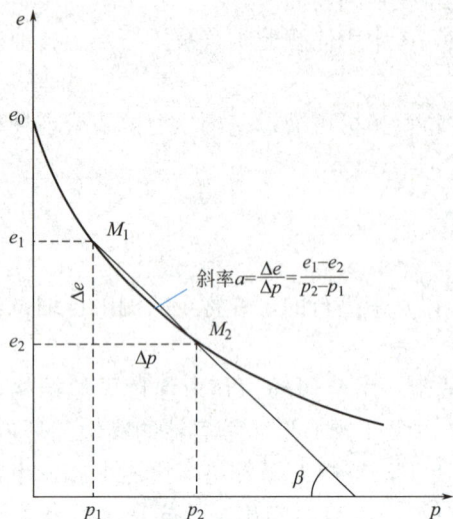

图 3-12　压缩曲线

（2）压缩曲线

逐级施加荷载，在不同压力 p 作用下可得到相应的孔隙比 e，根据一一对应关系，以横坐标表示压力，以纵坐标表示孔隙比，绘制 $e-p$ 曲线，称为压缩曲线，如图 3-12 所示。曲线越陡，说明随着压力的增加，土孔隙比的减小越显著，因而土的压缩性越高。

2. 压缩性指标

（1）压缩系数 a

如图 3-12 所示，压缩曲线在压力 p_1、p_2 变化（压力增量 $\Delta p = p_2 - p_1$）不大的情况下，其对应的曲线段，可近似看作直线，这段直线的斜率（曲线上任意两点割线的斜率）称为土的压缩系数，用 a 表示（单位为 MPa^{-1}）：

$$a = \frac{\Delta e}{\Delta p} = \frac{e_1 - e_2}{p_2 - p_1} \qquad (3.2\text{-}3)$$

一般情况下，根据 $p_1 = 100\mathrm{kPa}$（0.1MPa）、$p_2 = 200\mathrm{kPa}$（0.2MPa）对应的压缩系数 a_{1-2} 来评价土的压缩性（表 3-2）。

（2）压缩指数 C_c

压缩曲线的缺点是不能反映土的应力历史。将土的压缩试验结果绘制在半对数直角坐标上，即以 p 的常用对数为横坐标，以 e 的普通坐标为纵坐标，由此得到的压缩曲线称为 $e-\lg p$ 曲线，如图 3-13 所示。该曲线的特点是后半段在较高的压力范围内为一直线，通常将该直线的斜率定义为压缩指数 C_c，来表示土的压缩性高低，即：

$$C_c = \frac{e_1 - e_2}{\lg p_2 - \lg p_1} = (e_1 - e_2) / \lg \frac{p_2}{p_1} \qquad (3.2\text{-}4)$$

与压缩系数 a 一样，压缩指数 C_c 数值越大，土的压缩性越高。近年来，随着高层建筑和重型设备的发展，以及测定前期固结压力的需要，常用高压力固结试验确定的压缩指数来进行地基变形的计算与预测。

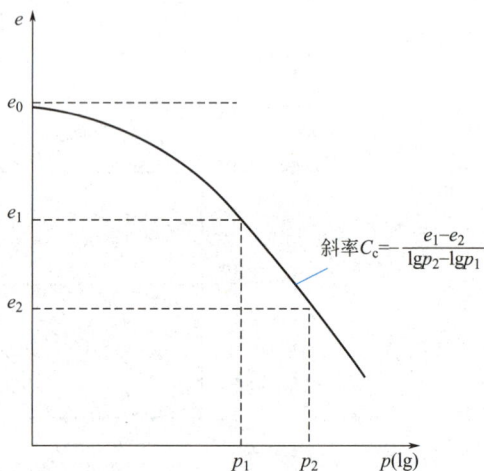

图 3-13　$e-\lg p$ 曲线

（3）压缩模量 E_s

土在完全侧限条件下竖向附加应力与相应的应变变化量的比值即为压缩模量 E_s，单位为 MPa。设土样在 p_1、p_2 作用下变形达到稳定时的高度分别为 H_1、H_2，则应力变化 $\Delta p = p_2 - p_1$，应变 $\Delta H = H_2 - H_1$，应变变化量 $\Delta H / H_1$，根据定义及公式（3.2-2）与公式（3.2-3），压缩模量 E_s 可表示为：

$$E_s = \frac{\Delta p}{\Delta H / H_1} = \frac{1 + e_1}{a} \tag{3.2-5}$$

从上式可以看出，E_s 与 a 成反比，即 a 越小，E_s 越大；E_s 越大，土越硬，压缩性越低。

（4）变形模量 E_0

土体在无侧向约束条件下，竖向应力与竖向应变的比值称为土的变形模量，单位为 MPa，其大小可根据室内侧限压缩试验得到的压缩模量 E_s 推得：

$$E_0 = \left(1 - \frac{2\mu^2}{1 - \mu}\right) E_s \tag{3.2-6}$$

式中，μ 为土的泊松比，一般情况下，碎石土取值 0.15～0.20，砂土取值 0.20～0.25，粉土取值 0.23～0.31，粉质黏土取值 0.25～0.35，黏土取值 0.25～0.42。

值得注意的是由于室内与现场试验条件不同，且土的泊松比也不易测准，由 E_s 推算出的 E_0 值可能误差很大，要得到准确的 E_0 值，应在现场进行载荷试验。

（5）土的压缩性评价

根据土的压缩性指标，土可以分为低压缩性土、中压缩性土与高压缩性土，见表3-2。

土的压缩性评价表　　　　　　　　　　表 3-2

土的类别	低压缩性土	中压缩性土	高压缩性土
压缩系数 a_{1-2} (MPa^{-1})	$a_{1-2} < 0.1$	$0.1 \leqslant a_{1-2} < 0.5$	$a_{1-2} \geqslant 0.5$
压缩指数 C_c	$C_c < 0.2$	$0.2 \leqslant C_c \leqslant 0.4$	$C_c > 0.4$
压缩模量 E_s (MPa)	$E_s < 4$	$4 \leqslant E_s \leqslant 15$	$E_s > 15$

3.2.2　地基最终沉降量计算

地基最终沉降量是指地基在建筑物附加荷载作用下变形稳定后的沉降量。最终沉降量对土木工程的设计、施工具有重要意义。计算地基最终沉降量的方法有很多，常用的有分层总和法与地基规范推荐的计算法。

分层总和法是在地基沉降计算范围内将地基划分为若干分层，分别计算出各层的沉降量进而求其总和的方法。

1. 基本假定

分层总和法计算地基沉降量时，需做如下的假定：

（1）地基土为均匀、等向的半无限空间弹性体，在荷载作用下，地基土只发生竖向压缩变形，不发生侧向膨胀变形。这样在沉降计算时就可以采用完全侧限条件下的压缩性指标计算地基的沉降量。

（2）土体在自重应力作用下的变形已完成，压缩变形由附加应力引起。

（3）由于第一条假定使计算出的沉降量偏小，为弥补这一缺陷，采用基底中心点下的附加应力计算地基变形量。

（4）由于荷载作用下的附加应力逐渐减小，在一定深度处，附加应力已经很小，该深度处以下土层的压缩变形值可以忽略不计。

2. 沉降量的计算

（1）绘制地基剖面图和基础剖面图。

（2）将地基分层。将基底以下的土分为若干薄层，每层厚度 $h_i \leqslant 0.4b$（b 为基底宽底）或取 $1\sim2$m，其中，天然土层的分界面及地下水面必须作为分层的界面。

（3）根据公式（3.1-3）计算地基土的自重应力 σ_{cz}，并绘出自重应力沿基础中心线沿深度 z 的分布图，如图 3-14 所示。

（4）计算基底附加应力 p 和地基附加应力 σ_z，并绘出附加应力在基础中心线沿深度 z 的分布图，如图 3-14 所示。

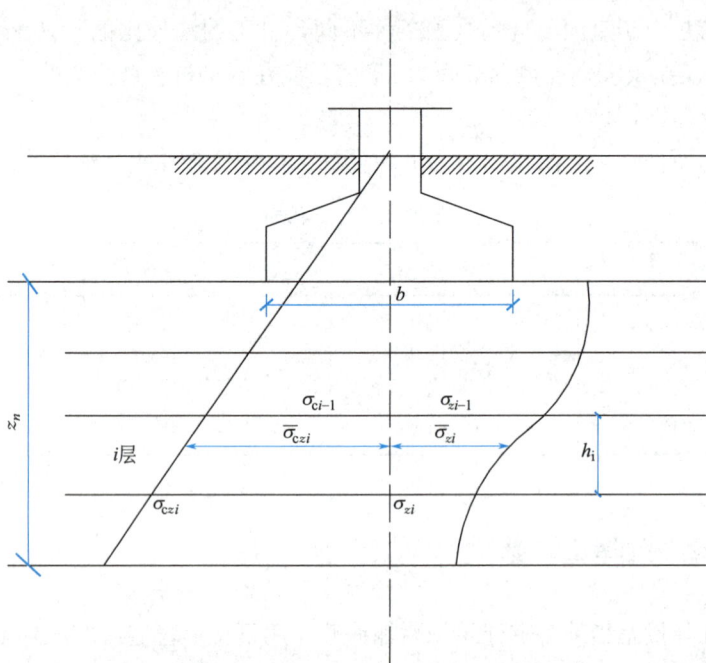

图 3-14　分层总和法计算地基沉降

（5）确定地基压缩层深度。在工程上通常取 $\sigma_z = 0.2\sigma_{cz}$ 处的地基深度作为沉降计算深度 z_n，但当在该深度下存在较软的高压缩层时，取 $\sigma_z = 0.1\sigma_{cz}$ 的对应深度作为沉降计算深度 z_n。

（6）分别计算基础中心点下地基各个土层的变形量 Δs_i。由公式（3.2-1）可得：

$$\Delta s_i = \frac{e_{1i} - e_{2i}}{1 + e_{1i}} h_i \tag{3.2-7}$$

式中：Δs_i 为第 i 分层土的压缩量（mm）；e_{1i} 为第 i 分层土在平均自重应力 $\bar{\sigma}_{czi}$ 作用下压缩稳定时的孔隙比；e_{2i} 为第 i 分层土在平均自重应力 $\bar{\sigma}_{czi}$ 与平均附加应力 $\bar{\sigma}_{zi}$ 共同作用下，压缩稳定时的孔隙比；h_i 为第 i 分层土的厚度（m）。

令 p_{1i} 为 e_{1i} 所对应的应力，p_{2i} 为 e_{2i} 所对应的应力，则：

$$p_{1i} = \bar{\sigma}_{czi} \tag{3.2-8}$$

$$p_{2i} = \bar{\sigma}_{czi} + \bar{\sigma}_{zi} \tag{3.2-9}$$

由公式（3.2-3）、公式（3.2-5）则有：

$$\Delta s_i = \frac{e_{1i} - e_{2i}}{1 + e_{1i}} h_i = \frac{a_i(p_{2i} - p_{1i})}{1 + e_{1i}} h_i = \frac{a_i \bar{\sigma}_{zi}}{1 + e_{1i}} h_i = \frac{\bar{\sigma}_{zi}}{E_{si}} h_i \tag{3.2-10}$$

式中：a_i 为第 i 分层土的压缩系数（MPa^{-1}）；E_{si} 为第 i 分层土的压缩模量（MPa）；$\bar{\sigma}_{zi} = \frac{\sigma_{z(i-1)} + \sigma_{zi}}{2}$，$\sigma_{z(i-1)}$、$\sigma_{zi}$ 为第 i 分层土的上下层面所受的附加应力（kPa）。

（7）计算地基总的沉降量 s。地基总的沉降量 s 为各个土层变形量 Δs_i 之和，即：

$$s = \sum_{i=1}^{n} \Delta s_i = \sum_{i=1}^{n} \frac{e_{1i} - e_{2i}}{1 + e_{1i}} h_i = \sum_{i=1}^{n} \frac{a_i \bar{\sigma}_{zi}}{1 + e_{1i}} h_i = \sum_{i=1}^{n} \frac{\bar{\sigma}_{zi}}{E_{si}} h_i \tag{3.2-11}$$

【例3-2】 某矩形基础底面尺寸4m×4m，自重应力和附加应力分布图如图3-15所示，第1、第2层土的天然孔隙比为0.97，压缩系数为0.3。第3、第4层土的天然孔隙比为0.9，压缩系数为0.2，计算基础中点的沉降量。

【解】（1）确定沉降深度 z。由图3-15所示的自重应力和附加应力分布图，取 $z = 6.4\text{m}$，得 $\sigma_c = 85\text{kPa}$，$\sigma_z = 16\text{kPa}$，$\sigma_z < 0.2\sigma_c$，满足要求。

（2）地基沉降计算，计算过程见表3-3。

视频微课

3.2.1 【例3-2】讲解

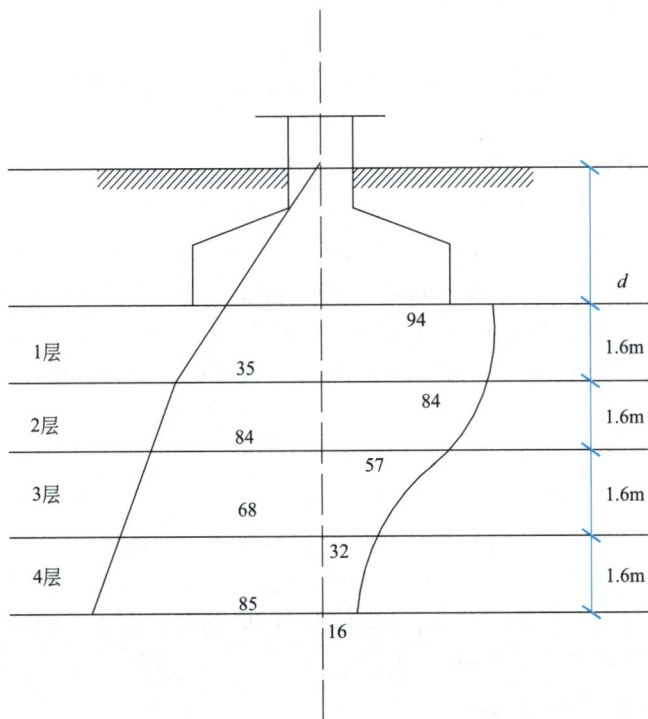

图3-15　自重应力和附加应力分布图

地基沉降计算

表 3-3

土层编号	土层厚度（m）	土的压缩系数（MPa^{-1}）	孔隙比	压缩模量（MPa）	平均附加应力（kPa）	沉降量（mm）
1	1.60	0.3	0.97	6.57	$\dfrac{94+84}{2}=89.0$	21.69
2	1.60	0.3	0.97	6.57	$\dfrac{84+57}{2}=70.5$	17.18
3	1.60	0.2	0.90	9.50	$\dfrac{57+32}{2}=44.5$	7.49
4	1.60	0.2	0.90	9.50	$\dfrac{32+16}{2}=24.0$	4.04

（3）基础中点最终沉降量为：

$$s=\sum_{i=1}^{4}\Delta s_i=21.69+17.18+7.49+4.04=50.40(\text{mm})$$

任务 3.3　认识浅基础

学习目标 ▪▪▪

- 了解浅基础的类型和适用条件；
- 了解影响基础埋深的因素；
- 掌握浅基础底面尺寸的确定方法及软弱下卧层的承载力验算。

建筑上部结构传递下来的荷载，在墙、柱等承重构件底部产生的应力往往大于地基的承载能力，因此须在这些承重构件之下设置基础，将上部荷载分散传递到地基上，以满足地基承载力和变形的要求。基础按其埋置深底可分为浅基础与深基础。一般将设置在天然地基上，埋置深度小于5m的基础及埋置深度虽超过5m但小于基础宽度的基础统称为天然地基上的浅基础。在天然地基上修建浅基础，施工简单、造价低，因此，在保证建筑物安全和正常使用的条件下，应首先选用天然地基上浅基础的设计方案。

3.3.1　浅基础的类型

浅基础有多种分类方式，按筑造材料可分为砖基础、毛石基础、混凝土基础等；按受力特点可分为无筋扩展基础（刚性基础）和钢筋混凝土基础（柔性基础）；按基础的形状和大小可分为独立基础、条形基础、筏形基础、箱形基础、壳体基础、岩石锚杆基础等。以下将重点介绍最常用的几种基础。

1. 无筋扩展基础（刚性基础）

无筋扩展基础中的"扩展"，是指基础的水平横截面积向下扩大，从而使上部传递的荷载扩散分布于扩大后的基础底面。无筋扩展基础是指由砖、毛石、混凝土或毛石混凝土、灰土和三合土等材料组成的，且不需配置钢筋的墙下条形基础或柱下独立基础。它适用于多层民用建筑和轻型厂房。

无筋扩展基础所用的材料抗压强度较高，但抗拉、抗剪强度却较低。因此需通过限制基础的外伸宽度与基础高度的比值来限制其悬臂长度，防止弯曲拉裂破坏。由于受构造要求的影响，无筋扩展基础的相对高度都比较高，几乎不发生挠曲变形，所以此类基础也常被称为刚性基础或刚性扩展基础。

（1）砖基础

砖砌体具有一定的抗压强度，但抗拉强度和抗剪强度较低，砖基础所用材料的最低强度等级应符合表 3-4 的要求。地下水位以下或地基土潮湿时应采用水泥砂浆砌筑。砖基础底面以下一般设垫层，其剖面做成阶梯形，通常称大放脚。大放脚的筑切方式一般为"两皮一收"或"二一间隔收"。如图 3-16 所示，"两皮一收"是指每砌两皮砖（一皮厚的尺寸为 60cm），两边各收进 1/4 砖长（60cm）；"二一间隔收"是指"一皮一收"与"两皮一收"相间隔，但基底必须保证两皮砖厚。

基础用砖、石料及砂浆最低强度等级　　　　　表 3-4

土的潮湿程度	黏土砖		混凝土砌块	石材	混合砂浆	水泥砂浆
	严寒地区	一般地区				
稍潮湿的	MU10	MU10	MU5	MU20	M5	M5
很潮湿的	MU15	MU10	MU7.5	MU20	—	M5
含饱和水的	MU20	MU15	MU7.5	MU30	—	M7.5

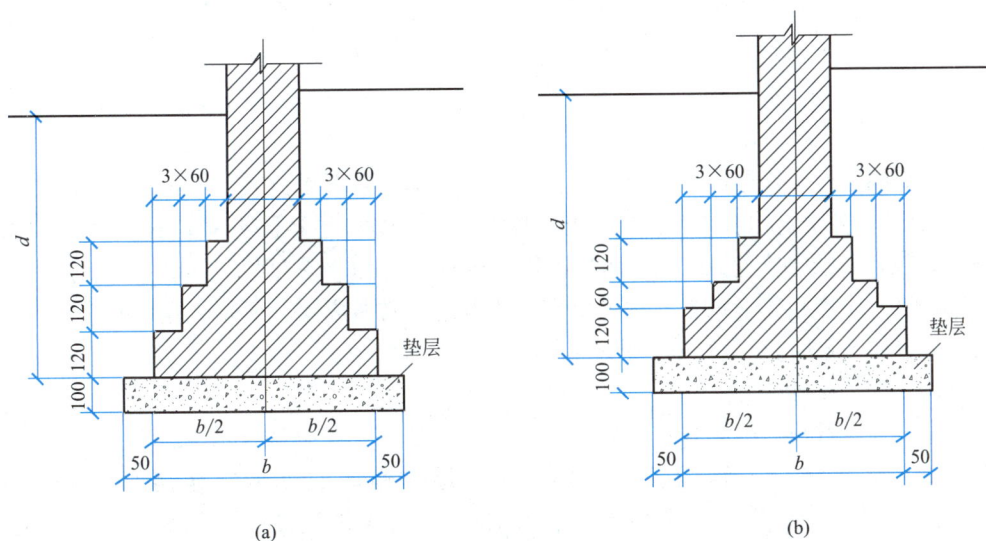

图 3-16　砖基础
（a）"两皮一收"；（b）"二一间隔收"

砖基础具有就地取材、价格便宜、施工简便的特点，因此广泛应用于 6 层及 6 层以下的民用建筑和墙承重厂房。

（2）毛石基础

毛石基础是选用未经风化的硬质岩石砌筑而成的，毛石和砂浆的强度等级也应符合表 3-4 的要求。毛石基础一般做成阶梯形，如图 3-17 所示。为了保证具有足够的黏结力，每一阶梯宜用三排或三排以上的毛石，每一阶的伸出宽度不宜大于 200mm，且台阶高度不宜小于 400mm。

（3）灰土基础

为了节约砖石材料，常在砖石大放脚下面做一层灰土垫层，这个垫层习惯上称为灰土基础，如图 3-18 所示。灰土是经过熟化后的石灰粉和黏性土按一定比例加适量水拌合夯实而成，石灰粉与黏性土的体积为 3∶7 或 2∶8，一般多采用 3∶7（通常称为三七灰土）。

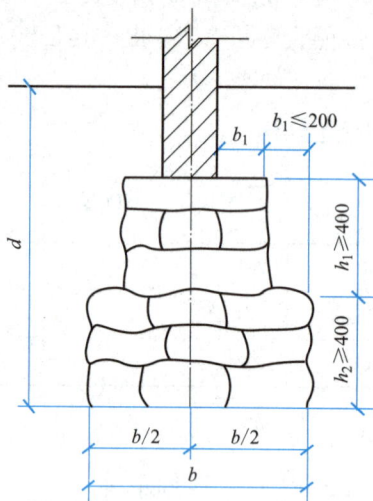

图 3-17　毛石基础

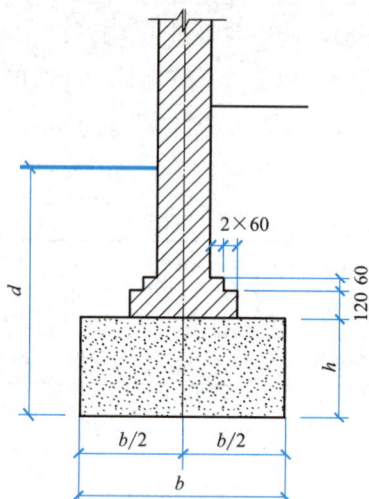

图 3-18　灰土基础

灰土基础适用于 5 层和 5 层以下、土层比较干燥、地下水位较低的民用建筑。根据经验，3 层及 3 层以上多采用三步灰土，厚 450mm（灰土分层夯实，先虚铺约 220～250mm，然后每层夯实至 150mm 厚，通称一步）；3 层以下多采用二步灰土，厚 300mm。灰土施工时，应控制其含水量，现场鉴定方法以用手紧握成团，两指轻捏即碎为宜。如土料水分过多或不足时，可以晾干或洒水润湿。

（4）三合土基础

三合土是由石灰、砂和骨料（碎石、碎砖或矿渣等）按体积比 1∶2∶4～1∶3∶6 的比例，加适量水拌合后均匀铺入槽内，并分层夯实而成（每层虚铺 220mm，夯至 150mm）。三合土上面砌大放脚即为三合土基础。三合土铺至设计标高后，最后一遍夯打时，宜浇浓灰浆。待表面灰浆风干后，再铺上很薄一层砂子，最后整平夯实。三合土基础的优点是施工简单，造价低廉，但其强度较低，故一般用于 4 层及 4 层以下、地下水位较低的民用建筑，在我国南方地区应用较为广泛。

（5）混凝土和毛石混凝土基础

混凝土的强度、耐久性、抗冻性都比较好，当荷载大或位于地下水位以下时，常采用混凝土基础。但混凝土基础的水泥用量较大，故造价较砖、石基础高，为减少水泥用量。可掺入占基础体积20％～30％的毛石，做成毛石混凝土基础，如图3-19所示。毛石尺寸不宜超过300mm，使用前需冲洗干净。

2. 钢筋混凝土基础（柔性基础）

钢筋混凝土基础整体性好，抗弯、抗剪强度大，因此也称为柔性基础，常做成扩展基础、条形基础、筏形基础、箱形基础等形式，在基础设计中被广泛采用，特别适用于需要"宽基浅埋"的场合。

（1）钢筋混凝土扩展基础

钢筋混凝土扩展基础简称为扩展基础，包括墙下钢筋混凝土条形基础和柱下钢筋混凝土独立基础。如图3-20所示，墙下钢筋混凝土条形基础分为无肋式条形基础和有肋式条形基础两种，一般情况采用无肋式条

图 3-19 毛石混凝土基础

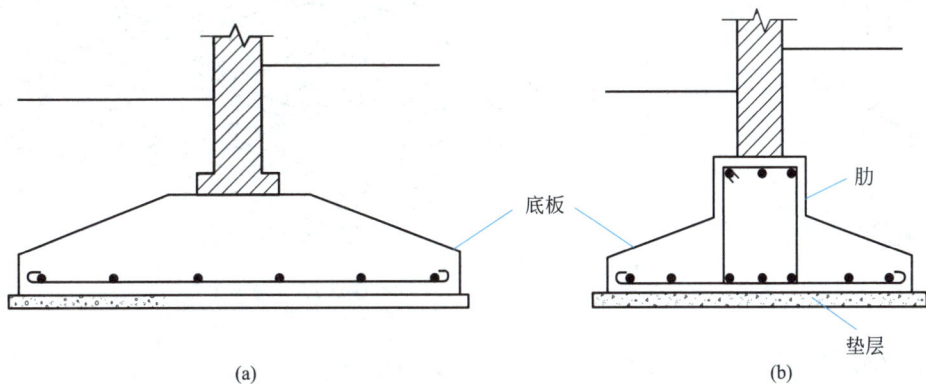

形基础，当地基土分布不均匀时，为增强基础的整体性和抗弯能力，常采用有肋式条形基础。柱下钢筋混凝土独立基础如图3-21所示，基础的截面可设计成阶梯形、锥形，预制柱一般设计成杯口形。

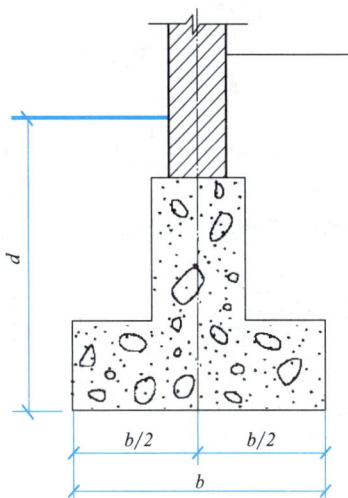

图 3-20 墙下钢筋混凝土条形基础

（a）无肋条形基础；（b）有肋条形基础

（2）柱下钢筋混凝土条形基础

在框架、排架等结构中，当荷载很大或地基土层软弱时，如采用柱下钢筋混凝土独立基础，基础底面积必然很大且相互靠近，为增加基础的刚度和整体性并方便施工，可将同一排的柱基础连在一起做成柱下条形基础，如图3-22所示。

（3）柱下十字形基础

荷载较大的多层及高层建筑，如地基土质较弱，为了增加基础的整体刚度，减少不均匀沉降，可在柱网下纵横方向设置钢筋混凝土条形基础，形成如图3-23所示的柱下十字形基础。

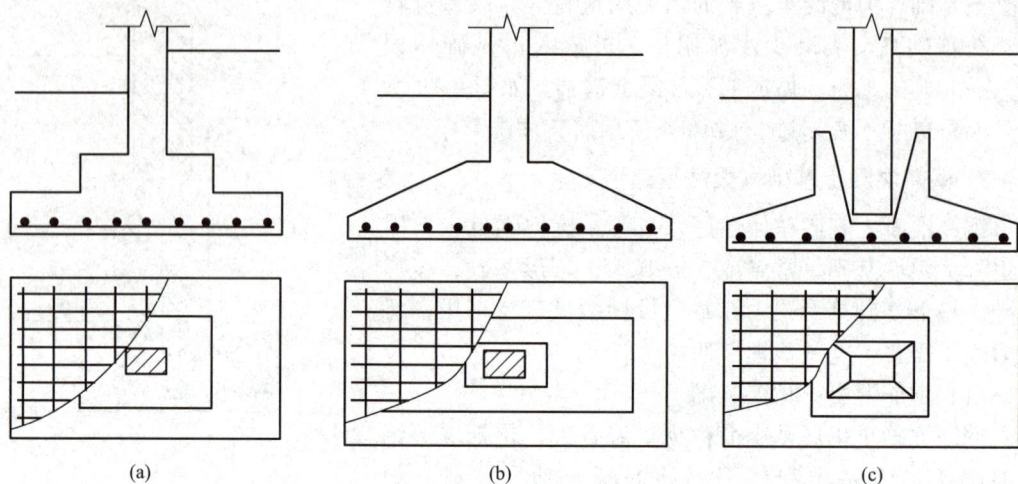

图 3-21　柱下钢筋混凝土独立基础

（a）阶梯形基础；（b）锥形基础；（c）杯口形基础

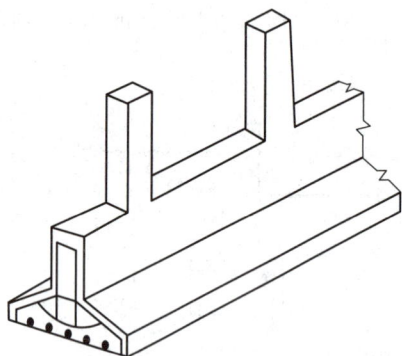

图 3-22　柱下钢筋混凝土条形基础

图 3-23　柱下十字形基础

（4）筏形基础

当地基软弱而上部结构的荷载很大，采用十字形基础仍不能满足要求，或相邻基槽距离很小，或地下水位面较高时，可将钢筋混凝土做成整块的筏形基础，以扩大基底面积，增强基础的整体刚度。对于设有地下室或贮仓的构筑物，筏形基础还可兼作地下室或贮仓的底板。

筏形基础可视为一个倒置的钢筋混凝土楼盖，当柱网间距小时，可做成平板式；当柱网间距大时，可加肋梁以增加基础刚度，做成梁板式。平板式筏形基础是在地基上做一块钢筋混凝土底板，柱子通过柱脚支承在底板上，如图 3-24（a）所示；梁板式筏形基础按梁板的位置不同又可分为两类，如将梁放在底板的下方称下梁式筏形基础，其底板表面平整，可作建筑物底层地面，如图 3-24（b）所示；而图 3-24（c）所示的是在底板上做梁，柱子支承在梁上方，此称为上梁式筏形基础。

（5）箱形基础

箱形基础由筏形基础演变而成，它是由钢筋混凝土顶板、底板和纵横交叉的隔墙组成

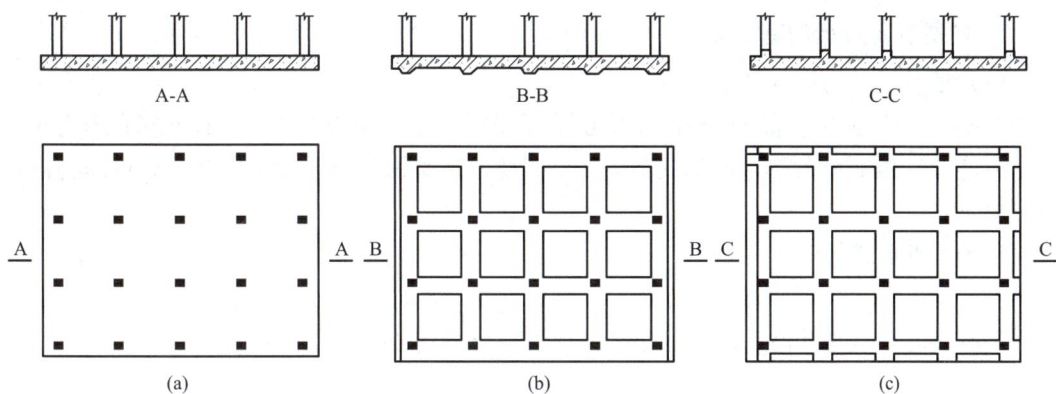

图 3-24　筏形基础

（a）平板式；（b）下梁式；（c）上梁式

的空间整体结构，如图 3-25 所示。其基础空心部分可用作地下室，因此与实体基础相比减少了基底压力。箱形基础较适用于地基软弱、平面形状简单的高层建筑物基础。某些对不均匀沉降有严格要求的设备或构筑物，也可采用箱形基础。

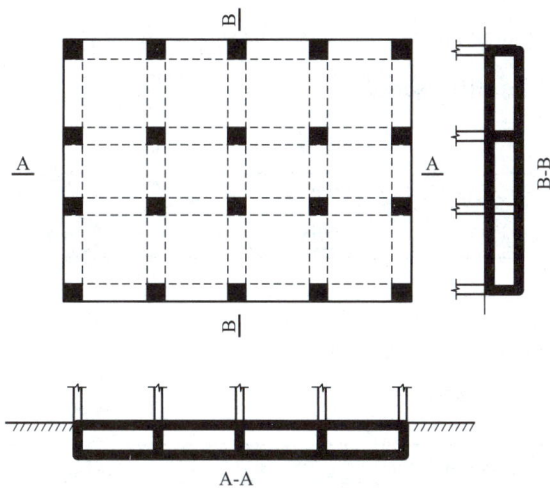

图 3-25　箱形基础

箱形基础、柱下钢筋混凝土条形基础、十字形基础以及筏形基础都大量使用钢筋混凝土，尤其是箱形基础，钢筋和混凝土用量更大，施工复杂，故用这类基础时，应与其他类型的基础（如桩基等）做经济、技术比较后再确定是否使用。

3.3.2　天然地基浅基础设计

基础在上部结构传来的荷载及地基反力作用下产生内力，同时地基在基底压力作用下产生附加应力和变形。故基础设计不仅要使基础本身满足强度、刚度和耐久性的要求，还要满足地基对承载力和变形的要求，即地基应具有足够的强度和稳定性，并不产生过大的沉降和不均匀沉降，因此基础设计又统称为地基基础设计。

1. 地基基础设计的基本规定

（1）地基承载力设计要求

地基承载力是指地基土单位面积上所能承受的荷载（以 kPa 计），如果基底压力超过地基所能承受的最大荷载，地基就会破坏。因此，建筑物基础设计时，要求基底压力满足下列要求：

当轴心荷载作用时：

$$p \leqslant f_a \tag{3.3-1}$$

当有偏心荷载作用时，除应满足公式（3.3-1）要求外，还需满足：

$$p_{max} \leqslant 1.2 f_a \tag{3.3-2}$$

式中，p 为相应于荷载效应标准组合时，基础底面处的平均压力值（kPa）；p_{max} 为相应于荷载效应标准组合时，基础底面边缘的最大压力值（kPa）；f_a 为修正后的地基持力层承载力特征值（kPa）。

（2）地基变形设计要求

建筑物的地基变形计算值，不应大于地基变形允许值，即：

$$s \leqslant [s] \tag{3.3-3}$$

式中，s 为建筑物的地基变形计算值（mm），即地基最终变形量；$[s]$ 为建筑物的地基变形允许值（mm），按表 3-5 中的规定采用。

建筑物的地基变形允许值 表 3-5

变形特征		地基土类别	
		中、低压缩性土	高压缩性土
砌体承重结构基础的局部倾斜		0.002	0.003
工业与民用建筑相邻柱基的沉降差	框架结构	0.002l	0.003l
	砌体墙填充的边排柱	0.0007l	0.001l
	当基础不均匀沉降时不产生附加应力的结构	0.005l	0.005l
单层排架结构(柱距为 6m)柱基的沉降量(mm)		(120)	200
桥式吊车轨面的倾斜(按不调整轨道考虑)	纵向	0.004	
	横向	0.003	
多层和高层建筑的整体倾斜	$H_g \leqslant 24$	0.004	
	$24 < H_g \leqslant 60$	0.003	
	$60 < H_g \leqslant 100$	0.0025	
	$H_g > 100$	0.002	
体型简单的高层建筑基础的平均沉降量(mm)		200	
高耸结构基础的倾斜	$H_g \leqslant 20$	0.008	
	$20 < H_g \leqslant 50$	0.006	
	$50 < H_g \leqslant 100$	0.005	
	$100 < H_g \leqslant 150$	0.004	
	$150 < H_g \leqslant 200$	0.003	
	$200 < H_g \leqslant 250$	0.002	

续表

变形特征		地基土类别	
		中、低压缩性土	高压缩性土
高耸结构基础的沉降量(mm)	$H_g \leqslant 100$	400	
	$100 < H_g \leqslant 200$	300	
	$200 < H_g \leqslant 250$	200	

注：1. 本表数值为建筑物地基实际最终变形允许值。

2. 有括号者仅适用于中压缩性土。

3. l 为相邻柱基的中心距离（mm）；H_g 为自室外地面起算的建筑物高度（m）。

4. 倾斜指基础倾斜方向两端点的沉降差与其距离的比值。

5. 局部倾斜指砌体承重结构沿纵向 6～10m 内基础两点的沉降差与其距离的比值。

（3）基础本身强度、刚度和耐久性的要求

基础是埋入土层一定深度的建筑物下部的承重结构，其作用是承受上部荷载，并将荷载传递到下部地基土层中。因此，基础结构本身应有足够的强度和刚度，在地基反力作用下不会产生强度破坏，并具有改善沉降与不均匀沉降的能力。基础设计应符合《混凝土结构设计规范》（2015 年版）GB 50010—2010 和《砌体结构设计规范》GB 50003—2011 等结构设计规范的规定。

（4）天然地基上浅基础设计内容与步骤

天然地基上的浅基础施工简单、造价经济，因此在保证建筑物的安全和正常使用的前提下，应优先选用天然地基上的浅基础方案。天然地基上浅基础设计的内容与步骤如下：

1）根据上部结构形式、荷载大小、工程地质及水文地质条件等选择基础的结构形式、材料并进行平面布置。

2）确定基础的埋置深度。

3）确定地基承载力。

4）根据基础顶面荷载值及持力层的地基承载力，初步计算基础底面尺寸。

5）若地基持力层下部存在软弱土层时，需验算软弱下卧层的承载力。

6）甲级、乙级建筑物及部分丙级建筑物，尚应在承载力计算的基础上进行变形验算。

7）基础剖面及结构设计。

8）绘制基础施工图，编制施工技术说明书。

地基基础设计是一个受多因素影响的综合科学计算项目，整个设计过程是一个反复试算的过程，不满足规范要求的情况不允许出现，不科学的保守设计也绝不可取。在上述设计内容与步骤中，第 6）以前如有不满足要求的情况，必须对基础设计进行调整，如改变基础埋深、加大基础底面尺寸或改变基础的结构类型等，直至满足要求为止。

2. 基础埋置深度的确定

基础埋置深度一般是指基础底面距室外设计地面的垂直距离。选择合适的基础埋置深度关系到地基的稳定性、施工的难易度、工期的长短及造价的高低，因此，在满足地基稳定和变形的条件下，基础应尽量浅埋。确定基础埋置深度时应综合考虑如下条件的影响，但对某一单项工程来说，往往只是其中一两个因素起决定作用。

（1）与建筑物有关的条件

基础埋置深度首先决定于建筑物的用途（如有无地下室、大型设备和地下设施等）以及基础的形式和构造。另外，建筑物荷载的性质也影响基础埋置深度的选择，如荷载较大的高层建筑和对不均匀沉降要求严格的建筑物，往往为减小沉降而把基础埋置在较深的良好土层上，即基础埋置深度相应较大。此外，承受水平荷载较大的基础，应有足够大的埋深，以保证地基的稳定性。

（2）工程地质条件

地基土的工程地质条件是基础埋置深度的重要影响因素。在工程上，直接支承基础的土层称为持力层，其下的各土层为下卧层。建筑地基必须有可靠的持力层，当上层土的承载力高于下层土的承载力时宜取上层土作为持力层，特别上层为硬土层时，应尽量"宽基浅埋"。除岩石地基外，基础埋深不宜小于 0.5m，为了保护基础，基础顶面应低于室外地面不小于 0.1m。

当土层分布明显不均匀，建筑物各部分荷载差别较大时，同一建筑物可采用不同的基础埋深来调整不均匀沉降。持力层顶面倾斜的墙下条形基础可做成台阶状，如图 3-26 所示。对修建于斜坡上的基础，基础的埋置深度及基础底面外边缘线至坡前边缘的距离应满足一定要求，以保证土坡稳定。

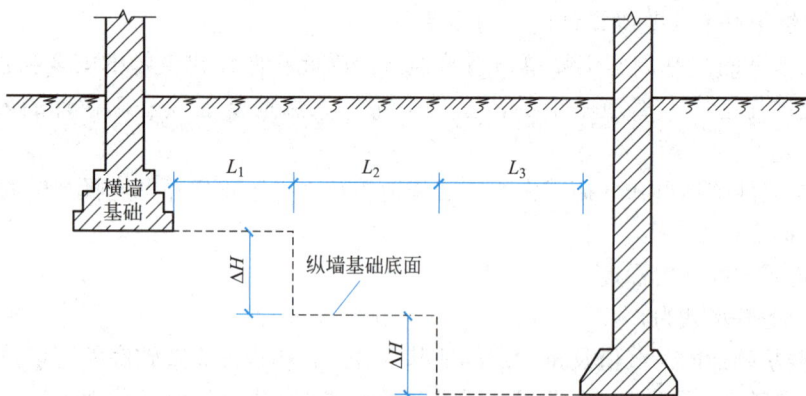

图 3-26　埋置深度不同的基础及墙下台阶条形基础

（3）水文地质条件

有潜水存在时，基础底面应尽量埋置在潜水位以上。若基础底面必须埋置在地下水位以下，除应考虑施工时的基坑排水、坑壁围护（地基土扰动）等问题外，还应考虑地下水对混凝土的腐蚀性，地下水的防渗以及地下水对基础底板的上浮作用。对埋藏有承压含水层的地基（图 3-27），选择基础埋深时，应防止基底因挖土减压而隆起开裂。临水建筑物，为防流水或波浪的冲刷，其基础底面应位于冲刷线以下。

（4）相邻基础的影响

新基础靠近原有建筑物基础时，其埋深不宜超过原有基础的底面，否则新、原有基础间应保留一定的净距，其值应根据原有基础荷载大小、基础形式和土质情况确定，一般取相邻两基础底面高差的 1~2 倍，即 $L \geqslant (1\sim2)\Delta H$，如图 3-28 所示。不能满足上述要求时，应采取分段施工、设临时加固支撑、打板桩、地下连续墙等施工措施，或加固原有建

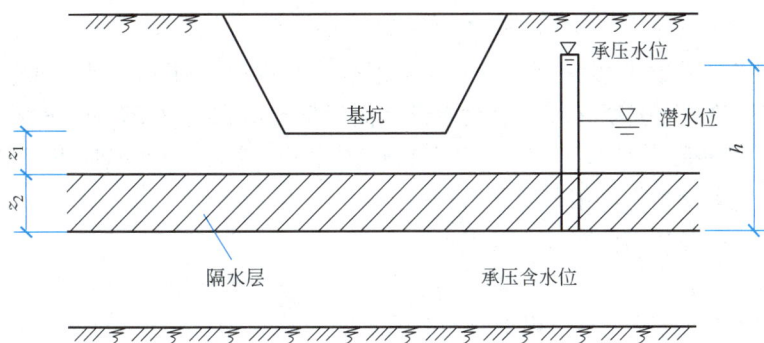

图 3-27 基坑下有承压水含水层

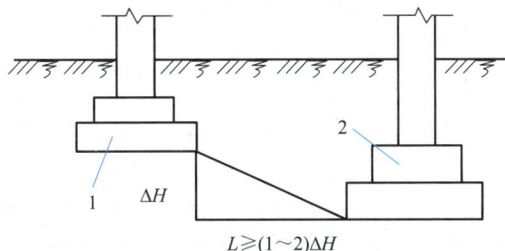

图 3-28 相邻基础的埋深
1—原有基础；2—新基础

筑物地基，以保证邻近原有建筑物的安全。

如果基础附近有管道或沟、坑等设施时，基础底面一般应低于这些设施的底面。

3. 地基承载力特征值的确定

地基承载力特征值是指在保证地基变形在一定范围内，地基单位面积上能承受的最大应力，其值可由载荷试验或其他原位测试、公式计算，并结合工程实践经验等方法综合确定。地基承载力特征值除了与土的抗剪强度参数有关之外，还与基础的形状和埋深有关。在天然地基浅基础设计中，当基础底面尺寸尚未确定以前，可只进行基础埋深影响的修正；当基础底面尺寸确定后，进行基础埋深和基础形状的影响修正，重新确定地基承载力特征值。

（1）按试验确定地基土的承载力特征值

荷载试验是在现场通过一定尺寸的载荷板对扰动较少的地基土体直接施加荷载，所测得的成果一般能反应相当 1～2 倍荷载板宽度的深度以内土体的平均性质。除了载荷试验外，静力触探、动力触探、标准贯入试验等原位测试也允许用于确定地基承载力特征值。这类由现场试验得出的特征值必须结合室内试验结果、地区经验综合分析，同时还应进行基础宽度和埋置深度影响的修正。

（2）按理论公式确定

《建筑地基基础设计规范》GB 50007—2011 中规定，当荷载偏心距 $e \leqslant 0.033b$（b 为偏心方向基础边长）时，浅基础地基承载力特征值根据地基的塑性荷载（$p_{1/4}$）计算（具体参见任务 3.1)，即：

$$f_a = M_b \gamma b + M_d \gamma_m d + M_c c_k \qquad (3.3\text{-}4)$$

式中，f_a 为由土的抗剪强度指标确定的地基承载力特征值（kPa）；M_b、M_d、M_c 为承载力系数；b 为基础底面宽度（m）；γ 为基础底面以下土的重度（kN/m³）；γ_m 为基础底面以上土的加权平均重度（kN/m³）；d 为基础埋置深度（m）；c_k 为基底下一倍短边宽度的深度范围内土的黏聚力标准值（kPa）。

公式中各项取值还需注意以下几点：

1）基础底面宽度 b，大于 6m 时按 6m 取值，小于 3m 时按 3m 取值。

2）重度 γ、γ_m 在地下水位以下时取有效重度。

3）基础的埋置深度 d，宜自室外地面标高算起。在填方整平地区，可自填土地面标高算起，但填土在上部结构施工后完成时，应从天然地面标高算起。对于地下室，当采用箱形基础或筏形基础时，d 应自室外地面标高算起。当采用独立基础或条形基础时，应从室内地面标高算起。

4）承载力系数 M_b、M_d、M_c，仅与土的抗剪强度指标 φ_k 有关（φ_k 为基底下一倍短边宽度的深度范围内土的内摩擦角标准值），可根据公式计算，也可由表 3-6 查取。

承载力系数 M_b、M_d、M_c　　　　　　　　表 3-6

土的内摩擦角标准值 φ_k(°)	M_b	M_d	M_c
0	0	1.00	3.14
2	0.03	1.12	3.32
4	0.06	1.25	3.51
6	0.10	1.39	3.71
8	0.14	1.55	3.93
10	0.18	1.73	4.17
12	0.23	1.94	4.42
14	0.29	2.17	4.69
16	0.36	2.43	5.00
18	0.43	2.72	5.31
20	0.51	3.06	5.66
22	0.61	3.44	6.04
24	0.80(0.7)	3.87	6.45
26	1.10(0.8)	4.37	6.90
28	1.40(1.0)	4.93	7.40
30	1.90(1.2)	5.59	7.95
32	2.60(1.4)	6.35	8.55
34	3.40(1.6)	7.21	9.22
36	4.20(1.8)	8.25	9.97
38	5.00(2.1)	9.44	10.80
40	5.80(2.5)	10.84	11.73

注：上表括号内的值，是指当内摩擦角标准值 $\varphi_k \geqslant 24°$ 时，用利用相关公式计算的数值；而在实际应用时应取增大的经验值，以充分发挥砂土地基承载力的潜力。

（3）地基承载力特征值的修正值

《建筑地基基础设计规范》GB 50007—2011 规定，当基础宽度大于 3m 或埋置深度大于 0.5m 时，从载荷试验或其他原位测试、经验值等方法确定的地基承载力特征值尚应按下式修正：

$$f_a = f_{ak} + \eta_b \gamma (b-3) + \eta_d \gamma_m (d-0.5) \tag{3.3-5}$$

式中，f_a 为修正后的地基承载力特征值（kPa）；f_{ak} 为从载荷试验或其他原位测试、经验值等方法确定的地基承载力特征值；η_b、η_d 为基础宽度和埋深的地基承载力修正系数，按基底下土的类别查表 3-7 取值；γ、γ_m、b、d 的意义及取值同公式（3.3-4）。

地基承载力修正系数　　　　　　　　　　　　　　　　　　表 3-7

土的类别		η_b	η_d
淤泥和淤泥质土		0	1.0
人工填土，e 或 I_L 大于等于 0.85 的黏性土		0	1.0
红黏土	含水比 $\alpha_w > 0.8$	0	1.2
	含水比 $\alpha_w \leqslant 0.8$	0.15	1.4
大面积压密填土	压密系数大于 0.95、黏粒含量 $\rho_c \geqslant 100\%$ 的粉土	0	1.5
	最大干密度大于 2.1t/m³ 的级配砂石	0	2.0
粉土	黏粒含量 $\rho_c \geqslant 10\%$ 的粉土	0.3	1.5
	黏粒含量 $\rho_c < 10\%$ 的粉土	0.5	2.0
e 及 I_L 均小于 0.85 的黏性土		0.3	1.6
粉砂、细砂(不包括很湿与饱和时的稍密状态)		2.0	3.0
中砂、粗砂、砾砂和碎石土		3.0	4.4

注：1. 强风化和全风化的岩石，可参照所风化的相应土类取值，其他状态下的岩石不修正。

　　2. 地基承载力特征值按《建筑地基基础设计规范》GB 50007—2011 附录 D 深层平板载荷试验时确定时 η_d 取 0。

　　3. 含水比是指土的天然含水量与液限的比值。

　　4. 大面积压实填土是指填土范围大于两倍基础宽度的填土。

【例3-3】已知某拟建建筑物场地地质条件，第一层：杂填土，层厚 1.0m，$\gamma = 18\text{kN/m}^3$；第二层：粉质黏土，层厚 4.2m，$\gamma = 18.5\text{kN/m}^3$，$e = 0.92$，$I_L = 0.94$，地基承载力特征值 $f_{ak} = 136\text{kPa}$。试按以下基础条件分别计算修正后的地基承载力特征值：①当基础底面为 4.0m×2.6m 的矩形独立基础，埋深 $d = 1.0\text{m}$；②当基础底面为 9.5m×36.0m 的箱形基础，埋深 $d = 3.5\text{m}$。

【解】根据《建筑地基基础设计规范》GB 50007—2011 相关规定计算。

（1）矩形独立基础下修正后的地基承载力特征值 f_a

基础宽度 $b = 2.6\text{m} < 3\text{m}$，按 3m 考虑；埋深 $d = 1.0\text{m}$，持力层粉质黏土的孔隙比 $e = 0.92$（>0.85），查表得：$\eta_b = 0$，$\eta_d = 1.0$，则：

$$f_a = f_{ak} + \eta_d \gamma (b-3) + \eta_d \gamma_m (d-0.5) = 136 + 0 + 1.0 \times 18 \times (1.0-0.5)$$
$$= 145.0 \text{(kPa)}$$

（2）箱形基础下修正后的地基承载力特征值 f_a

基础宽度 $b = 9.5\text{m} > 6\text{m}$，按 6m 考虑；埋深 $d = 3.5\text{m}$，持力层仍为粉质黏土，即修

正系数：$\eta_b=0$，$\eta_d=1.0$；

$$\gamma_m=(18\times1.0+18.5\times2.5)/3.5\approx18.4(kN/m^3)$$

$$f_a=f_{ak}+\eta_d\gamma(b-3)+\eta_d\gamma_m(d-0.5)$$
$$=136+0\times18.5\times(6-3)+1.0\times18.4\times(3.5-0.5)$$
$$=191.2(kPa)$$

4. 基础底面尺寸的确定

在设计浅基础时，一般先确定基础的埋置深度 d，选定地基持力层并求出地基承载力特征值 f_a，然后根据上部荷载或根据构造要求确定基础底面尺寸。

(1) 中心荷载作用下基础底面积的确定

中心荷载作用下，基础通常对称布置，假定基底压力 p 为均匀分布，则由公式 (3.1-4)、公式 (3.1-5) 可得：

$$p=\frac{F+G}{A}=\frac{F}{A}+\gamma_G\overline{d} \tag{3.3-6}$$

式中，$\overline{d}$ 为基础的平均埋置深度（m）。

由公式 (3.3-6) 持力层承载力的要求，得：

$$\frac{F}{A}+\gamma_G\overline{d}\leqslant f_a$$

由此可得基础底面面积应满足：

$$A\geqslant\frac{F}{f_a-\gamma_G\overline{d}} \tag{3.3-7}$$

对于条形基础，可沿基础长度的方向取单位长度 1m 进行计算，荷载随之取单位长度上的荷载（即 F，单位为 kN/m），则条形基础的宽度 b 应满足：

$$b\geqslant\frac{F}{f_a-\gamma_G\overline{d}} \tag{3.3-8}$$

(2) 荷载作用下基础底面积的确定

偏心荷载作用下的基础底面尺寸常采用试算法确定。计算方法如下：

1) 先按中心荷载作用条件，利用公式 (3.3-7) 或公式 (3.3-8) 初步估算基础底面尺寸。

2) 根据荷载偏心程度，将基础底面积扩大 10%～40%，并以适当的比例确定矩形基础的长（l）和宽（b），一般取 $l/b=1\sim2$。

3) 利用公式 (3.1-4)、公式 (3.1-6) 或公式 (3.1-7) 计算基底平均压力 p 和基底最大压力 p_{max}，并根据公式 (3.3-5) 重新计算地基承载力特征值，验算承载力条件是否满足。为避免基础底面由于偏心过大而与地基土翘离，还要求基底边缘最小压力值 p_{min} 或偏心距 e 满足：

$$p_{min}\geqslant0 \tag{3.3-9}$$

$$e=\frac{M}{F+G}\leqslant\frac{l}{6} \tag{3.3-10}$$

式中，M 为相应于荷载效应标准组合时，作用于基础底面的力矩值（kN·m）；l 为矩形基础偏心方向的边长（m），对于条形基础是指基础宽 b（即 $e\leqslant b/6$）。

4）如所取基础底面尺寸不满足3）中验算条件，则重新调整基础底面积 A，直至满足要求为止。

5. 软弱下卧层承载力验算

当地基的受力范围内存在承载力明显低于持力层的高压缩性土层时，还必须对软弱下卧层的承载力进行验算，要求作用在软弱下卧层顶面处的总应力不超过该处的地基承载力特征值，即：

$$p_z + p_{cz} \leqslant f_{az} \tag{3.3-11}$$

式中，p_z 为相应于荷载效应标准组合时，软弱下卧层顶面处的附加压力值（kPa）；p_{cz} 为软弱下卧层顶面处的自重压力值（kPa）；f_{az} 为软弱下卧层顶面处经深度修正后的地基承载力特征值（kPa）。

关于附加压力值 p_z 的计算，《建筑地基基础设计规范》GB 50007—2011 采用应力扩散简化计算方法。当持力层与下卧层的压缩模量比值 $E_{s1}/E_{s2} \geqslant 3$ 时，对于矩形或条形基础，可按压力扩散角的概念计算。如图 3-29 所示，假设基底附加压力（$p_0 = p - \sigma_{cz}$）按某一角度 θ 向下传递，根据基底扩散面积上的总附加压力相等的条件可得软弱下卧层顶面处的附加压力。软弱下卧层顶面如图 3-29 所示。

矩形基础：$$p_z = \frac{lb(p - \sigma_{cz})}{(b + 2z\tan\theta)(l + 2z\tan\theta)} \tag{3.3-12}$$

条形基础：$$p_z = \frac{b(p - \sigma_{cz})}{b + 2z\tan\theta} \tag{3.3-13}$$

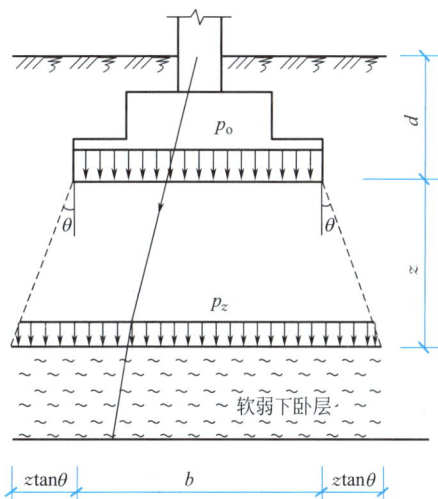

图 3-29 软弱下卧层顶面

式中，l 为矩形基础底面的长度（m）；b 为矩形基础或条形基础底面的宽度（m）；p 为相应于荷载效应标准组合时，基础底面处的平均压力值（kPa）；σ_{cz} 为基础底面处土自重压力（kPa）；z 为基础底面到软弱下卧层顶面的距离（kPa）；θ 为地基压力扩散线与垂直线的夹角，可按表 3-8 采用。

地基压力扩散角 θ 值　　　　　　　　　　表 3-8

E_{s1}/E_{s2}	z/b	
	0.25	0.50
3	6°	23°
5	10°	25°
10	20°	30°

注：1. E_{s1} 为上层土压缩模量；E_{s2} 为下层土压缩模量。

2. $z/b < 0.25$ 时取 $\theta = 0°$，必要时宜由试验确定；$z/b > 0.50$ 时 θ 值不变。

3. z/b 在 0.25～0.50 之间时，可插值使用。

任务 3.4 常见浅基础的构造设计与施工

学习目标 ■■■

- 掌握无筋扩展基的构造及设计；
- 掌握钢筋混凝土扩展基础的构造及设计；
- 掌握浅基础的施工工艺流程。

基础的构造设计包括基础底面面积和基础剖面设计。如任务 3.3 中所述，在确定基础底面尺寸时，应满足地基承载力要求；作基础剖面设计时，应保证基础内的拉应力和剪应力不超过基础材料的强度设计值。

3.4.1 无筋扩展基础的构造设计与施工

1. 无筋扩展基础的设计

无筋扩展基础由砖、毛石、混凝土或毛石混凝土、灰土和三合土等材料建造，这些材料具有较高的抗压性能，但抗拉、抗剪强度不高。而在基础的反力作用下，基础挑出部分如同悬臂梁一样向上弯曲，使基础下部材料受拉，因此设计时必须限制基础的外伸宽度与基础高度的比值（称为无筋扩展基础台阶的宽高比），即：

$$\frac{b_2}{H_0} \leqslant \left[\frac{b_2}{H_0}\right] \tag{3.4-1}$$

式中，H_0 为基础高度（m）；b_2 为基础台阶宽度（m）；$\left[\dfrac{b_2}{H_0}\right]$ 为基础台阶宽高比允许值，可按表 3-9 选用。

无筋扩展基础台阶宽高比的允许值   表 3-9

基础材料	质量要求	台阶宽高比的允许值 $\tan\alpha = \left[\dfrac{b_2}{H_0}\right]$		
		$p \leqslant 100$	$100 < p \leqslant 200$	$200 < p \leqslant 300$
混凝土基础	C15 混凝土	1：1.00	1：1.00	1：1.25
毛石混凝土基础	C15 混凝土	1：1.00	1：1.25	1：1.50
砖基础	砖不低于 MU10,砂浆不低于 M5	1：1.50	1：1.50	1：1.50
毛石基础	砂浆不低于 M5	1：1.25	1：1.50	—
灰土基础	体积比为 3：7 或 2：8 的灰土，其最小干密度：粉土 1550kg/m³；粉质黏土 1500kg/m³；黏土 1450kg/m³	1：1.25	1：1.50	—

续表

基础材料	质量要求	台阶宽高比的允许值，$\tan\alpha = \left[\dfrac{b_2}{H_0}\right]$		
		$p\leqslant100$	$100<p\leqslant200$	$200<p\leqslant300$
三合土基础	体积比为$1:2:4\sim1:3:6$(石灰：砂：骨料)，每层约虚铺220mm，夯至150m	$1:1.50$	$1:2.00$	—

注：1. p 为荷载效应标准组合时基础底面处的平均压力值（kPa）。

    2. 阶梯形毛石基础的每阶伸出宽度不宜大于200mm。

    3. 当基础由不同材料叠加组成时，应对接触部分作抗压验算。

    4. 混凝土基础单侧扩展范围内基础底面处的平均压力值超过300kPa时，应进行抗剪验算；验算公式为：

$$V_S \leqslant 0.366 f_t A \tag{3.4-2}$$

式中，V_S 为相应于荷载效应基本组合时的地基土平均净反力产生的沿墙（柱）边缘或变阶处单位长度的剪力设计值；f_t 为混凝土抗拉强度设计值；A 为沿墙（柱）边缘或变阶处混凝土基础单位长度的横截面积。

如图 3-30 所示，$b_2 = \dfrac{b-b_0}{2}$，令 $\tan\alpha = \left[\dfrac{b_2}{H_0}\right]$（$\alpha$ 角称为刚性角），则基础高度应满足：

$$H_0 \geqslant \frac{b-b_0}{2\tan\alpha} \tag{3.4-3}$$

式中，b 为基础底面宽度（m）；b_0 为基础顶面的墙体宽度或柱脚宽度（m）。

如图 3-30（b）所示，采用无筋扩展基础的钢筋混凝土柱，基柱脚高度 h_1 不得小于 b_1，并不应小于300mm，且不小于 $20d$。当柱纵向钢筋在柱脚内的竖向锚固长度不满足锚固要求时，可沿水平方向弯折，弯折后的水平锚固长度不应小于 $10d$ 也不应大于 $20d$。

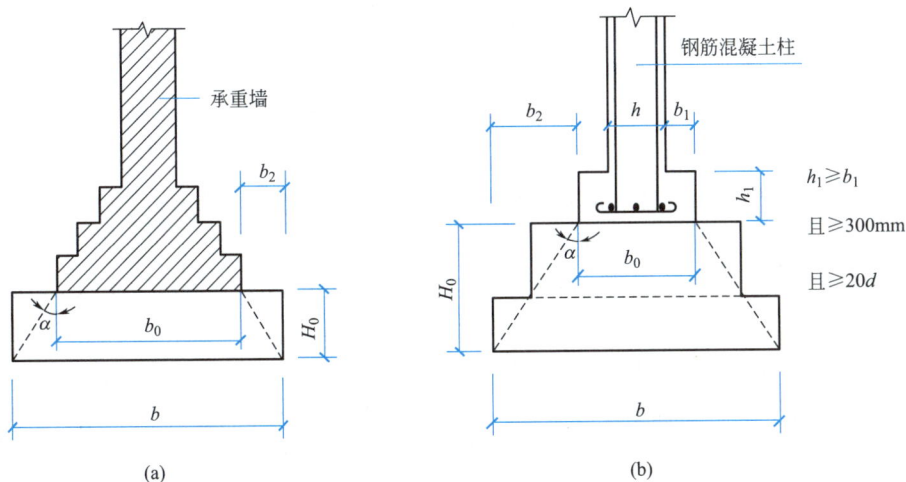

图 3-30　无筋扩展基础构造示意图

d—柱中纵向钢筋最大直径

2. 无筋扩展基础的施工

（1）施工工艺流程

基底土质验槽→施工垫层→在垫层上弹线抄平→基础施工。

（2）施工要点

基础施工前，应先行验槽并将地基表面的浮土及垃圾清除干净。在主要轴线部位设置引桩控制轴线位置，并以此放出墙身轴线和基础边线。在基础转角、交接及高低踏步处应预先立好皮数杆。基础底标高不同时，应从低处砌起，并由高处向低处搭接。砖砌大放脚通常采用"一顺一丁"砌筑方式，最下一皮砖以丁砌为主。水平灰缝和竖向灰缝的厚度应控制在 10mm 左右，砂浆饱满度不得小于 80％，错缝搭接，在丁字及十字接头处要隔皮砌通。

毛石基础砌筑时，第一皮石块应坐浆，并大面向下。砌体应分皮卧砌，上下错缝，内外搭接，按规定设置拉结石，不得采用先砌外边后填心的砌筑方法。阶梯处，上阶的石块应至少压下阶石块的 1/2。石块间较大的空隙应填塞砂浆后用碎石嵌实，不得采用先放碎石后灌浆或干填碎石的方法。

基础砌筑完成验收合格后，应及时回填。回填土要在基础两侧同时进行，并分层夯实，压实系数符合设计要求。

3.4.2　钢筋混凝土扩展基础的构造设计与施工

1. 钢筋混凝土扩展基础的构造要求

钢筋混凝土扩展基础包括柱下钢筋混凝土独立基础和墙下钢筋混凝土条形基础，其通过钢筋来承受弯曲产生的拉应力，其高度不受宽高比的限制，构造高度可以较小，但需要满足抗弯、抗剪和抗冲切破坏的要求。在构造上的一般有如下具体的要求。

（1）锥形基础尺寸：边缘高度不宜小于 200mm；坡度≤1:3。顶部做成平台，每边从柱边缘放出不少于 50mm，以便于柱支模。

（2）阶梯形基础尺寸：每阶高度宜为 300～500mm。当基础高度不大于 500mm 时，宜用一阶；当基础高度在 500～900mm 之间时，宜用两阶；当基础高度大于 900mm 时，宜用三阶。阶梯形基础的尺寸一般用 50mm 的倍数。

（3）垫层：混凝土垫层的厚度不宜小于 70mm。通常做成 100mm 厚度并从基础边缘伸出 100mm。

（4）混凝土强度：垫层混凝土强度等级应不低于 C10，基础混凝土强度等级应不低于 C20。

（5）钢筋配置：扩展基础底板受力钢筋的最小直径不宜小于 10mm，间距宜在 100～200mm 之间；墙下钢筋混凝土条形基础纵向分布钢筋的直径不应小于 8mm，间距不应大于 300mm；每延米分布钢筋的面积应不小于受力钢筋面积的 1/10。当有垫层时，钢筋保护层的厚度不宜小于 40mm，无垫层时不宜小于 70mm。柱下钢筋混凝土独立基础的边长和墙下钢筋混凝土条形基础的宽度大于或等于 2.5m 时，底板受力钢筋的长度可取边长或宽度的 0.9 倍，并宜交错布置，如图 3-31（a）所示。钢筋混凝土条形基础底板在 T 形及十字形交接处，底板横向受力钢筋仅沿一个主要方向通长布置，另一方向的横向受力钢筋可布置到主要受力方向底板宽度 1/4 处，如图 3-31（b）所示。在拐角处底板横向受力钢筋应沿两个方向布置，如图 3-31（c）所示。

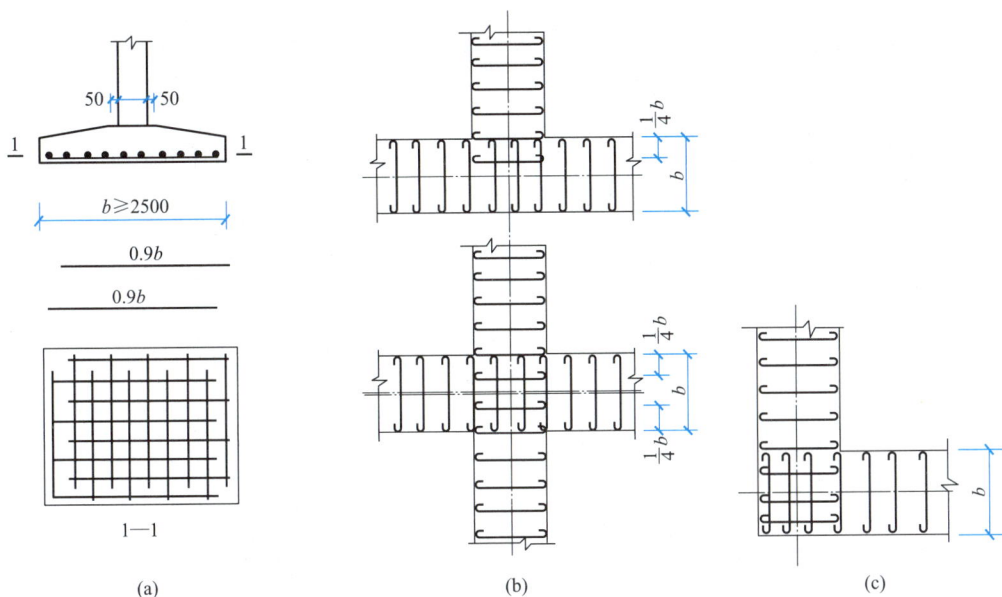

图 3-31　扩展基础底板受力钢筋布置示意图

钢筋混凝土扩展基础的设计，除了基础底面积的确定外，还应进行基础高度及底板配筋方案的确定。设计的基本原则是基础尺寸由地基承载力确定，基础高度由混凝土抗冲切（剪切）能力确定，基础底板配筋则根据截面的抗弯能力确定。

在进行基础横截面计算时，不计基础及其上覆土的重力作用所产生的部分地基反力，而只计算外荷载产生的地基净反力。但在计算基础底面尺寸或计算基础沉降时，基础及其上覆土的自重必须考虑。

2. 柱下钢筋混凝土独立基础的设计与施工

拓展学习

3.4.1　独立柱基础分项工程交底卡

当基础承受柱子传来的荷载时，若柱子周边处基础的高度不够，就会发生如图 3-32 所示的冲切破坏，即从柱子周边起沿 45° 斜面拉裂，形成冲切角锥体；在基础变阶处也可发生同样的破坏。产生破坏的原因是冲切破坏面上的主拉应力超过了混凝土的抗拉强度。因此柱下钢筋混凝土独立基础的高度应由抗冲切验算确定。

基础底板在地基反力的作用下还会产生向上的弯曲，当弯曲应力超过基础抗弯强度时，基础底板将发生弯曲破坏，如图 3-33 所示。因此，基础底板应配置足够的钢筋来抵抗基础的弯曲变形。

（1）地基净反力的计算

地基净反力 p_j 是指扣除基础自重及基上覆土重后，相应于荷载效应基本组合时的地基土单位面积净反力，计算公式如下：

对于轴心荷载：
$$p_j = \frac{F}{A} \tag{3.4-4}$$

对于偏心荷载：
$$\left.\begin{array}{l} p_{j\max} \\ p_{j\min} \end{array}\right\} = \frac{F}{A} \pm \frac{M}{W} = \frac{F}{lb}\left(1 \pm \frac{6e}{l}\right) \tag{3.4-5}$$

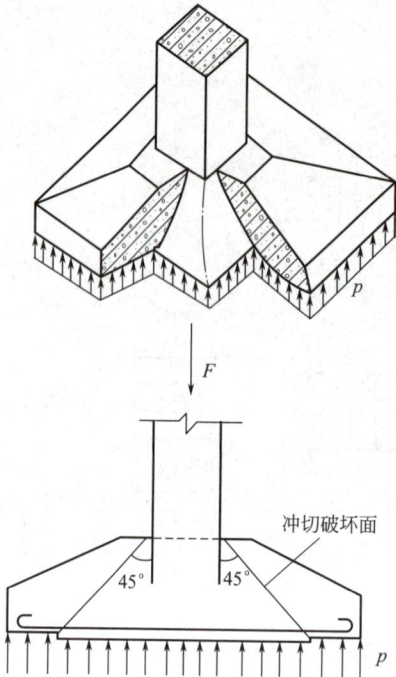

图 3-32　中心荷载作用下冲切破坏

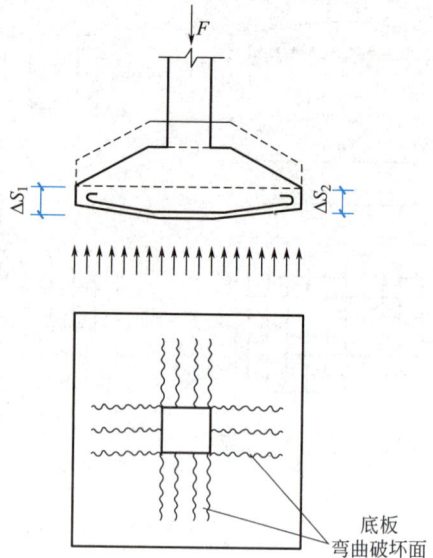

图 3-33　柱基础底板弯曲破坏

式中，F 为上部结构传至基础顶面的竖向力设计值（kN），A 为基础底面积（m²）；M 为作用于矩形基底的力矩设计值（kN·m）；W 为基础底面的抵抗矩（m³），对于矩形基础 $W=\dfrac{bl^2}{6}$，l、b 为矩形基础的长与宽；e 为偏心荷载的偏心距，偏心方向沿基础长边方向。

（2）基础高度的确定

基础高度由抗冲切条件确定。为保证基础不发生冲切破坏，在基础冲切锥范围以外，由地基反力在破坏锥面上引起的冲切力 F_l 应小于基础可能的冲切面上的混凝土抗冲切强度，因此，对基础高度 h 应进行受冲切承载力验算。

1）竖向轴心荷载作用下

锥形扩展基础受竖向轴心荷载作用而产生的冲切破坏如图 3-34 所示，图中的阴影部分为冲切锥以外的基底面积。由冲切锥以外的净反力在冲切破坏面上产生的冲切荷载应不大于冲切破坏面上混凝土抗拉能力的竖向分量，即：

$$F_l \leqslant 0.7\beta_{hp}f_tA_0 \tag{3.4-6}$$

$$F_l = p_jA_l \tag{3.4-7}$$

式中，F_l 为作用在 A_l 上的地基净反力设计值（kN）。β_{hp} 为受冲切承载力载面高度影响系数，当截面高度 $h \leqslant 800$mm 时，$\beta_{hp}=1.0$；$h \geqslant 2000$mm 时，$\beta_{hp}=0.9$；h 在 $800\sim 1000$mm 之间时，β_{hp} 按线性内插法取用；f_t 为混凝土轴心抗拉强度设计值（kPa）；A_0 冲切破坏斜截面（45°）在水平面上的投影面积（m²）；A_l 为计算冲切荷载时取用的基底面积（m²），如图 3-34 中所示的阴影部分。

2）偏心荷载作用

由于基底压力按直线分布假定计算，所以偏心荷载作用下基底净反力为梯形，冲切破

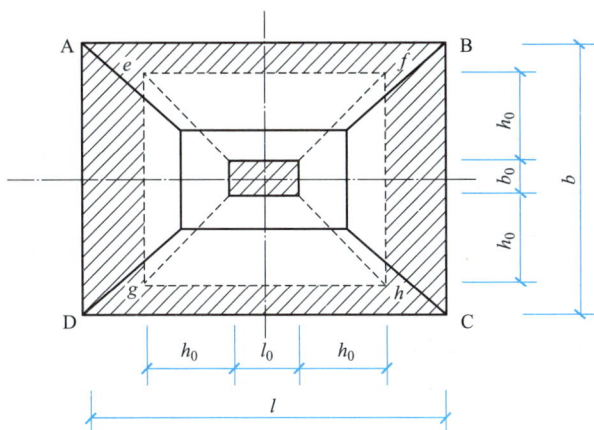

图 3-34 中心荷载作用下基础冲切计算

坏斜拉面位于靠近 $p_{j\max}$ 的一侧，如图 3-35 所示。作用在这一斜面上的冲切应满足：

$$F_l \leqslant 0.7\beta_{\mathrm{hp}}f_{\mathrm{t}}a_{\mathrm{m}}h_0 \tag{3.4-8}$$

$$a_{\mathrm{m}} = \frac{a_{\mathrm{t}} + a_{\mathrm{b}}}{2} \tag{3.4-9}$$

$$F_l = p_{j\max}A_l \tag{3.4-10}$$

式中，β_{hp}、f_{t} 的取值同公式（3.4-6）；h_0 为基础冲切破坏锥体的有效高度（m）；a_{m} 为冲切破坏锥体最不利一侧计算长度（m）；a_{t} 为冲切破坏锥体最不利一侧斜截面的上边长（m）；a_{b} 为冲切破坏锥体最不利一侧斜截面在基础底面范围内的下边长（m）；$p_{j\max}$ 为偏心受压基础基底边缘处最大净反力（kPa）；A_l 为计算冲切荷载时取用的基底面积（m²），如图 3-35（a）、（b）中的阴影面积 $ABCDEF$，图 3-35（c）中的阴影面积 $ABCD$。

计算时注意，当计算柱与基础交接处受冲切承载力时，a_{t} 取柱宽 b_0；当计算基础变阶处的受冲切承载力时，a_{t} 取上阶宽 b_{s}。当冲切破坏锥体的底面落在基础底面以内（图 3-35a、b），计算柱与基础交接处的受冲切承载力时，$a_{\mathrm{b}} = b_0 + 2h_0$；计算基础变阶处的受冲切承载力时，$a_{\mathrm{b}} = b_{\mathrm{s}} + 2h_0$。当冲切破坏锥体位于基础底面范围以外时，如图 3-35（c）所示，$a_{\mathrm{b}} = b$。

当基础高度 h 不满足公式（3.4-6）或公式（3.4-8）时，可适当增加基础高度再验算，直至满足要求为止。

（3）基础底板的配筋计算

柱下扩展基础受基底反力的作用，产生双向弯曲，所以在纵横两个方向都要配置受力钢筋，并进行抗弯验算。分析基础底板的内应力时可将基底按对角线分成 4 个区域，如图 3-36 所示。沿截面 Ⅰ-Ⅰ 处的弯矩由阴影部分的地基净反力所产生，截面 Ⅱ-Ⅱ 的情况与此相似。一般取柱边缘及变阶处作为验算截面。

在轴心荷载或单向偏心荷载作用下，当台阶的宽高比小于或等于 2.5 且偏心距小于或等于 1/6 的基础偏心方向时，任意截面的弯矩可按下式计算：

截面 Ⅰ-Ⅰ：$\quad M_{\mathrm{I}} = \dfrac{1}{12}a_{\mathrm{I}}^2\left[(2b + a')\left(p_{j\max} + p_{j\mathrm{I}} - \dfrac{2G}{A}\right) + (P_{j\max} - p)b\right] \tag{3.4-11}$

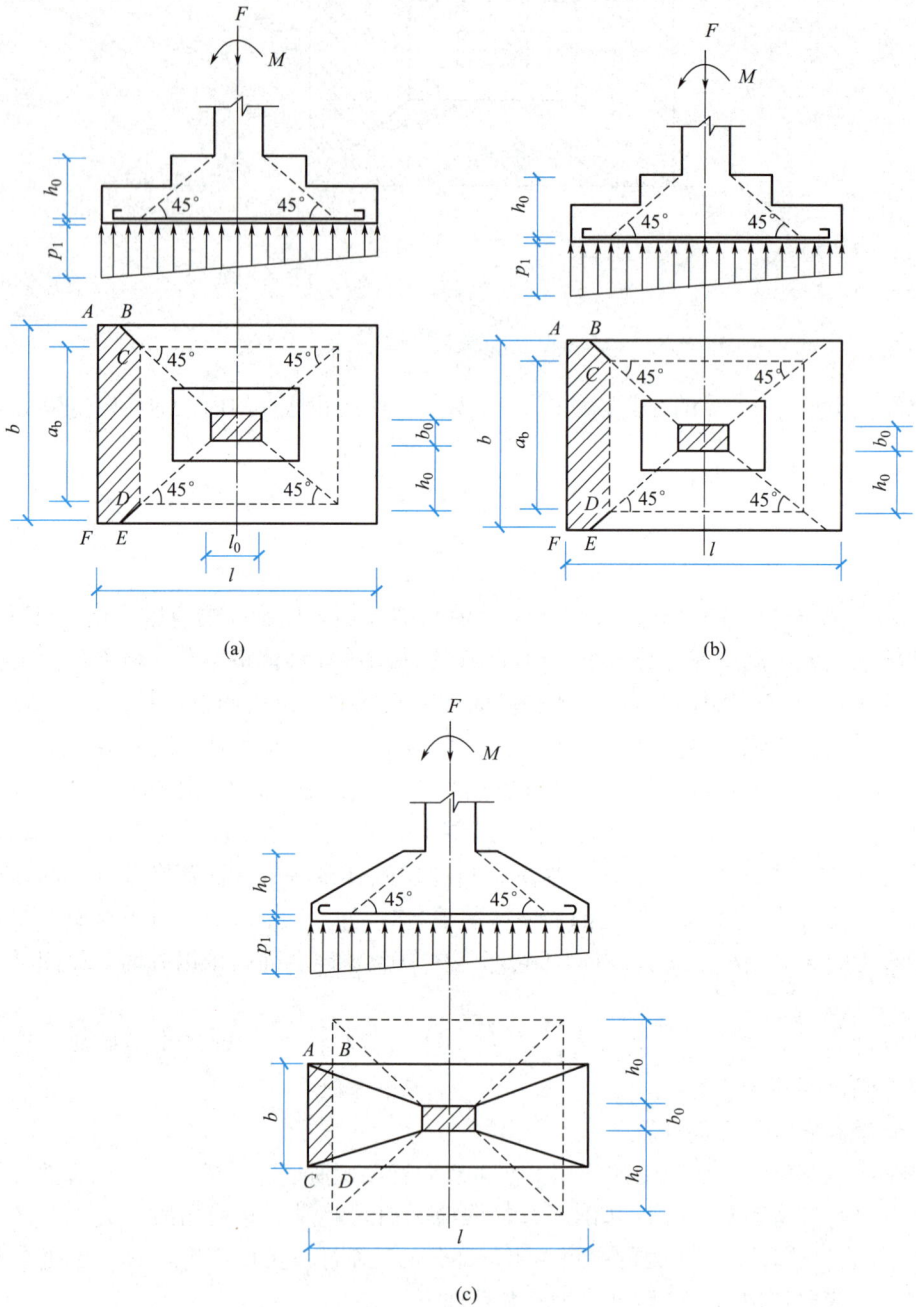

图 3-35　偏心荷载作用下基础冲切计算简图

（a）阶梯形基础（柱与基础交接处）；（b）阶梯形基础（基础变阶处）；（c）锥形基础

截面Ⅱ-Ⅱ：　　$M_{\mathrm{II}} = \dfrac{1}{48}(b-a')^2(2l+b')\left(p_{j\max}+p_{j\min}-\dfrac{2G}{A}\right)$　　(3.4-12)

式中，M_{I}、M_{II}为任意截面Ⅰ-Ⅰ、Ⅱ-Ⅱ处的弯矩设计值（kN·m）；a_{I}为任意截面Ⅰ-Ⅰ至基底边缘最大反力处的距离（m）；l、b为基础底面的长与宽（m），荷载偏心方向沿基础长边l的方向；a'、b'为任意截面Ⅰ-Ⅰ、Ⅱ-Ⅱ处所对应的在梯形内的截线长（m）；G为考虑荷载分项系数的基础自重及其上的土重（kN）；A为基础底面面积（m^2）；$p_{j\max}$、$p_{j\min}$为相应于荷载效应基本组合时的基础底面边缘最大和最小地基反力设计值（kPa）；$p_{j\mathrm{I}}$为相应于荷载效应基本组合时在任意截面Ⅰ-Ⅰ处基础底面地基反力设计值（kPa）。

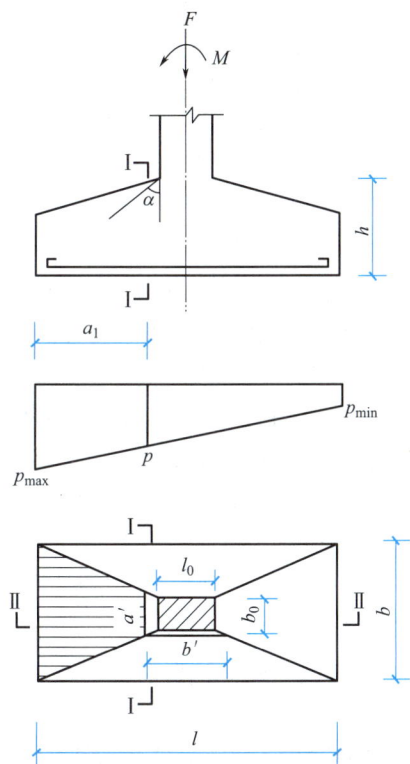

图 3-36　基础底板抗弯验算截面

双向配筋时，通常沿基础长向的钢筋设置于下层，综上分析，基础底板双向的受力钢筋面积$A_{s\mathrm{I}}$、$A_{s\mathrm{II}}$可按下式计算：

$$A_{s\mathrm{I}} \geqslant \dfrac{M_{\mathrm{I}}}{0.9f_yh_0} \times 10^6$$　　(3.4-13)

$$A_{s\mathrm{II}} \geqslant \dfrac{M_{\mathrm{II}}}{0.9f_y(h_0-d)} \times 10^6$$　　(3.4-14)

式中，f_y为钢筋的抗拉强度的设计值（MPa）；h_0为基础的有效高度（mm）；d为钢筋直径（mm）。计算时注意单位代入，$A_{s\mathrm{I}}$、$A_{s\mathrm{II}}$单位为mm^2。

（4）现浇柱下钢筋混凝土独立基础的施工

柱下钢筋混凝土独立基础施工时，基础内预埋的插筋必须用2~4个箍筋加以固定，保证插筋位置的正确，以防止浇筑和振捣混凝土时钢筋发生移位，如图 3-37 所示。插筋的数目与直径应与柱内纵向受力钢筋相同。插筋的锚固及柱的纵向受力钢筋的搭接长度按《混凝土结构设计规范》GB 50010—2010 的规定执行。混凝土浇筑完毕后，外露表面应覆盖和浇水养护。施工中还须注意以下方面：

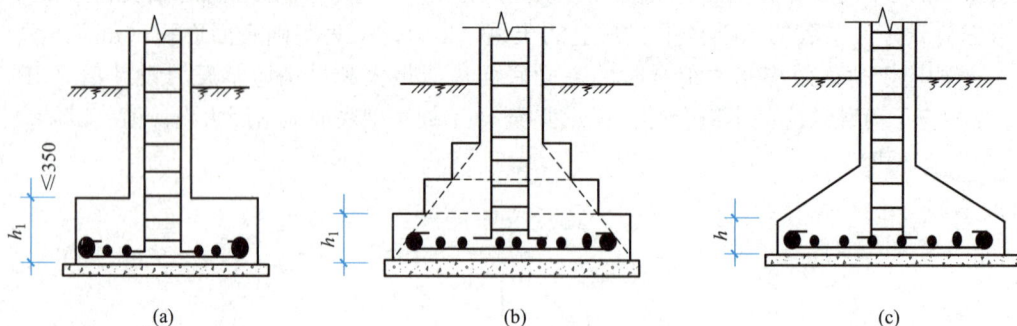

图 3-37　柱下钢筋混凝土独立基础

(a)、(b) 阶梯形；(c) 锥形

1) 基坑（槽）应进行验槽，局部软弱土层应挖去，用灰土或砂砾分层回填夯实至基底相平。清除干净基坑（槽）内浮土、积水、淤泥、垃圾、杂物。验槽后应立即浇筑地基混凝土（垫层），以免地基土被扰动。

2) 垫层达到一定强度后，再在其上弹线、支模。铺放钢筋网片时底部应用与混凝土保护层同厚度的水泥砂浆垫块垫塞，以保证钢筋网片的正确位置。

3) 在浇筑混凝土前，应清除模板上的垃圾、泥土和钢筋上的油污等杂物，浇水湿润模板。

4) 基础混凝土宜分层连续浇筑完成。阶梯形基础的每一台阶高度内应分层浇筑振捣，每浇筑完一台阶应稍停 0.5～1.0h，待其初步获得沉实后再浇筑上层，以防止下台阶混凝土溢出，在上台阶根部出现"烂脖子"现象，台阶表面应基本抹平。浇筑完毕混凝土后，外露表面应覆盖和浇水养护。

5) 锥形基础的斜面部分模板应随混凝土浇捣分段支设并顶紧压实，以防模板上浮变形，边角处的混凝土应注意捣实。严禁斜面部分不支模，用铁锹拍实混凝土。

3. 墙下钢筋混凝土条形基础设计与施工

（1）地基净反力计算

墙下钢筋混凝土条形基础的内力计算可沿基础长度方向取单位长度 1m 为计算单元，地基净反力 p_j 计算公式如下。

对于中心荷载：
$$p_j = \frac{F}{b} \qquad (3.4\text{-}15)$$

对于偏心荷载：
$$\left.\begin{array}{c} p_{j\max} \\ p_{j\min} \end{array}\right\} = \frac{F}{b} \pm \frac{6M}{b^2} \qquad (3.4\text{-}16)$$

式中，b 为条形基础宽度（m）；F 为上部结构传至基础顶面的每延米竖向力设计值（kN/m）；M 为作用于基础底面的每延米弯矩（kN·m/m）。

拓展学习

3.4.2　条形基础分项工程交底卡

（2）底板高度计算

基础底板应有足够的高度，以防止基础底板在剪力作用下发生剪切破坏。一般初估底板高度 $h \geqslant b/8$，宜取 10mm 的整倍数，计算基础验算截面（通常是在墙体边缘 b_1 处）的剪力，再进行截面抗剪计算。如图 3-38 所示，基础底板高度应满足如下的要求：

$$V \leqslant 0.7\beta_{hs}f_t h_0 \qquad\qquad (3.4\text{-}17)$$

$$V = a_1 p_j \qquad\qquad (3.4\text{-}18)$$

式中，V 为基础验算截面每延米剪力设计值（kN/m）；β_{hs} 为受剪切承截面高度影响系数；f_t 为混凝土轴心抗拉强度设计值（MPa）；h_0 为基础底板有效高度（mm）；a_1 为弯矩最大的截面位置距底面边缘最大地基反力处的距离（m）。

计算时应注意如下取值。

1）h_0：当有垫层时，$h_0 = h - 40$；无垫层时，$h_0 = h - 70$。

2）β_{hs}：$\beta_{hs} = \left(\dfrac{800}{h_0}\right)^{\frac{1}{4}}$，当 $h_0 < 800$mm 时，取 $h_0 = 800$mm；当 $h_0 > 2000$mm 时，取 $h_0 = 2000$mm。

3）a_1：当墙体材料为混凝土时，取 $a_1 = b_1$，b_1 为墙体边缘至基础边缘距离（m）；如为砖墙且大放脚不大于 1/4 砖长时，$a_1 = b_1 - a'/4$，a' 为砖长，单位为 m。

4）p_j：当为轴心荷载时，按公式（3.4-15）取值；当为偏心荷载时，取 $p_j = \dfrac{p_{j\max} + p_{jI}}{2}$，$p_{jI}$ 为验算截面处的净反力。

若初始底板高度 h 不满足条件，则适当增加高度，并进行再次验算，直至符合条件为止。

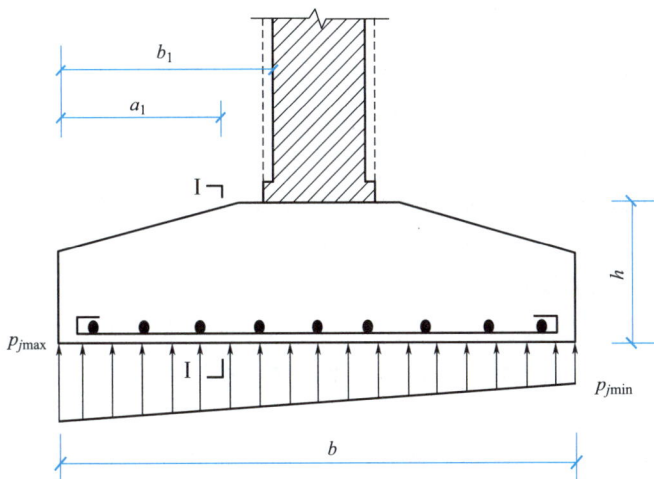

图 3-38　墙下条形基础计算简图

（3）底板配筋计算

1）轴心作用下截面 I-I 处弯矩设计值为：

$$M_I = V\frac{a_1}{2} = \frac{1}{2}p_j a_1^2 \qquad\qquad (3.4\text{-}19)$$

则基础底板受力钢筋按下式计算：

$$A_{sI} = \frac{M_I}{0.9 f_y h_0} \times 10^6 \tag{3.4-20}$$

式中，A_{sI} 为长度方向 1m 范围内的钢筋面积（mm²/m），沿基础宽度 b 方向布置受力钢筋，沿长度方向布置构造钢筋。M_I 为验算截面每延米的内力弯矩（kN·m/m），切记不要与作用在基顶或墙身的外力弯矩混淆；f_y 为钢筋的抗拉强度的设计值（MPa）；h_0 为基础底板有效高度（mm）。

2）偏心作用下，对于墙下条形基础任意截面的弯矩，可取 $l = a' = 1m$，按公式 (3.4-11) 计算，$M_I = \frac{1}{12} a_I^2 \left[(2b+a') \left(p_{jmax} + p_{jI} - \frac{2G}{A} \right) + (P_{jmax} - p) b \right] = \frac{1}{12} a_I^2$ $\left[(2 \times 1 + 1) \left(p_{jmax} + p_{jI} - \frac{2G}{A} \right) + (P_{jmax} - p) \times 1 \right] = \frac{1}{6} (2 p_{jmax} + p_{jI}) a_I^2$

（4）墙下钢筋混凝土条形基础施工

墙下钢筋混凝土条形基础的施工同柱下钢筋混凝土独立基础的施工。

实训项目

一、实训题目

浅基础施工图识读及编写技术交底资料。

二、实训方式

选择不同类型的浅基础施工图若干套，在指导教师指导下，学生识读基础施工图，并编写技术交底资料。

三、实训目的

通过对房屋建筑工程基础施工图的阅读，熟悉某一种浅基础形式的受力特点及构造，并能正确采用常见基础施工的一般技术编写技术交底文件。

四、实训内容和要求

学生应了解建筑场地工程地质和水文地质资料，结合有关规范了解地基持力层的情况，提出需要进行地基局部处理和特殊处理的位置。阅读施工图，明确基础布置、基础底面尺寸、截面尺寸、埋置深度、有关构造要求和材料强度要求；掌握受力钢筋、分布钢筋、构造钢筋的位置、级别、直径、间距、长度等设计要求，并编制钢筋下料表。熟悉施工工艺、施工方法、施工机械及工作性质、施工质量控制措施等，并编写技术交底文件。

五、实训成果

实训结束后，将实训成果整理、装订，并写出实训报告。选出完成较好的。

分若干份进行展览、分析讨论，由指导教师讲评，以提高学生的实际动手能力。

思考与练习

一、简答题

1. 简述天然地基上浅基础设计的内容和一般步骤。

2. 影响基础埋置深度的因素有哪些？

3. 基础的结构和材料类型有哪些？其各自适用性如何？

4. 何谓基础的刚性角？为什么基础的宽度要小于基础两边刚性角的范围？

5. 无筋扩展基础有哪些类型？主要应满足哪些构造要求？

6. 为什么在基础设计中要进行软弱下卧层验算？

7. 当基础埋深较浅而基础和底面积很大时宜采用何种基础？

8. 何谓扩展基础？它们的基础高度如何确定？

学习检测

教学单元3　思考与练习答案

视频微课

3.4.3　计算题1讲解

二、计算题

1. 甲地区，地基上层软、下层硬，见表 3-10，在一幢 3 层楼近旁新建一幢 6 层住宅，建成后原有三层楼没有因新建 6 层楼而下沉开裂。设计者根据这一经验，在地基为上层硬、下层软的乙地区，新建 6 层住宅（楼房、荷载、尺寸都与甲地区相同），却引起了附近 3 层已建住宅的开裂。请分析其中的原因。

甲、乙地区地基上下层数据　　　　　　　　表 3-10

	甲地区	乙地区
上层	黏土、流塑 $E_0=3$MPa	卵石 $E_0=30$MPa
下层	卵石 $E_0=30$MPa	黏土、流塑 $E_0=3$MPa

2. 有一地区，地面以下 2m 是粉质黏土，$\gamma=1.9$kN/m³，$d_s=2.7$，$\omega=25\%$，$f_a=160$kPa，其下为淤泥，$d_s=2.7$，$w=40\%$，$f_a=80$kPa，地下水位为 0.8m 深。拟建四层住宅，试拟定其基础埋深及所用材料。

3. 某柱下扩展基础（3.0m×3.0m），承受中心荷载作用，场地土为粉质黏土，水位在地表以下 3.0m，基础埋深 3.5m，水位以上土的重度为 $\gamma=17.8$kN/m³，水位以下饱和重度为 $\gamma_{sat}=19.4$kN/m³。土的抗剪强度指标为黏聚力 $C_k=18$kPa，内摩擦角 $\varphi_k=26$。试按规范推荐的理论公式确定地基承载力特征值。

4. 某柱下锥形基础，柱子截面为尺寸为 450mm×450mm，基础底面尺寸为 2500mm×3500mm，基础高度为 500mm，上部结构传到基础顶面相应于荷载效应基本组合的竖向荷载值为 $F=775$kN，$M=135$kN·m，基础采用混凝土强度等级为 C20（$f_t=1.1$MPa），HPB300 钢筋（$f_y=210$MPa），基础埋深为 1.5m，试设计柱下钢筋混凝土独立基础。

5. 某方形基础，边长为 4.0m，基础埋深 2.0m，地面以上荷载 $F=4720$kN（准永久组合）。地表面为细砂，$\gamma_1=17.5$kN/m³，$E_{s1}=8.0$MPa，厚度 $h_1=6.00$m；第二层为粉质黏土，$E_{s2}=3.33$MPa，厚度 $h_2=3.0$m；第三层为碎石，厚度 $h_3=4.5$m，$E_{s3}=22$MPa。请用分层总和法计算粉质黏土层的沉降量。

6. 某柱下独立基础，基础底面尺寸为 4.8m×3.0m，埋深为 1.5m，传至地面的中心荷载 $F=1800$kN（准永久组合），地表面为黏土，$\gamma_1=18$kN/m³，$E_{s1}=3.66$MPa，厚度 $h_1=3.9$m；第二层为粉质黏土，$E_{s2}=2.60$MPa，厚度 $h_2=3.0$m；第三层为碎石，厚度 $h_3=2.4$m，$E_{s3}=6.2$MPa，以下为岩石。用规范法中的方法计算粉质黏土层的沉降量。

7. 如图所示的柱下单独基础处于 $\gamma=17.5$kN/m³ 的均匀的中砂中，地基承载力 $f_a=$

250kPa。已知基础的埋深为 2m，基底为 2m×4m 的矩形，作用在柱基上的荷载（至设计地面）如图 3-39 中所示，试验算地基承载力（并计算偏心矩 e）是否符合要求。

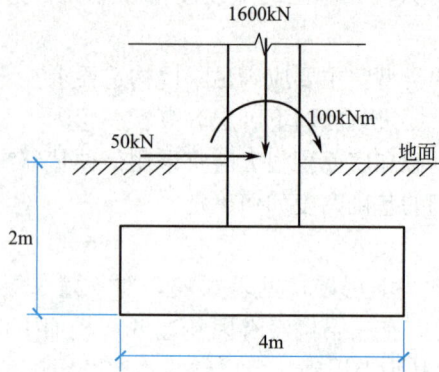

图 3-39　基础示意图

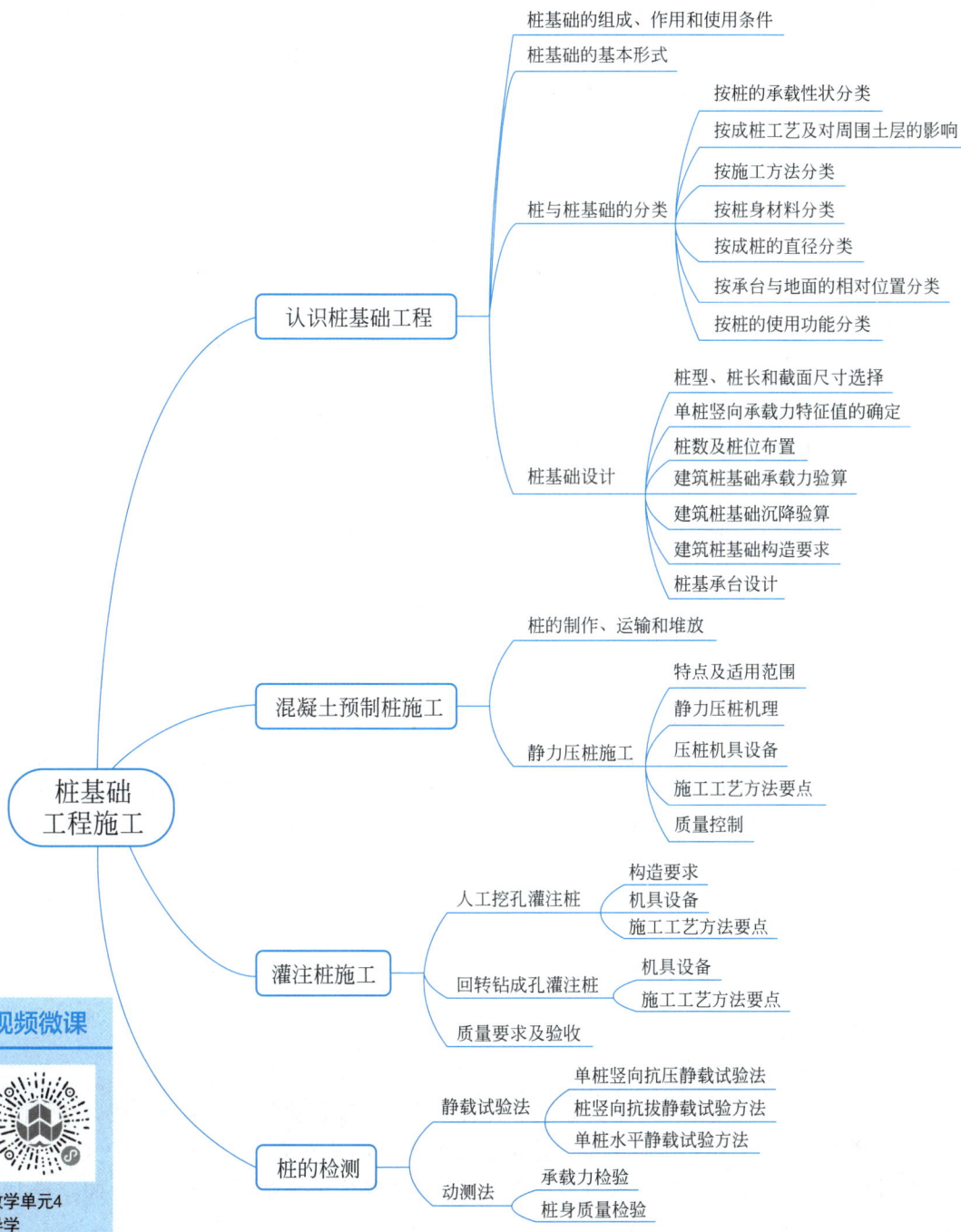

教学单元4 桩基础工程施工

思维导图

- 桩基础工程施工
  - 认识桩基础工程
    - 桩基础的组成、作用和使用条件
    - 桩基础的基本形式
    - 桩与桩基础的分类
      - 按桩的承载性状分类
      - 按成桩工艺及对周围土层的影响
      - 按施工方法分类
      - 按桩身材料分类
      - 按成桩的直径分类
      - 按承台与地面的相对位置分类
      - 按桩的使用功能分类
    - 桩基础设计
      - 桩型、桩长和截面尺寸选择
      - 单桩竖向承载力特征值的确定
      - 桩数及桩位布置
      - 建筑桩基础承载力验算
      - 建筑桩基础沉降验算
      - 建筑桩基础构造要求
      - 桩基承台设计
  - 混凝土预制桩施工
    - 桩的制作、运输和堆放
    - 静力压桩施工
      - 特点及适用范围
      - 静力压桩机理
      - 压桩机具设备
      - 施工工艺方法要点
      - 质量控制
  - 灌注桩施工
    - 人工挖孔灌注桩
      - 构造要求
      - 机具设备
      - 施工工艺方法要点
    - 回转钻成孔灌注桩
      - 机具设备
      - 施工工艺方法要点
    - 质量要求及验收
  - 桩的检测
    - 静载试验法
      - 单桩竖向抗压静载试验法
      - 桩竖向抗拔静载试验方法
      - 单桩水平静载试验方法
    - 动测法
      - 承载力检验
      - 桩身质量检验

▪ 引入案例 ▪▪▪

深圳科技园宿舍楼，17层，高53.5m，除电梯井和楼梯井为井筒剪力墙，以及沿建筑物四角布置局部剪力墙外，全部为框架结构，共有24根柱，每根柱下均采用钢筋混凝土预制方桩（450mm×450mm）的小群桩基础支承，桩数3~7根不等，视柱荷载大小而定。持力层为砾质粉质黏土，以下为强风化花岗岩。各承台之间以拉梁连接。

本工程选用摩擦型小群桩的理由是：①建筑物荷载适中，用所选摩擦型桩基本可满足承载力要求；②持力层为低压缩性土，且不存在可压缩性下卧层，故沉降与差异沉降均很小；③比采用穿过强风化岩的大直径挖孔桩基础方案施工速度快、造价低。

任务 4.1 认识桩基础工程

▪ 学习目标 ▪▪▪

- 了解桩的类型、适用条件和施工工艺；
- 掌握桩基础的设计要点和构造要求；
- 能根据建筑场地的岩土工程勘察报告、上部结构类型、环境约束和施工设备条件，科学、合理地选择建筑桩基础的类型和施工工艺；
- 能够根据实际建筑工程项目校核和评价建筑桩基础的安全性、经济性和可行性。

如果建筑场地浅层土的承载力低，无法满足建筑物对地基变形和强度方面的要求时，需考虑采用地基处理措施，或考虑利用地基深处的坚实土层或岩层作为持力层，选择采用深基础方案。深基础包括桩基础、沉井（沉箱）基础和地下连续墙等类型，其中桩基础在工程中的应用最为广泛，与其他深基础比较，桩基础虽然需要较复杂的施工机具，但可节省材料和减少开挖基坑的土方量，并且施工速度快，可免去基础施工中常遇到的防排水和坑壁支撑等复杂问题。随着成桩工艺的不断提高，桩在工厂预制和定型化质量提高，便于机械化施工。故桩基已成为工程建设中颇受欢迎并广泛应用的深基础形式。

4.1.1 桩基础基本概念

1. 桩基础的组成、作用和使用条件

（1）桩基础的组成

如图4-1所示，桩基础由一根或数根单桩（也称基桩）和承台两个部分组成。在平面上桩可排列成一排或几排，桩顶由承台连接。桩基础的修筑方法是先将桩设置于地基中，然后在桩顶处浇筑承台，将若干根桩连接成一个整体，构成了桩基础。最后在上面修建上部结构，如房屋建筑中的柱、墙或桥梁中的墩、台等。

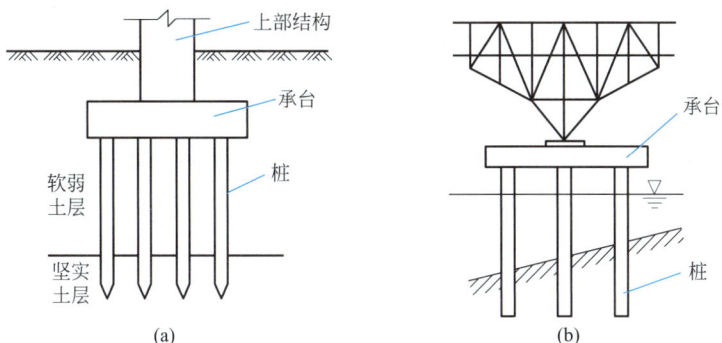

图 4-1　桩基础的组成

(a) 低承台桩基；(b) 高承台桩基

（2）桩基础的作用

桩基础的作用是将承台以上结构传来的荷载，通过承台将外荷载传至桩顶，再由桩传到较深的地基土层中去。其中承台不仅将外力传至桩顶，而且箍住桩顶形成整体共同承受外力。各桩的作用是将所承受的荷载通过桩侧土的摩阻力和桩端土的支承力，传至地基土层中去。

（3）桩基础的适用范围

当地基上部土层软弱而在可能的设计桩长范围内埋藏有坚硬土层时，最适宜采用桩基础。桩基础设计正确，施工得当，则具有承载力高、稳定性好、沉降量小且均匀、适用性强等特点。

桩基础适用于下列情况：

1）当建筑物荷载较大，采用天然地基时地基承载力不足时；或地基浅层土质差，采用换填或地基处理难度较大或经济上不合理时，采用桩基是较好的解决方案。

2）即使天然地基承载力满足要求，但采用天然地基时沉降量过大，或是建筑物较为重要对沉降要求严格时，宜采用桩基础。

3）高耸建筑物或构筑物受水平力作用较大，为防止倾覆或产生较大倾斜，宜采用桩基础。

4）为防止新建建筑物地基沉降对邻近建筑物产生相互影响，对新建建筑物可采用桩基础。

5）设有大吨位的重级工作制吊车的重型单层工业厂房，因吊车载重量大，使用频繁，车间内设备平台多，基础密集，所以地基变形大，这时可采用桩基。

6）精密设备基础安装和使用过程中对地基沉降及沉降速率有严格要求时，宜采用桩基础；动力机械基础对允许振幅有一定要求时，也应采用桩基础。

7）在地震区，采用桩穿过液化土层并深入下部密实稳定土层，可消除或减轻液化对建筑物的危害。

8）已有建筑物加层、纠偏、基础托换时可采用桩基础。

9）水中建筑物如桥梁、码头、采油平台等，地下水位很高，采用其他基础形式施工困难时，宜采用桩基础。

　　值得说明的是，在某些情况下，有时候则不宜采用桩基础形式，例如类似挡水坝这样的挡水构筑物若采用桩基础，则上层软弱土可能由于上覆压力太小而极易遭渗流冲刷，而且沿桩表面可能会产生渗流路径从而加速冲刷，所以这种情况应采用其他基础形式。当上层软弱土层很厚，桩底不能达到坚实土层时，就需要较多、较长的桩来传递荷载，这时的桩基础稳定性能较差，沉降较大，并不适合采用；当覆盖层很薄时，桩的稳定性同样比较差，这时桩基也不一定是最佳的基础形式，因此，地基基础设计中，应经过多方面的比较再确定采用的方案。

　　2. 桩基础的基本形式

　　桩基础的结构形式主要取决于两方面：上部结构的形式与布置；地质条件与桩型。由于高层建筑结构体系多种多样，地基条件千变万化，桩基工程施工技术不断进步，从而使得高层建筑桩基础的结构形式也灵活多样。归纳起来，主要有桩柱基础、桩梁基础、桩墙基础、桩筏基础和桩箱基础。

　　（1）桩柱基础

　　桩柱基础即柱下独立桩基础，可采用"一柱一桩"或"一柱数桩"的形式。为了加强基础结构的整体性，特别是提高桩基抵御水平荷载的能力，在各个桩柱基础之间通常设置拉梁，或将地下室底板适当加强。

　　桩柱基础是框架、框剪、框支剪、框筒等结构的高层建筑的一种造价较低的基础形式，但它有严格的适用条件：单桩柱基一般只适用于端承桩，因为各个基础之间只有拉梁相连，几乎没有调整差异沉降的能力；群桩桩基主要用于摩擦型桩，且须谨慎，一般仅当持力层比较坚硬且无软弱下卧层的地质条件下采用，以免产生过大的沉降与差异沉降。

　　（2）桩梁基础

　　桩梁基础系指框架柱荷载通过基础梁（或称承台梁）传递给桩这种形式的桩基础。一般做法是沿柱网轴线布置一排或多排桩，桩顶用刚度大的基础梁相连，以便将柱网荷载较均匀地分配给每根桩。与桩柱基础相比，桩梁基础具有较高的整体刚度和稳定性，在一定程度上具有调整不均匀沉降的能力。

　　一般的桩梁基础主要适用于端承型桩的情况。这是因为，端承型桩承载力高，桩数可以较少，承台梁不必过宽，否则就失去了经济性；如果用摩擦型桩，为调整不均匀沉降须加大基础梁断面，这就不够经济。

　　（3）桩墙基础

　　桩墙基础系指剪力墙或实腹筒壁下的单排或多排桩基础。剪力墙可视为深梁，其巨大的刚度足以把荷载较均匀地传给各支承桩，而无需再设置基础梁；但因剪力墙厚度较小（一般为 200～800mm），筒壁厚度也不大（一般为 500～1000mm），而桩径则一般大于1000mm，甚至大于 3000mm，为了保证桩与墙体或筒体很好地共同工作，通常需在桩顶做一条形承台，其尺寸按构造要求。

　　桩墙基础亦常用于筒体结构。一般做法是沿筒壁轴线布桩，桩顶不设承台梁，而是通过整块筏板与筒壁相连；或在桩顶之间设拉梁，并与地下室底板及筒壁浇成整体。

　　（4）桩筏基础

　　当受地质条件限制，单桩承载力不很高，而不得不满堂布桩或局部满堂布桩才足以支承建筑荷载时，常通过整块钢筋混凝土板把柱、墙（筒）集中荷载分配给桩。习惯上将这块板称为筏，故称这类基础为桩筏基础。筏可做成梁板式或平板式。

桩筏基础主要适用于软土地基上的筒体结构、框剪结构和剪力墙结构，以便借助于高层建筑的巨大刚度来弥补基础刚度的不足。若为端承桩基，则可用于框架结构。

3. 桩与桩基础的分类

（1）按桩的承载性状分类

在竖向荷载作用下，桩顶荷载由桩侧阻力和桩端阻力共同承受，而桩侧阻力、桩端阻力的大小及分担荷载比例，主要由桩侧和桩端地基土的物理力学性质、桩的尺寸和施工工艺所决定。

1）摩擦型桩：桩顶荷载主要由桩侧阻力承受，并考虑桩端阻力。可细分为两类，当桩端阻力可忽略不计时，为摩擦桩，否则为端承摩擦桩。

2）端承型桩：桩顶荷载主要由桩端阻力承受，并考虑桩侧阻力。也可细分为两类，当桩侧阻力可忽略不计时，为端承桩，否则为摩擦端承桩。

（2）按成桩工艺及对周围土层的影响分类

成桩工艺不同，桩孔处的排土量和桩周土体所受到的排挤及扰动程度也会不同，这将直接造成土体的天然结构、应力状态和性质的变化，从而影响桩的承载能力、成桩质量等。按成桩工艺及对周围土层的影响可分为下列三种桩。

1）挤土桩。在成桩过程中，大量的土体被排挤开，使桩周土体受到严重扰动（重塑或土粒重新排列），土的工程性质发生了很大的改变。如采用打入、静压和振动等成桩方法的实心预制桩、下端封闭的管桩和沉管灌注桩等。成桩过程中的挤土效应主要是地面隆起和土体侧移，这对预制桩可能会造成桩的侧移、倾斜、上抬等质量事故，对灌注桩还可能造成断桩和缩径等。

2）部分挤土桩。在成桩过程中，发生了部分挤土效应，使桩周土体受到一定程度的扰动。一般底端开口的钢管桩、H型钢桩、冲孔灌注桩和开口薄壁预应力钢筋混凝土桩等属于部分挤土桩。

3）非挤土桩。采用钻孔或挖孔方式，在成孔过程中就将孔中土清除，故在设桩时没有发生排挤土的情况。一般现场灌注的钻、挖孔桩或先钻孔再打入的预制桩属于非挤土桩。

（3）按施工方法分类

1）灌注桩

灌注桩是指在现场设计桩位处以机械或人工成孔至设计深度，再进行吊放钢筋骨架、浇灌混凝土等施工工艺而制成的桩。灌注桩大体可分为沉管灌注桩和钻（冲、挖、抓）孔灌注桩两大类。同一类桩还可以按照施工机械和施工方法以及直径的不同予以细分。

①沉管灌注桩。沉管灌注桩是采用锤击振动、振动冲击等方法沉管成孔，其施工工序如图4-2所示。该桩身不用预制即可就地灌注，施工速度快，不产生泥浆，造价低于其他类型的灌注桩，因而应用较广。但其施工过程中的噪声和振动对环境产生影响很大，使

其在城市建筑物密集地区的应用受到一定的限制。

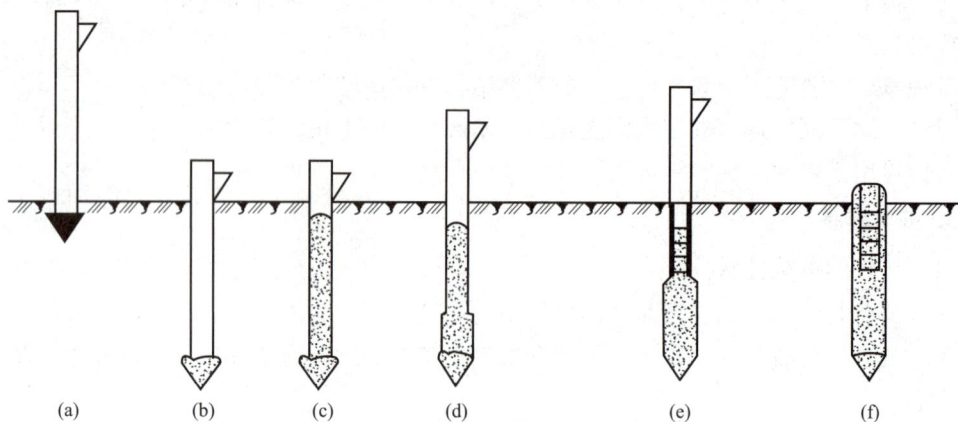

图 4-2　沉管灌注桩的施工工序
（a）打桩机就位；（b）沉管；（c）浇灌混凝土；（d）边拔管边振动；
（e）安放钢筋笼，继续浇灌混凝土；（f）成桩

② 钻（冲）孔灌注桩。钻（冲）孔灌注桩在用机械成孔的同时会把钻孔位置处的土排出地面，其施工程序如图 4-3 所示。钻（冲）孔灌注桩的最大优点在于能进入岩层，刚度大，因此承载力高且桩身变形很小。

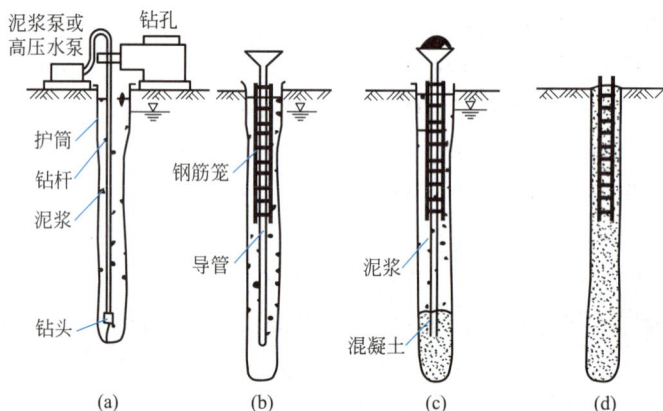

图 4-3　钻孔灌注桩施工工序
（a）成孔；（b）下导管和钢筋笼；（c）浇灌水下混凝土；（d）成桩

③ 挖孔桩。挖孔桩是采用人工（部分用机械配合）挖掘成孔，其优点是可直接观察地层情况，孔底易清除干净，设备简单、噪声小，场区各桩可同时施工，桩径大，适应性强，比较经济。

2）预制桩

预制桩是在打桩之前将桩身做好，因此桩身质量较容易保证。预制桩的沉桩施工主要有锤击、振动、静力压桩法等方法，当沉桩困难时，可采用预钻孔后再沉桩的方法。由于静力压桩法在施工时噪声小、无振动，且在桩身内不产生很大锤击应力，可以减小桩身配筋，降低工程造

视频微课

4.1.2　沉管灌注桩

拓展学习

4.1.3　泥浆护壁回转钻孔灌注桩分项工程质量技术交底卡

拓展学习

4.1.4　人工成孔灌注桩分项工程质量技术交底卡

价。因此，静力压桩法已广泛应用于软土地区的工业与民用建筑、湾岗码头、水工围堰、地铁等工程的桩基施工。

（4）按桩身材料分类

1）木桩。木桩是一种古老的桩基形式，常采用坚韧耐久的木材，如杉木、松木、橡木等，桩径一般为160～360mm，桩长4～10m。木桩制造简单、重量轻，运输和沉桩方便，但木桩承载力低，在干湿交替的环境中极易腐烂，现一般很少使用，仅在乡村小桥和一些临时应急工程中使用。

2）钢筋混凝土桩。钢筋混凝土桩承压、抗拔、抗弯（抵抗水平力等）的性能较好，且可采用工厂预制或现场预制后打入或压入、现场钻孔灌注混凝土等方法成桩，因此是目前工程上最广泛采用的桩。按截面形式，钢筋混凝土桩可分为方桩、空心方桩、管桩、三角形桩等，近年来，出现了截面为矩形、T形等承载力很高的壁板桩。钢筋混凝土柱截面形式如图4-4所示。

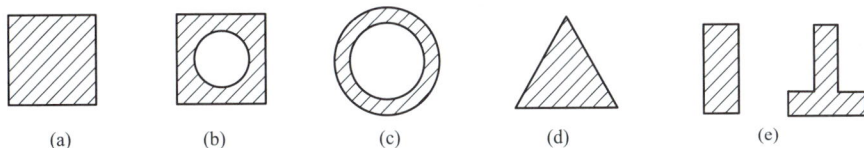

（a）　　　　（b）　　　　（c）　　　　（d）　　　　（e）

图 4-4　钢筋混凝土桩截面形式
（a）方桩；（b）空心方桩；（c）管桩；（d）三角形桩；（e）矩形和T形桩

3）钢桩。常用钢桩有管状、宽翼工字形截面和板状截面等形式，其中钢管桩的直径一般为250～1200mm。钢桩具有穿透能力强、承载力高、自重轻、锤击沉桩效果好等优点；且质量容易保证，桩长可任意调整；但也存在价格高、易锈蚀等不足。

4）组合材料桩。组合材料桩指一根桩由两种或两种以上材料组成。例如钢管内填充混凝土的桩，下段采用预制（如在水位线以下）而上段采用现浇混凝土的桩等。组合材料桩一般应用于特殊地质环境及施工技术等情况。

（5）按成桩的直径分类

《建筑桩基技术规范》JGJ 94—2008按成桩直径分为小直径桩、中等直径桩和大直径桩三类。

1）小直径桩。小直径桩是指桩径$d \leqslant 250$mm、长径比l/d较大的桩，如树根桩。其具有施工空间要求小，对原有建筑基础影响小，施工方便，可在任何土层中成桩，并能穿越原有基础等优点，因此在地基换托、支护结构、抗浮、多层住宅地基处理等工程中得到广泛应用。

2）中等直径桩。中等直径桩即普通桩，桩径d在250～800mm之间。这种桩长期在工业与民用建筑中大量使用，其成桩方法和工艺很多。

3）大直径桩。大直径桩是指桩径$d \geqslant 800$mm的桩，多数为端承桩，其在设计中应考虑桩的挤土效应和尺寸效应。

（6）按承台与地面的相对位置分类

根据承台与地面的相对位置，可将桩基础分为高承台桩和低承台桩。

1）高承台桩。高承台桩是指承台底面位于地面（或冲刷线）以上的桩，其多用在桥梁工程、海岸工程、海洋平台工程中。

2）低承台桩。低承台桩是指承台底面位于地面（或冲刷线）以下的桩，其稳定性好，在建筑工程中应用广泛。

（7）按桩的使用功能分类

1）竖向抗压桩。竖向抗压桩主要承受竖向下压荷载，建筑物的桩基主要为此类型。在桩基设计中，竖向抗压桩应进行竖向承载力计算，必要时还应计算桩基沉降，验算软弱下卧层的承载力以及负摩擦阻力的下拉荷载。

2）竖向抗拔桩。竖向抗拔桩主要承受竖向上拔荷载，其在输电线塔、码头结构物、地下抗浮结构中应用较多。在桩基设计中，竖向抗拔桩应进行桩身强度和抗裂计算，并验算抗拔承载力。

3）水平受荷桩。水平受荷桩主要承受水平荷载，如用于基坑围护体系的围护桩和抗滑桩。在桩基设计中，水平受荷桩应进行桩身强度和抗裂计算以及水平承载力和位移验算。

4）复合受荷桩。复合受荷桩承受竖向、水平向荷载均较大，如大跨径桥梁的桩基。在桩基设计中，复合受荷桩应按竖向抗压（或抗拔）桩及水平受荷桩的要求进行验算。

4.1.2　桩基础设计

桩基础的设计应力求选型恰当、经济合理、安全适用，桩和承台应有足够的强度、刚度和耐久性，地基则应有足够的承载力和不产生过大的变形。在充分掌握必要的设计资料后，低成承台桩基的设计和计算可按下列步骤进行：①选择桩的持力层、桩的类型和几何尺寸，初拟承台底面标高；②确定单桩或基桩承载力设计值；③确定桩的数量及其平面布置；④验算桩基承载力和沉降量；⑤必要时，验算桩基水平承载力和变形；⑥桩身结构设计；⑦承台设计与计算；⑧绘制桩基施工图。

1. 桩型、桩长和截面尺寸选择

在设计桩基时，首先应根据结构物的类型、荷载情况、地层条件、施工能力及环境条件与限制以及经济比较等因素选择桩的类型、截面尺寸和长度，并确定桩基持力层。

桩的长度主要取决于桩端持力层的选择。桩端需进入坚硬土层或岩层时，采用端承型桩或嵌岩桩；当坚硬土层的埋深很深时，则宜采用摩擦型桩，桩端应尽量达到低压缩性、中等强度的土层上。桩端进入持力层的深度，对黏性土、粉土，不宜小于 $2d$（d 为桩的直径）对砂土，不宜小于 $1.5d$；对碎石类土，不宜小于 d。

当存在软弱下卧层时，桩端以下坚硬持力层的厚度不宜小于 $4d$，嵌岩灌注桩的周边嵌入微风化或中等风化岩体的最小深度不宜小于 $0.5m$，以确保桩端与岩体接触。嵌岩灌注桩、端承桩在桩底下 $3d$ 范围内应无软弱夹层、断裂带、洞穴和孔隙分布，这对于荷载很大的大直径灌注桩是至关重要的。

当坚硬持力层较厚且施工条件许可时，桩端进入持力层的深度应尽可能达到桩端阻力的临界深度，以提高桩端阻力。该临界深度值，对于砂、砾土为 $3\sim6d$，对黏性土、粉土

为 $5\sim10d$。

桩型及桩长初步确定以后，应根据单桩或基桩承载力大小的要求，定出桩的截面尺寸，并初步确定承台底面标高。一般情况下，承台埋深的选择主要从结构要求和方便施工的方面来考虑，并且不得小于 600mm。季节性冻土上的承台埋深，应根据地基土的冻胀性确定，并应考虑是否需要采取相应的防冻害措施。膨胀土上的承台，其埋深选择也应考虑土的膨胀性影响。

2. 单桩竖向承载力特征值的确定

单桩竖向承载力特征值 R_a 的确定应符合如下的规定。

（1）单桩竖向承载力特征值应通过单桩竖向静载荷试验确定。在同一条件下的试桩数量，不宜小于总桩数的 1%，且不应小于 3 根。

当桩端持力层为密实砂卵石或其他承载力类似的土层时，单桩承载力很高的大直径端承型桩，可采用深层平板载荷试验确定桩端土的承载力特征值。

（2）地基基础设计等级为丙级的建筑物，可采用静力触探及标贯试验参数确定 R_a 值。

（3）初步设计时单桩竖向承载力特征值 R_a 可按下式估算：

$$R_a = q_{pa}A_p + u_p \sum q_{sia}l_i \tag{4.1-1}$$

式中，q_{pa}、q_{sia} 为桩端端阻力、桩侧阻力特征值（kPa），由当地静载荷试验结果统计分析算得；A_p 为桩底端横截面面积（m²）；u_p 为桩身周边长度（m）；l_i 为第 i 层岩土的厚度（m）。

桩端嵌入完整及较完整的硬质岩中，当桩长较短且入岩较浅时，可按下式估算单桩竖向承载力特征值 R_a：

$$R_a = q_{pa}A_p \tag{4.1-2}$$

式中，q_{pa} 为桩端岩石承载力特征值（kPa）。

3. 桩数及桩位布置

（1）桩的数量

根据前述方法确定出单桩的承载力设计值后，在初步确定桩数时，可暂不考虑群桩效应和承台底面处地基土的承载力。

当桩基为轴心受压时，桩数 n 可按下式估算：

$$n \geqslant \frac{F+G}{R_a} \tag{4.1-3}$$

式中，F 为作用在承台上的竖向力设计值（kN）；G 为桩基承台及承台上土自重标准值（kN）。

当偏心受压时，对于偏心距固定的桩基，如果桩的布置使得群桩横截面的形心与上部结构荷载合力作用点重合，桩数仍可按上式确定。否则，应将上式确定的桩数增加 10%～20%。所选的桩数是否合适，待验算各桩受力后确定。

对于承受水平荷载的桩基，其桩数的确定还应满足对桩的水平承载力的要求。此时，可以简单地以各单桩水平承载力之和作为桩基的水平承载力（这样处理是偏于安全的）。

同时应注意，在灵敏度高的软弱黏土中，宜采用桩距大、桩数少的桩基。

（2）桩的间距

桩的间距过大，会增加承台的体积，造价提高；桩的间距过小，将给桩基的施工造成困难，并使桩的承载力得不到充分的发挥。一般桩的最小中心距应满足表 4-1 的要求。对于大面积的群桩，尤其是挤土桩，还应根据表列数值适当加大。

桩的最小中心距
表 4-1

土类与成桩工艺		排数不少于 3 排且桩数不少于 9 根的摩擦型桩基	其他情况
非挤土灌注桩		3.0d	2.5d
部分挤土桩		3.5d	3.0d
挤土桩	非饱和土	4.0d	3.5d
	饱和黏性土	4.5d	4.0d
钻、挖孔扩底桩		2D 或 $D+2.0$m（当 $D>2$m）	1.5D 或 $D+1.5$m（当 $D>2$m）
沉管夯扩、钻孔挤扩	非饱和土	2.2D	2.0D
	饱和黏性土	2.5D	2.2D

注：d 为圆柱形桩直径或方桩边长；D 为扩大端设计直径。

（3）桩位的布置

桩在平面内可布置成方形或矩形、三角形和梅花形，桩的部分平面布置示例如图 4-5 所示。条形基础下的桩，可采用单排或双排布置，也可采用不等距布置。

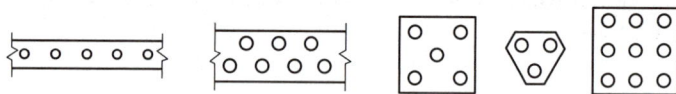

图 4-5 桩的平面布置示例

为了使桩基中各桩受力比较均匀，布置时应尽可能使上部荷载的中心与桩群的形心重合或接近。当作用在承台底面的弯矩较大时，应增加桩基横截面的惯性矩。对墙下柱基，可在外纵墙之外布设 1~2 根"探头"桩，如图 4-6 所示。

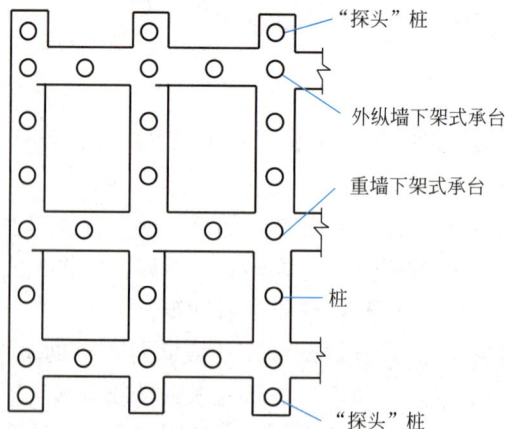

图 4-6 横墙下"探头"桩的布置

4. 建筑桩基础承载力验算

（1）桩基础的单桩竖向承载力验算

对于受横向荷载较小的工业与民用建筑物的低承台桩基，进行桩基的内力及变位计算时，一般将桩视为受压杆件。

轴心荷载作用下：

$$Q = \frac{F+G}{n} \qquad\qquad (4.1\text{-}4)$$

偏心荷载作用下：

$$Q_i = \frac{F+G}{n} \pm \frac{M_x y_i}{\sum y_i^2} \pm \frac{M_y x_i}{\sum x_i^2} \qquad\qquad (4.1\text{-}5)$$

式中，Q 为相应于作用标准组合时，轴心竖向力作用下任一单桩的竖向力（kN）；Q_i 为相应于作用的标准组合时，偏心竖向力作用下第 i 根桩的竖向力（kN）；M_x、M_y 相应于作用的标准组合时，作用于承台底面处的外力对通过桩群形心的 x、y 轴的力矩（kN·m）。

对于建筑工程的桩基础，单桩承载力须满足公式（4.1-6）和公式（4.1-7）的要求。

轴心荷载作用下：

$$Q \leqslant R_a \qquad\qquad (4.1\text{-}6)$$

偏心荷载作用下：

$$\left.\begin{array}{l} Q \leqslant R_a \\ Q_{i\max} \leqslant 1.2R_a \end{array}\right\} \qquad\qquad (4.1\text{-}7)$$

（2）单桩的水平向承载力验算

在一般的工业与民用建筑中，当外荷载合力与竖直线所成的夹角不超过 5°时，经验认为竖直桩的水平向承载力能够满足设计要求，可用竖直桩承受水平向荷载，不再验算单桩的水平向承载力。否则应假定承台为绝对刚性，桩基中各桩顶水平变位与承台的水平变位相同，则当各桩的截面相等时，可近似地认为各桩所受的水平力 H_i 相同，即：

$$H_i = \frac{H}{n} \qquad\qquad (4.1\text{-}8)$$

式中，H 为相应于作用的标准组合时，作用于承台底面的水平力（kN）；H_i 为相应于作用的标准组合时，作用于任一单桩的水平力（kN）。

设计时要求 H_i 满足下式的要求：

$$H_i \leqslant R_{ha} \qquad\qquad (4.1\text{-}9)$$

式中，R_{ha} 为单桩水平承载力特征值（kN）。

（3）群桩的承载力验算

由于上部结构作用于承台的荷载一般均大于单桩承载力，因此，一般承台下均布置多根基桩，组成群桩共同承受上部结构荷载。建筑桩基础群桩的竖向地基承载力是通过建立与单桩的竖向地基承载力之间的关系来确定的。

1）对于端承桩群桩基础，桩顶承受的荷载通过桩身直接传至桩端以下持力层中，各根基桩在桩端下持力层中的附加应力相互叠加很小，可以忽略不计。因此，群桩中的各根基桩的工作性状与单桩的工作性状是相同的。设计时取群桩中的各基桩平均竖向承载力等于单桩竖向承载力，并且群桩的沉降亦与单桩的沉降相等。

2）对于考虑桩侧摩阻力的群桩基础，桩顶承受的荷载通过桩侧传至桩侧土层中，由于附加应力的扩散，各根基桩在桩端下持力层的附加应力因相互叠加而增大。因此，群桩中各根基桩的工作性状与单桩工作性状是不同的。若仅以群桩沉降量与单桩沉降量相等作为衡量桩基竖向承载力的标准，则群桩中的基桩平均竖向承载力小于单桩竖向承载力。

5. 建筑桩基沉降验算

《建筑地基基础设计规范》GB 50007—2011 规定，对以下桩基应进行沉降验算：①地基基础设计等级为甲级的建筑物桩基；②体形复杂、荷载不均匀或桩端以下存在软弱土层的设计等级为乙级的建筑物桩基；③摩擦型桩基。

目前桩和桩基的沉降分析方法繁多，诸如弹性理论法、荷载传递法、剪切变形传递法、有限单元法以及各种各样的简化方法。对群桩的最终沉降，工程上实用的计算方法是单向固结理论的分层压缩总和法，即把地基看作是各向同性均质线弹性体，地基内的应力分布采用布森涅斯克应力解和明德林应力解。

6. 建筑桩基础的构造要求

（1）钢筋混凝土预制桩

预制桩的混凝土强度等级不应低于 C30，采用静压法沉桩时，可适当降低，但不宜低于 C20；预应力混凝土桩的混凝土强度等级不应低于 C40。

预制桩的主筋（纵向）应按计算确定，并根据断面的大小及形状选用 4～8 根 $\phi 14$～$\phi 25$ 的钢筋，最小配筋率不宜小于 0.8%，一般可为 1% 左右（静压法沉桩时，其最小配筋率不宜小于 0.4%）。箍筋采用 $\phi 6$～$\phi 8$、间距不大于 200mm，在桩顶和桩尖处应适当加密；用打入法沉桩时，直接受到锤击的桩顶应放置三层钢筋网。桩尖处所有主筋应焊接在一根圆钢上，或在桩尖处用钢板加强。主筋的混凝土保护层不宜小于 30mm。

计算主筋配筋量时，除首先满足工作条件下桩的承载力或抗裂性要求外，还应验算桩在起吊、运输、吊立和锤击打入时的应力。

（2）灌注桩

1）灌注桩的配筋要求

① 配筋率：当桩身直径为 300～2000mm 时，正截面配筋率可取 0.65%～0.2%（小直径桩取高值）；对受荷载特别大的桩、抗拔桩和嵌岩端承桩应根据计算确定配筋率，并不应小于上述规定值。

② 配筋长度：a. 端承型桩和位于坡地岸边的基桩应沿桩身等截面或变截面通长配筋；b. 桩径大于 600mm 的摩擦型桩配筋长度不应小于 2/3 桩长，当受水平荷载时，配筋长度尚不宜小于 $4.0/\alpha$（α 为桩的水平变形系数）；c. 对于受地震作用的基桩，桩身配筋长度应穿过可液化土层和软弱土层，进入稳定土层的深度，对于碎石土、砾、粗、中砂、密实粉土、坚硬黏性土不应小于 2～3 倍桩身直径，对其他非岩石土不宜小于 4～5 倍桩身直径；d. 受负摩阻力的桩、因先成桩后开挖基坑而随地基土回弹的桩，其配筋长度应穿过软弱土层并进入稳定土层，进入的深度不应小于 2～3 倍桩身直径；e. 专用抗拔桩及因地震作用、冻胀或膨胀力作用而受拔力的桩，应等截面或变截面通长配筋。

③ 对于受水平荷载的桩，主筋不应小于 $8\phi 12$；对于抗压桩和抗拔桩，主筋不应少于 $6\phi 10$；纵向主筋应沿桩身周边均匀布置，其净距不应小于 60mm；

④ 箍筋应采用螺旋式，直径不应小于 6mm，间距宜为 200～300mm；受水平荷载较大桩基、承受水平地震作用的桩基以及考虑主筋作用计算桩身受压承载力时，桩顶以下 $5d$ 范围内的箍筋应加密，间距不应大于 100mm；当桩身位于液化土层范围内时箍筋应加密；当考虑箍筋受力作用时，箍筋配置应符合《混凝土结构设计规范》（2015 年版）GB 50010—2010 的有关规定；当钢筋笼长度超过 4m 时，应每隔 2m 设一道直径不小于 12mm 的焊接加劲箍筋。

2）桩身混凝土及混凝土保护层厚度要求

① 桩身混凝土强度等级不得小于 C25，混凝土预制桩尖强度等级不得小于 C30。

② 灌注桩主筋的混凝土保护层厚度不应小于 35mm，水下灌注桩的主筋混凝土保护层厚度不得小于 50mm。

7. 桩基承台设计

桩基承台可分为柱下独立承台、柱下或墙下条形承台（梁式承台），以及筏形承台和箱形承台等。承台的作用是将桩连接成一个整体，并把建筑物的荷载传到桩上，因而承台应有足够的强度和刚度。承台设计包括确定承台的材料、形状、高度、底面标高、平面尺寸，以及计算局部受压、受冲切、受剪及受弯承载力，并应符合构造要求。

承台的平面尺寸一般由上部结构、桩数及布桩形式决定。通常，墙下桩基做成条形承台即梁式承台；柱下桩基宜做成板式承台（矩形或三角形），如图 4-7 所示，其剖面形状可做成锥形、台阶形或平板形。

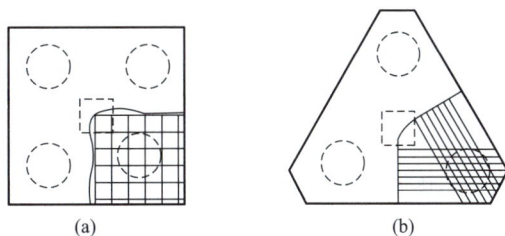

图 4-7　柱下独立桩基承台配筋示意图
（a）矩形承台；（b）三桩承台

条形承台和柱下独立承台的厚度不应小于 300mm，宽度不应小于 500mm，承台边缘至边桩中心距离不宜小于桩的直径或边长，且边缘挑出部分不应小于 150mm，对于条形承台梁边缘挑出部分不应小于 75mm。

承台的混凝土强度等级不宜小于 C15。采用 HRB 400 级钢筋时，混凝土强度等级不宜小于 C20。

承台的配筋按计算确定，对于矩形承台板配筋宜按双向均匀配置，钢筋直径不宜小于 $\phi10$，间距应满足 100～200mm；对于三桩承台，应按三向板带均匀配置，最里面的三根钢筋相交围成的三角形应位于柱截面范围以内。承台梁的纵向主筋不应小于 $\phi12$。承台的钢筋的混凝土保护层厚度不宜小于 70mm。

为了保证群桩与承台之间连接的整体性，桩顶应嵌入承台一定长度，对大直径桩不宜小于 100mm；对中等直径桩不宜小于 50mm。混凝土桩的桩顶主筋应伸入承台内，其锚固长度不宜小于 30 倍主筋直径，对于抗拔桩基不应小于 40 倍主筋直径。

筏形、箱形承台板的厚度应满足整体刚度、施工条件及防水要求。对于桩布置于墙下或基础梁的情况，承台板厚度不宜小于 250mm，且板厚与计算区段最小跨度之比不宜小于 1/20。筏形承台板的分布构造筋可采用 $\phi10\sim\phi12@150\sim200$，考虑到整体弯矩的影响，纵横两个方向的支座尚应有 1/2～1/3 的钢筋（配筋率不小于 0.15%）贯通全跨配置；跨中钢筋应按计算配筋率全部连通。

两桩桩基的承台，宜在其短向设置连系梁。连系梁顶面宜与承台顶位于同一标高，连系梁宽度不宜小于 200mm，其高度可取承台中心距的 1/10～1/15；连系梁配筋应根据计算确定，不宜小于 $4\phi12$。

承台埋深应不小于 600mm。在季节性冻土、膨胀土地区，承台宜埋设在冰冻线、大气影响线以下，但当冰冻线、大气影响线深度不小于 1m 且承台高度较小时，则应根据土的冻胀性、膨胀性等级，分别采取换填无黏性土垫层、预留空隙等隔胀措施。

任务 4.2　混凝土预制桩施工

学习目标 ■■■■
- 了解预制桩桩的制作、运输和堆放流程；
- 掌握打（沉）桩施工、静力压桩施工工艺流程和质量控制。

拓展学习

4.2.1 打（沉）桩施工

预制桩：采用锤击或静压方式将预制桩压入土中，在我国沿海软土地基上较为广泛地应用，具有节约材料、降低成本、提高施工质量、沉桩速度快等特点。选择合理的预制桩制作工序及施工工艺流程，才能确保预制桩在承载力和变形方面达到规范要求，下面简要介绍几种预制桩的施工工艺流程及质量控制方法。

4.2.1　桩的制作、运输和堆放

1. 桩的制作

混凝土预制桩可在工厂或施工现场预制。

现场预制的工序为：场地压实、整平→场地地坪作三七灰土或浇筑混凝土→支模→绑扎钢筋骨架、安设吊环→浇筑混凝土→养护至 30%强度拆模→支间隔端头模板、刷隔离剂、绑钢筋→浇筑间隔桩混凝土→同法间隔重叠制作第二层桩→养护至 70%强度起吊→达100%强度后运输、堆放。

长桩可分节制作，单节长度应满足桩架的有效高度、制作场地条件、运输与装卸能力等方面的要求，并应避免在桩尖接近硬持力层或桩尖处于硬持力层中接桩。

2. 桩的起吊

当桩的混凝土达到设计强度标准值的70％后方可起吊，吊点应系于设计规定之处，如无吊环，可按图4-8所示位置设置吊点起吊。在吊索与桩间应加衬垫，起吊应平稳提升，采取措施保护桩身质量，防止撞击和受振动。

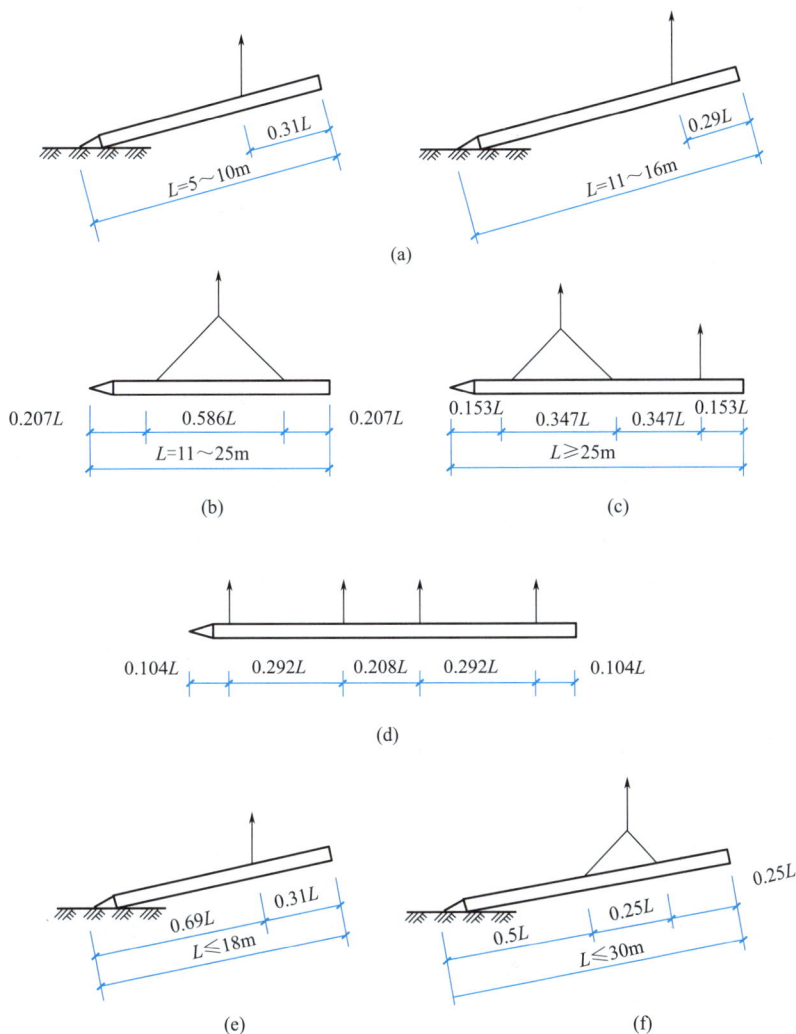

图4-8　预制桩吊点位置

（a）一点吊法；（b）两点吊法；（c）三点吊法；（d）四点吊法；
（e）预应力管桩一点吊法；（f）预应力管桩两点吊法

3. 桩的运输

桩运输时的强度应达到设计强度标准值的100％。长桩运输可采用平板拖车、平台挂车或汽车后挂小炮车运输；短桩运输可采用载重汽车，现场运距较近可采用轻轨平板车运输。装载时桩支承应按设计吊钩位置或接近设计吊钩位置叠放平稳并垫实，支撑或绑扎牢固，以防运输中晃动或滑动。长桩采用挂车或炮车运输时，桩不宜设活动支座，行车应平稳，并掌握好行驶速度，防止任何碰撞和冲击。严禁在现场以直接拖拉桩体方式代替装车运输。

4. 桩的堆放

桩运到打桩位置堆放时，应布置在打桩架附设的起重钩工作半径范围内，并考虑到起吊方向，避免转向。堆放场地应平整坚实，排水良好。桩应按规格、桩号分层叠置，支承点应设在吊点或近旁处保持在同一横断平面上，各层垫木应上下对齐，并支承平稳，堆放层数不宜超过 4 层。

4.2.2　静力压桩施工

静力压桩是通过静力压桩机的压桩机构，以压桩机自重和桩机上的配重作为反作用力将预制钢筋混凝土桩分节压入地基土层中成桩。

1. 特点及适用范围

静力压桩的优点：①桩机全部采用液压装置驱动，压力大，自动化程度高，纵横移动方便，运转灵活；②桩定位精确，不易产生偏心，可提高桩基施工质量；③施工无噪声、无振动、无污染；④沉桩采用全液压夹持桩身向下施加压力，可避免锤击应力打碎桩头，桩截面可以减小，混凝土强度等级可降低 1～2 级，配筋比锤击法可省 40%；⑤效率高，施工速度快，压桩速度每分钟可达 2m，正常情况下每台班可完成 15 根，比锤击法可缩短工期 1/3；⑥压桩力能自动记录，可预估和验证单桩承载力，施工安全可靠，便于拆装维修、运输等。

但静力压桩存在压桩设备较笨重，要求边桩中心到已有建筑物间距较大，压桩力受一定限制，挤土效应仍然存在等问题。

静力压桩适用于软土、填土及一般黏性土层，特别适合于居民稠密及危房附近环境保护要求严格的地区；但不宜用于地下有较多孤石、障碍物或有 4m 以上硬隔离层的环境中。

2. 静力压桩机理

静力压桩是在桩压入过程中，以桩机本身的重量（包括配重）作为反作用力，以克服压桩过程中的桩侧摩阻力和桩端阻力。当预制桩在竖向静压力作用下沉入土中时，桩周土体发生急速而激烈的挤压，土中孔隙水压力急剧上升，土的抗剪强度大大降低，从而使桩身很快下沉。

3. 压桩机具设备

静力压桩机分机械式和液压式两种。前者系用桩架、卷扬机、加压钢丝绳、滑轮组和活动压梁等部件组成，施压部分在桩顶面，施加静压力约为 600～2000kN，这种桩机设备高大笨重，行走移动不便，压桩速度较慢，但装配费用较低，只少数地区还在应用这种设备；后者由压拔装置、行走机构及起吊装置等组成（图 4-9），采用液压操作，自动化程度高，结构紧凑，行走方便快速，施压部分不在桩顶面，而在桩身侧面，它是当前国内较广泛采用的一种新型压桩机械。

静力压桩机的选择应综合考虑桩的截面、长度穿越土层和桩端土的特性，单桩极限承载力及布桩密度等因素，静力压桩机选择参考表见表 4-2。

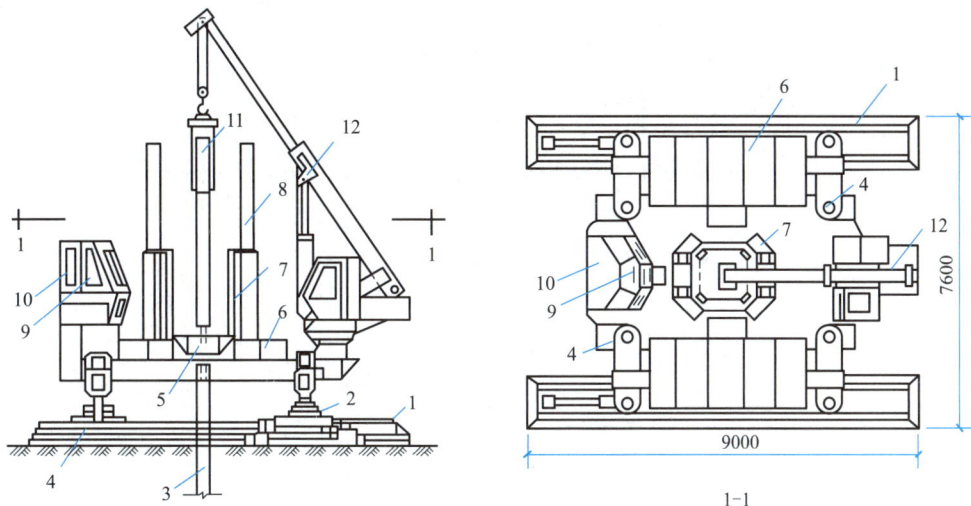

图 4-9 全液压式静力压桩机压桩

1—长船行走机构；2—短船行走及回转机构；3—支腿式底盘结构；4—液压起重机；

5—夹持与压板装置；6—配重铁块；7—导向架；8—液压系统；

9—电控系统；10—操纵室；11—已压入下节桩；12—吊入上节桩

静力压桩机选择参考表   表 4-2

压桩机型号 项目	160～180	240～280	300～360	400～460	500～600
最大压桩力(kN)	1600～1800	2400～2800	3000～3600	4000～4600	5000～6000
适用桩径 (mm) 最小	300	300	350	400	400
最大	400	450	500	550	600
单桩极限承载力(kN)	1000～2000	1700～3000	2100～3800	2800～4600	3500～5500
桩端持力层	中密～密实，砂层,硬塑～坚硬黏土层，残积土层	密实砂层，坚硬黏土层，全风化岩层	密实砂层，坚硬黏土层，全风化岩层	密实砂层，坚硬黏土层，全风化岩层，强风化岩层	密实砂层，坚硬黏土层，全风化岩层，强风化岩层
桩端持力层标准值(kN)	20～25	20～35	30～40	30～50	30～55
穿透中密～密实砂层厚度(m)	约2	2～3	3～4	5～6	5～8

4. 施工工艺方法要点

静力压桩的施工，一般都采取分段压入，逐段接长的方法。其施工程序为：测量定位→压桩机就位→吊桩、插桩→桩身对中调直→静压沉桩→接桩→再静压沉桩→送桩→终止压桩→切割桩头。静压预制桩施工前的准备工作、桩的制作、起吊、运输、堆放、施工流水、测量放线、定位等均同锤击法打（沉）预制桩。静力压桩预制桩施工工艺程序示意如图 4-10 所示。

（1）静力压桩预制桩每节长度一般在 12m 以内，插桩时先用起重机吊运或用汽车运至桩机附近，再利用桩机上自身设置的工作吊机将预制混凝土桩吊入夹持器中。夹持器将桩从侧面夹紧，即可开动压桩油缸。先将桩压入土中 1m 左右，暂停机械，调正桩在两个

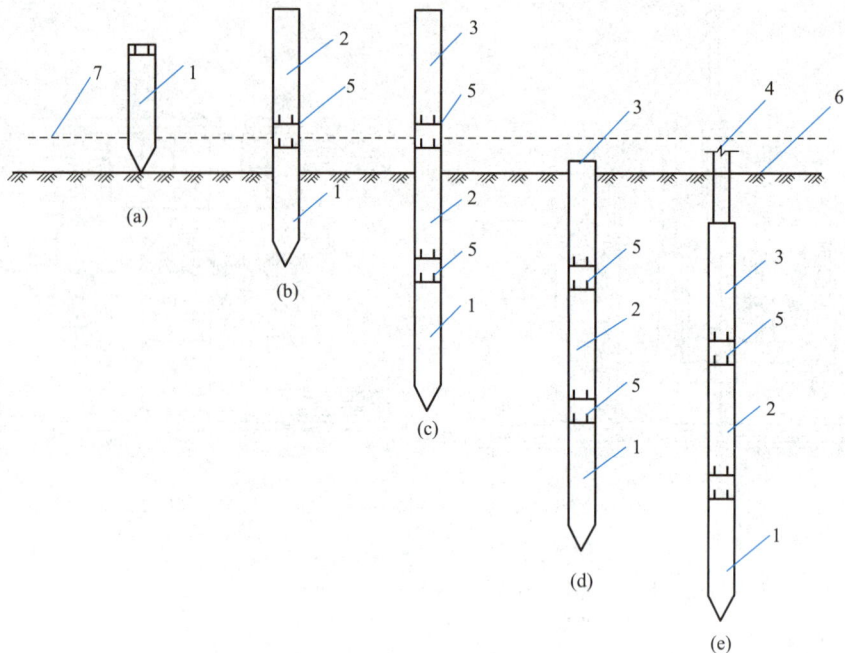

图 4-10　静力压桩预制桩工艺程序示意

1—第一段桩；2—第二段桩；3—第三段桩；4—送桩；5—桩接头处；

6—地面线；7—压桩架操作平台线

（a）准备压第一段桩；（b）接第二段桩；（c）接第三段桩；

（d）整根桩压平至地面；（e）采用送接压桩完毕

方向的垂直度，然后夹持器继续把桩压入土中，沉桩完毕，关闭压桩油缸，压桩油缸回程，重复上述动作可实现连续压桩操作，直至把桩压入预定深度土层中。

（2）压桩应连续进行，如需接桩，可压至桩顶离地面 0.8～1.0m 用硫磺砂浆锚接，一般在下部桩留 ϕ50 锚孔，上部桩顶伸出锚筋，长 15～20d，硫磺砂浆接桩材料和锚接方法同锤击法，但接桩时避免桩端停在砂土层上，以免再压桩时阻力增大，造成压入困难。

（3）当压力表读数达到预先规定值，便可停止压桩。如果桩顶接近地面，而压桩力尚未达到规定值，可以送桩。静力压桩法作业，只需用一节长度超过要求送桩深度的桩即可，不必采用专用的钢送桩。如果桩顶高出地面一段距离，而压桩力已达到规定值时则要截桩，以便压桩机移位。

（4）压桩应控制好终止条件。对于摩擦型桩，按照设计桩长进行控制，但在施工前应先按设计桩长试压几根桩，待停置 24h 后，用与桩的设计极限承载力相等的终压力进行复压，如果桩在复压时几乎不动，即可以此进行控制。对于端承摩擦型桩或摩擦端承型桩，按终压力值进行控制：①对于桩长大于 21m 的端承摩擦桩，终压力值一般取桩的设计极限承载力，当桩周土为黏性土且灵敏度较高时，取设计极限承载力的 0.8～0.9 倍；②当桩长小于 21m，而大于 14m 时，终压力按设计极限承载力的 1.1～1.4 倍取值；③当桩长小于 14m 时，终压力按设计极限承载力的 1.4～1.6 倍取值，其中对于小于 8m 的超短桩，按 1.6 倍取值。

（5）超载压桩时，一般不宜采用满载连续复压法，但在必要时可以进行复压，复压的次数不宜超过 2 次，且每次稳压时间不宜超过 10s。

5. 质量控制

（1）施工前应对成品桩做外观及强度检验，接桩用焊条或半成品硫磺胶泥应有产品合格证书，或送有关部门检验，压桩用压力表、锚杆规格及质量也应进行检查。硫磺胶泥半成品应每100kg做一组试体（3件），进行强度试验。

（2）压桩过程中应检查压力、桩垂直度、接桩间歇时间、桩的连接质量及压入深度。重要工程应对电焊接桩的接头做10％的探伤检查。对承受反力的结构（对锚杆静压桩）应加强观测。

（3）施工结束后，应做桩的承载力及桩体质量检验。

任务4.3　灌注桩施工

■ 学习目标 ■■■■

- 了解灌注桩的桩型与机械选择；
- 掌握各种灌注桩施工的施工工艺流程和质量控制。

灌注桩是一种直接在现场桩位上使用机械或人工等方法成孔，然后在孔内安装钢筋笼，浇筑混凝土而成的桩。

灌注桩可适用于各种地层；钢筋用量少，一般情况下成本低于预制桩；可施工桩长和桩径较大；桩长可随持力层起伏而改变，不需截桩，没有接头；但灌注桩桩身质量不易控制，容易出现断桩、缩径、露筋和夹泥的现象。

选择合理的灌注桩及施工工艺流程，才能确保灌注桩在承载力和变形方面达到规范要求，下面简要介绍两种灌注桩的施工工艺流程及质量控制方法。

4.3.1　人工挖孔和挖孔扩底灌注桩

人工挖孔灌注桩系用人工挖土成孔，浇筑混凝土成桩；挖孔扩底灌注桩，系在挖孔灌注桩的基础上，扩大桩底尺寸而成。这类桩由于其受力性能可靠，不需大型机具设备，施工操作工艺简单，在各地应用较为普遍，已成为大直径灌注桩施工的一种主要工艺方式。

人工挖孔及挖孔扩底灌注桩的特点是单桩承载力高，结构传力明确，沉降量小，可一柱一桩，不需承台，不需凿桩头；可作支撑、抗滑、锚拉、挡土等用；可直接检查桩直径、垂直度和持力土层情况，桩质量可靠；施工机具设备较简单，都为工地常规机具，施工工艺操作简便，占场地小；施工无振动、无噪声、无环境污染，对周围建筑物无影响；可多桩同时进行，施工速度快，节省设备费用，降低工程造价。但桩成孔工艺存在劳动强度较大，单桩施工速度较慢，安全性较差等问题，这些问题一般可通过采取技术措施加以克服。

人工挖孔及挖孔扩底灌注桩适用于桩直径800mm以上，无地下水或

视频微课

4.3.1　人工挖孔灌注桩施工工艺

地下水较少的黏土、粉质黏土，含少量的砂、砂卵石、礓结石的黏土层采用，特别适于黄土层使用，深度一般 20m 左右，可用于高层建筑、公用建筑、水工结构之中。对有流砂、地下水位较高、涌水量大的冲积地带及近代沉积的含水量高的淤泥、淤泥质土层，不宜采用。

1. 构造要求

挖孔桩直径（d）一般为 800～2000mm，最大直径可达 3500mm；桩埋置深度（桩长）一般在 20m 左右，最深可达 40m。当要求增大承载力、底部扩底时，扩底直径一般为 1.3～3.0d，最大可达 4.5d，如图 4-11 所示。一般采用一柱一桩，如采用一柱两桩时，两桩中心距不应小于 3d，两桩扩大头净距不小于 1m，上下设置不小于 0.5m。桩底宜挖成锅底形，锅底中心比四周低 200mm。

桩底应支撑在可靠的持力层上，支撑桩大多采用构造配筋，配筋率以 0.4% 为宜，配筋长度一般为 1/2 桩长，且不小于 10m；用于作抗滑、锚固，挡土桩的配筋，按全长或 2/3 桩长配置，配筋率由计算确定。

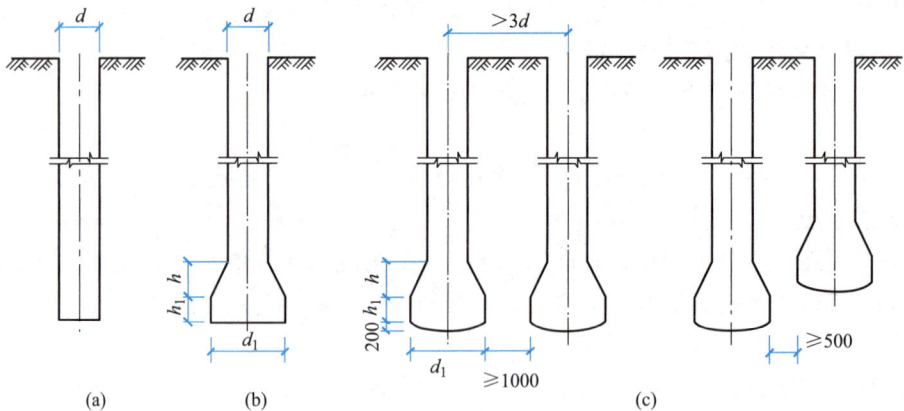

图 4-11　人工挖孔和挖孔扩底灌注桩
（a）圆柱桩；（b）扩底桩；（c）扩底桩群布置

2. 机具设备

人工挖孔及挖孔扩底灌注桩施工中的主要机具有以下几类：

（1）提升机具：1t 卷扬机配三木塔，或 1t 以上单轨电动葫芦（链条式）配提升金属架与轨道，活底吊桶。

（2）挖孔工具：短柄铁锹、镐、锤、钎。

（3）水平运输工具：双轮手推车或 1t 机动翻斗车。

（4）混凝土浇筑机具：混凝土搅拌机（含计量设备）、小直径插入式振动棒、插钎、串筒等。当水下浇筑混凝土时，尚应配金属导管、吊斗、混凝土储料斗、提升装置（卷扬机或起重机等）、浇筑架、测锤以及钢筋笼吊放机械等。

（5）其他机具设备：钢筋加工机具、支护模板、支撑、电焊机、吊挂式软爬梯；36V 低压变压器、井内外照明设施；桩孔深超过 20m，另配鼓风机、输风管；有地下水应配潜水泵及胶皮软管等。

3. 施工工艺方法要点

人工挖孔和挖孔扩底灌注桩的施工工艺：场地整平→放线、定桩位→挖第一节桩孔土方→支模浇筑第一节混凝土护壁→在护壁上二次投测标高及桩位十字轴线→安装活动井盖、垂直运输架、起重电动葫芦或卷扬机、活底吊土桶、排水，通风、照明设施等→第二节桩身挖土→清理桩孔四壁、校核桩孔垂直度和直径→拆上节模板，支第二节模板，浇筑第二节混凝土护壁→重复第二节挖土、支模、浇筑混凝土护壁工序，循环作业直至设计深度→检查持力层后进行扩底→清理虚土、排除积水、检查尺寸和持力层→吊放钢筋笼就位→浇筑桩身混凝土。当桩孔不设支护和不扩底时，则无此两道工序。

（1）为防止坍孔和保证操作安全，直径 1.2m 以上桩孔多设混凝土支护，每节高 0.9～1.0m，厚 8～15cm，或加配适量直径 6～9mm 的热轧光圆钢筋，混凝土强度选用 C20 或 C25；直径 1.2m 以下桩孔，井口砌 1/4 砖或 1/2 砖护圈，护圈高 1.2m，下部遇有不良土体用半砖护砌。

（2）护壁施工采取一节组合式钢模板拼装而成，拆上节支下节，循环周转使用，模板用 U 形卡连接，上下设两半圆组成的钢圈顶紧，不另设支撑，混凝土用吊桶运输人工浇筑，上部留 100mm 高作浇筑口，拆模后用砌砖或混凝土堵塞，混凝土强度达 1MPa 即可拆模。

（3）挖孔由人工从自上而下逐层用镐、锹进行，遇坚硬土层用锤、钎破碎。挖土次序为先挖中间部分后挖周边，允许尺寸误差＋5cm。扩底部分采取先挖桩身圆柱体，再按扩底尺寸从上到下削土修成扩底形。弃土装入活底吊桶或箩筐内，垂直运输。在孔上口安支架、工字轨道、电葫芦或搭三木搭，用 1～2t 慢速卷扬机提升吊桶或箩筐（图 4-12）。弃

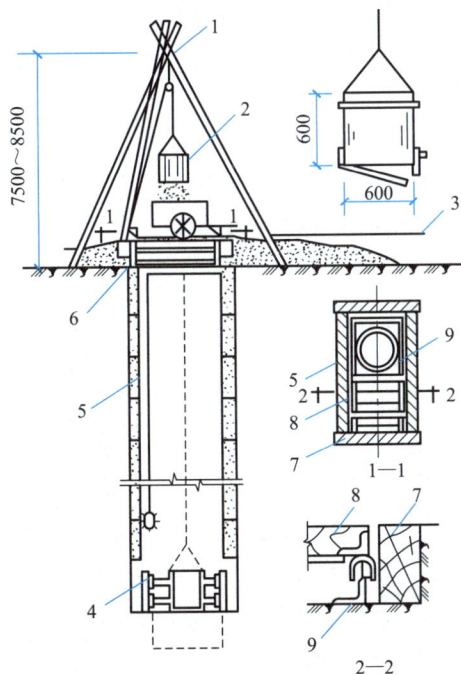

图 4-12　人工挖孔桩成孔工艺

1—三木搭；2—吊土桶；3—接卷扬机；4—混凝土护壁；5—定型组合钢模板；
6—活动安全盖板；7—枕木；8—活动井盖；9—角钢轨道

土吊至地面上后，用机动翻斗车或手推车运出。

（4）桩中线控制是在第一节混凝土护壁上设十字控制点，每一节设横杆吊大线坠作中心线，用水平尺杆找圆周。

（5）直径 1.2m 内的桩，钢筋笼的制作与一般灌注桩的方法相同。对直径和长度大的钢筋笼，一般在主筋内侧每隔 2.5m 加设一道直径 25～30mm 的加强箍，每隔一箍在箍内设一井字加强支撑，与主筋焊接牢固组成骨架（图 4-13），为便于吊运，这类大直径的桩一般分两节制作，钢筋笼的主筋为通长钢筋，其接头采用对焊，主筋与箍筋间隔点焊固定，控制平整度误差不大于 5cm，钢筋笼 4 侧主筋上每隔 5m 设置耳环，控制保护层为5～7cm，钢筋笼外形尺寸比孔小 11～12cm。

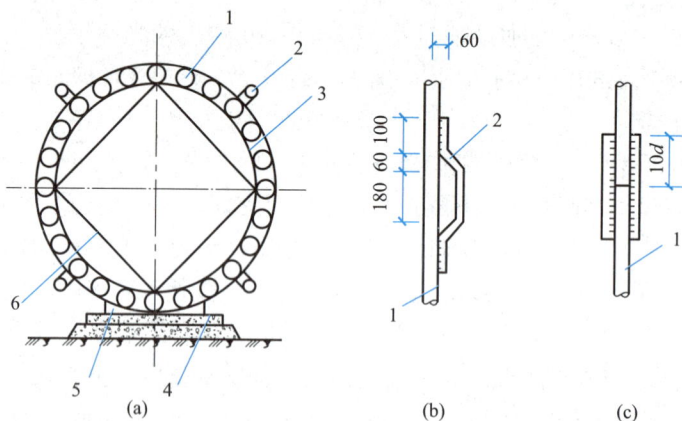

图 4-13　钢筋笼的成型与加固

1—主筋 ϕ32mm；2—箍筋 ϕ12～16@150mm；

3—耳环 ϕ20mm；4—加劲支撑 ϕ30@5.0m；5—轻轨；6—枕木

（a）钢筋笼加固成型；（b）耳环；（c）上下段钢筋笼主筋对焊连接

钢筋笼就位用小型吊运机具（图 4-14）或履带式起重机进行（图 4-15），上下节主筋采用帮条双面焊接，整个钢筋笼用槽钢悬挂在井壁上，借自重保持垂直度正确。

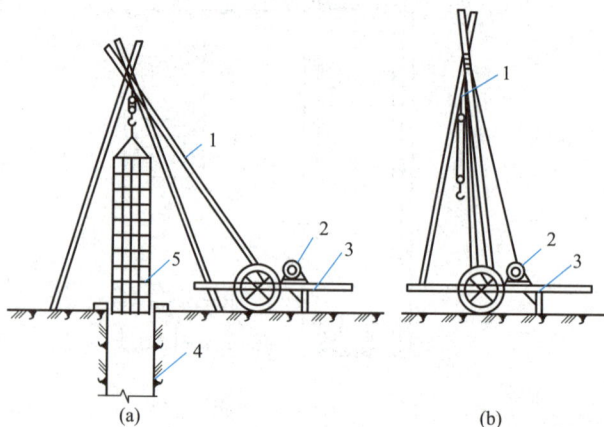

图 4-14　小型钢筋笼吊放

1—双轮架子车；2—0.5～1.0t 卷扬机；3—三木搭；4—钢筋笼；5—桩孔

（a）小型钢筋笼吊放；（b）三木搭移动

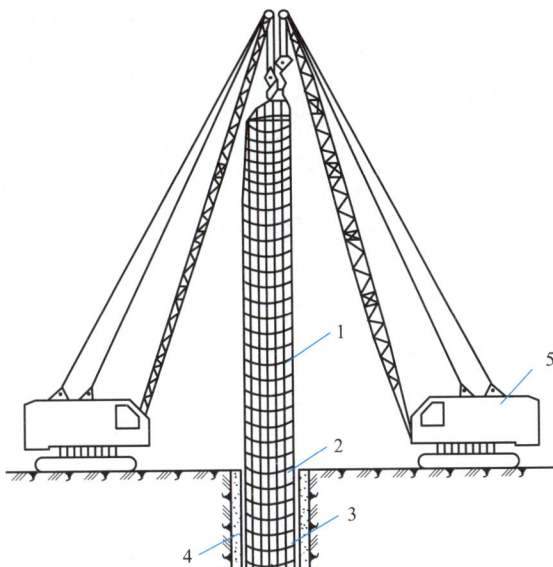

图 4-15　大直径灌注桩钢筋笼的吊放

1—上节钢筋笼；2—下节钢筋笼；3—钢筋焊接接头；4—履带式或轮胎式起重机；5—混凝土护壁

（6）混凝土用粒径小于 50mm 石子、强度等级 32.5 普通水泥或矿渣水泥配制，坍落度 4～8cm，机械拌制，用翻斗汽车、机动车或手推车运至桩孔。混凝土下料采用串桶，深桩孔用混凝土溜管；如地下水量大（孔中水位上升速度大于 6mm/min），应采用混凝土导管水中浇筑混凝土工艺（图 4-16）。混凝土要垂直灌入桩孔内，并应连续分层浇筑，每层厚不超过 1.5m。小直径桩孔，6m 以下利用混凝土的大坍落度和下冲力使其密实；6m

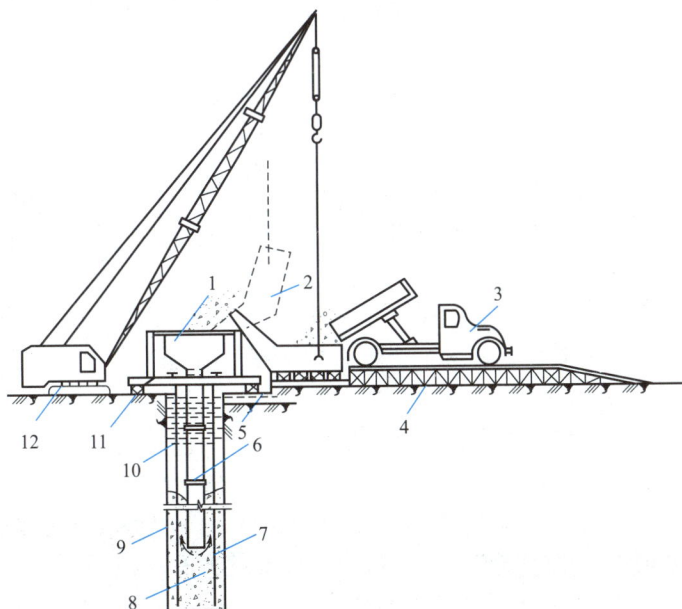

图 4-16　水中混凝土浇筑工艺

1—大直径桩孔；2—钢筋笼；3—导管；4—下料漏斗；5—浇筑台架；6—卸料槽；7—混凝土；
8—泥浆水；9—泥浆溢流槽；10—钢承台；11—翻斗汽车；12—履带式起重机

以内分层捣实。大直径桩应分层捣实，或用卷扬机吊导管上下插捣。对直径小、深度大的桩，人工下井振捣有困难时，可在混凝土中掺水泥用量 0.25％木钙减水剂，使混凝土坍落度增至 13～18cm，利用混凝土大坍落度下沉力使之密实，但桩上部钢筋部位仍应用振动棒振捣密实。

（7）桩混凝土的养护：当桩顶标高比自然场地标高低时，在混凝土浇筑 12h 后进行湿水养护，当桩顶标高比场地标高高时，混凝土浇筑 12h 后应覆盖草袋，并湿水养护，养护时间不少于 7d。

4.3.2　回转钻成孔灌注桩

回转钻成孔灌注桩又称正反循环成孔灌注桩，是用一般地质钻机在泥浆护壁条件下，慢速钻进，通过泥浆排渣成孔，灌注混凝土成桩。这为国内最为常用的成桩方法，其特点是可利用地质部门常规地质钻机，适用于各种地质条件，各种大小孔径（300～2000mm）和深度（40～100m），护壁效果好，成孔质量可靠；施工无噪声、无振动、无挤压；机具设备简单，操作方便，费用较低。但成孔速度慢，效率低，用水量大，泥浆排放量大，会造成一定污染环境，扩孔率较难控制。

回转钻成孔灌注桩适用于高层建筑中地下水位较高的软、硬土层，如淤泥、黏性土、砂土、软质岩等。

1. 机具设备

主要机具设备为回转钻机，多用转盘式；钻架多用龙门式（高 6～9m）；钻头常用三翼或四翼式钻头、牙轮合金钻头、或钢粒钻头（以前使用者较多）。配套机具有钻杆、卷扬机、泥浆泵（或离心式水泵）、空气压缩机（6～9m³/h）、测量仪器以及混凝土配制、钢筋加工系统设备等。

2. 施工工艺方法要点

（1）钻机就位前，先平整场地，铺好枕木并用水平尺校正，保证钻机平稳、牢固。在桩位埋设 6～8mm 厚钢板护筒，内径比孔口大 100～200mm，埋深 1～1.5m，同时挖好水源坑、排泥槽、泥浆池等。

（2）成孔一般多用正循环工艺，但对于孔深大于 30m 端承桩宜用反循环工艺。钻进时如土质情况良好，可采取清水钻进，自然造浆护壁，或加入红黏土或膨润土泥浆护壁，泥浆密度为 $1.3\times10^3 kg/m^3$。

（3）钻进时应根据土层情况加压，开始应用轻压力、慢转速，逐步转入正常。一般土层按钻具自重钢绳加压，不超过 10kN；基岩中钻进为 15～25kN。钻机转速：对合金钻头为 180r/min，钢粒钻头 100r/min。在松软土层中钻进，应根据泥浆补给情况控制钻进速度；在硬土层或岩层中的钻进速度，以钻机不发生跳动为准。

（4）钻进程序，根据场地、桩距和进度情况，可采用单机跳打法（"隔一打一"或"隔二打一"）、单机双打（一台机在二个机座上轮流对打）、双机双打（两台钻机在两个机座上轮流按对角线对打）等。

视频微课　4.3.2　钻孔灌注桩施工工艺

拓展学习　4.3.3　螺旋钻孔灌注桩分项工程技术交底

视频微课　4.3.4　长螺旋钻孔灌注桩技术

（5）桩孔钻完，应用空气压缩机清孔，可将 30mm 左右石块排出，直至孔内沉渣厚度小于 100mm。清孔后泥浆密度不大于 $1.2 \times 10^3 kg/m^3$，亦可用泥浆置换方法进行清孔。

（6）清孔后测量孔径，然后应用吊车吊放钢筋笼，进行隐蔽工程验收，合格后浇筑水下混凝土。水下混凝土的含砂率宜为 40%～45%；用中粗砂，粗骨料最大粒径小于 40mm；水泥用量不少于 360kg/m³；坍落度宜为 180～200mm；配合比通过试验确定。

（7）浇筑混凝土的导管直径宜为 200～250mm，壁厚不小于 3mm。分节长度视工艺要求而定，一般为 2.0～2.5m，导管与钢筋应保持 100mm 距离。导管使用前应试拼装，以水压力 0.6～1.0MPa 进行试压。

（8）开始浇筑水下混凝土时，管底至孔底的距离宜为 300～500mm，并使导管一次埋入混凝土面以下 0.8m 以上，在以后的浇筑中，导管埋深宜为 2～6m。

（9）桩顶浇筑高度不能偏低，应使在凿除泛浆层后，桩顶混凝土要达到强度设计值。

4.3.3　质量要求及验收

（1）灌注桩在沉桩后的桩位偏差应符合表 4-3 规定，桩顶标高至少要比设计标高高出 0.5m。

灌注桩的平面位置和垂直度的允许偏差　　　　　　　　　表 4-3

序号	成孔方法		桩径允许偏差（mm）	垂直度允许偏差（%）	桩位允许偏差(mm)	
					1～3 根、单排桩基垂直于中心线方向和群桩基础的边桩	条形桩基沿中心线方向的群基础的中间桩
1	泥浆护壁钻孔桩	$D \leqslant 1000mm$	±50	<1	$D/6$ 且不大于 100	$D/4$ 且不大于 150
		$D > 1000mm$	±50		$100 + 0.01H$	$150 + 0.01H$
2	套管成孔灌注桩	$D \leqslant 500mm$	−20	<1	>0	150
		$D > 500mm$			100	150
3	干成孔灌注桩		−20	<1	70	150
4	人工挖孔桩	混凝土护壁	+50	<0.5	50	150
		钢套管护壁	+50	<1	100	200

注：1. 桩径允许偏差的负值是指个别断面。

　　2. 采用复打、反插法施工的桩径允许偏差不受上表限制。

　　3. H 为施工现场地面标高与桩顶设计标高的距离，D 为设计桩径。

（2）灌注桩的沉渣厚度：当以摩擦桩为主时，不得大于 150mm，当以端承力为主时，不得大于 50mm；套管成孔的灌注桩不得有沉渣。

（3）灌注桩每灌注 50m³ 应有一组试块，小于 50m³ 的应每根桩有一组试块。

（4）桩的静载荷载试验根数应不少于总桩数的 1%，且不少于 3 根，当总桩数少于 50 根时，应不少于 2 根。

（5）桩身质量应进行检验，检验数不应少于总数的 20%，且每个柱子承台下不得少于 1 根。

（6）对砂子、石子、钢材、水泥等原材料的质量，检验项目、批量和检验方法，应符合国家现行有关标准的规定。

（7）施工中应对成孔、清渣、放置钢筋笼，灌注混凝土等全过程检查；人工挖孔桩尚应复验孔底持力层土（岩）性。嵌岩桩必须有桩端持力层的岩性报告。

（8）施工结束后，应检查混凝土强度，并应做桩体质量及承载力检验。

（9）桩基工程桩位验收应按下列规定进行：①当桩顶设计标高与施工场地标高相同时，桩基工程的验收应在施工结束后进行；②当桩顶设计标高低于施工场地标高时，可对护筒位置作中间验收，待承台或底板开挖到设计标高后，再做最终验收。

任务 4.4 桩的检测

学习目标 ■ ■ ■

- 了解静载试验法、动测法检测桩基的原理及适用范围；
- 掌握静载试验法检测桩基的施工流程及数据处理。

成桩的质量检验有两类基本方法，一类是静载载荷试验法，另一类为动测法。

视频微课

4.4.1 桩基检测

静载试验在桩身强度达到设计要求的前提下，对桩进行竖向抗压、抗拔和水平荷载试验，以确定桩抗压、抗拔、水平极限承载力，并判别是否满足设计要求。一般静载试验可直观地反映桩的承载力和混凝土的浇筑质量，数据可靠。但试验装置复杂笨重，装、卸、操作费工费时，成本高，测试数量有限，并且易破坏桩基。

动测法试验，单桩试验时间短，数量多，不破坏桩基，相对也较准确，可进行普查；费用低，国内用动测方法的试桩工程数目已占工程总数的 70％左右，满足了桩基工程发展的需要，因此，社会经济效益显著，但动测法也存在需做大量的测试数据，需静载试验资料来充实完善、编制电脑软件，所测的极限承载力有时与静载荷值离散性较大等问题。

拓展学习

4.4.2 桩基验收

4.4.1 静载试验法

桩的静载试验，是模拟实际荷载情况，通过静载加压，得出一系列关系曲线，综合评定其容许承载力，以作为设计依据或对工程桩的承载力进行抽样检验和评价。荷载试验有多种，通常采用的是单桩竖向抗压静载试验、单桩竖向抗拔静载试验和单桩水平静载试验。

预制桩在桩身强度达到设计要求的前提下，对于砂类土不应少于 $7d$，对于粉土和黏性土不应少于 $15d$，对于淤泥或淤泥质土不应少于 $25d$，待桩身与土体的结合基本趋于稳定，才能进行试验。就地灌注桩应在桩身混凝土强度达到设计等级的前提：对砂类土不少于$10d$，对一般黏性土不少于$20d$，对淤泥或淤泥质土不少于$30d$，才能进行试验。在同一条件下的试桩数量不宜少于总桩数的$1‰$，且不应少于3根，工程总桩数在50根以内时不应少于2根。

1. 单桩竖向抗压静载试验法

（1）试验设备、仪表装置

单桩竖向抗压静载试验一般采用油压千斤顶加载，千斤顶的加载反力装置可根据现场实际条件从下列中选用：

1）锚桩横梁反力装置。锚桩横梁反力装置由4根锚桩、主梁、次梁、油压千斤顶以及测量仪表等组成（图4-17）。锚桩、反力梁装置能提供的反力应不小于预估最大试验荷载的$1.2\sim1.5$倍。

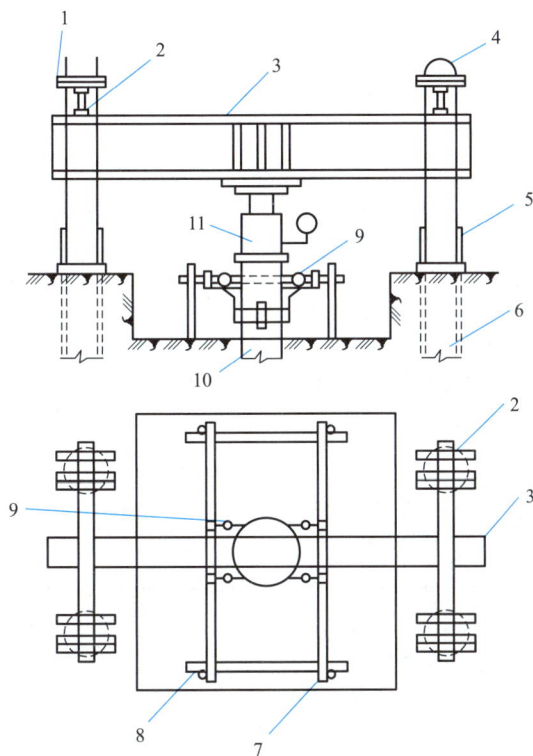

图 4-17　锚桩横梁静载试验装置

1—锚桩（4根）；2—锚筋；3—主梁（钢横梁或倒置钢桁架）；4—次梁；5—厚钢板；6—硬木包钢皮；
7—油压千斤顶；8—百分表；9—基准桩；10—基准梁（一端固定，一端可水平移动）；11—试验桩

2）压重平台反力装置。压重平台反力装置由支墩（或垫木）、钢横梁、钢锭、油压千斤顶及测量仪表等组成（图4-18）。压重量不得少于预估试桩破坏荷载的1.2倍；压重应在试验开始前一次加上，并均匀稳固地放置于平台上。

3）锚桩压重联合反力装置。当试桩最大加载量超过锚桩的抗拔能力时，可如图4-18所示，在横梁上放置或悬挂一定重物，由锚桩和重物共同承受千斤顶加压的反力。

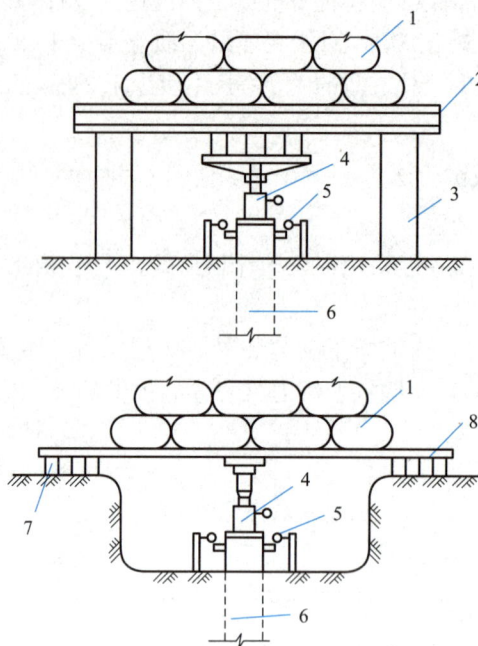

图 4-18　压重平台静载试验装置

1—支墩；2—钢横梁；3—钢锭；4—油压千斤顶；5—百分表；6—试验桩；7—垫木；8—钢架或厚钢板

千斤顶应平放于桩中心，当采用 2 个以上千斤顶加载时，应将千斤顶并连同步工作，使千斤顶的合力通过试桩中心。

为了避免加荷过程中的相互影响，锚桩（或压重平台支墩边）；基准木桩与试桩之间的中心距离应符合表 4-4 的要求。

试桩、锚桩和基准桩之间的中心距离　　　　　　　　　　　　　　表 4-4

反力系统	试桩与锚桩 （或压重平台支墩边）	试桩与基准桩	基准桩与锚桩 （或压重平台支墩边）
锚桩横梁反力装置	$\geqslant 4d$	$\geqslant 4d$	$\geqslant 4d$
压重平台反力装置	$\geqslant 2.0\text{m}$	$\geqslant 2.0\text{m}$	$\geqslant 2.0\text{m}$

注：d 为试桩或锚桩的设计直径，取其较大者。如试桩或锚桩为扩底桩时，试桩与锚桩的中心距不应小于 2 倍扩大端直径。

试压时，荷载可用放置于千斤顶上的应力环、应变式压力传感器直接测定，或采用连于千斤顶的压力表测定油压，根据千斤顶率定曲线核算荷载。试桩沉降一般采用百分表或电子位移计测量。对于大直径桩，应在其 2 个正交直线方向对称安置 4 个位移测试仪表，中等和小直径桩桩径可安置 2 个或 3 个位移测试仪表。沉降测定平面离桩顶距离不应小于 0.5 倍桩径，固定和支承百分表的夹具和基准梁，在构造上应确保当受到气温、振动及其他外界因素的影响时不会发生竖向变位。

载荷试验时，对以桩身承载力控制极限承载力的工程桩，试验加载至承载力设计值的 1.5～2 倍；其余试桩均应加载至破坏。桩静荷载试验的最大设计荷载，不应小于由静力计算得出的单桩设计承载力的 2 倍。

（2）单桩的静载荷试验要点

1）试验加载方式。采用慢速维持荷载法，即逐级加载，每级荷载达到相对稳定后加下一级荷载，直到试桩破坏，然后分级卸载到零。当考虑结合实际工程桩的荷载特征，可采用多循环加、卸载法（每级荷载达到相对稳定后卸载到零）。当考虑缩短试验时间，对于工程桩的检验性试验，可采用快速维持荷载法，即一般每隔1h加一级荷载。

2）荷载分级。试验时加载分级不应小于8级，每级荷载值为预估极限荷载的1/8～1/10，第一级的加荷值可按2倍分级荷载加荷。

3）测读桩沉降量的间隔时间。在逐级加载后，隔5min、10min、15min各测读一次，以后每隔15min测读一次，累计1h后每隔30min测读一次，每次测读值记入试验记录表。

4）稳定标准。在每级荷载作用下，桩的沉降量在每1h内的沉降不超过0.1mm时，并连续出现两次（由1.5h内连续三次观测值计算），认为已达到相对稳定，可加下一级荷载。

5）终止加荷的条件：①当荷载—沉降（$Q-s$）曲线上有可判定极限承载力的陡降段，且桩顶沉降量超过40mm；②$\dfrac{\Delta s_{n+1}}{\Delta s_n} \geqslant 2$，且经24h尚未达到稳定（$\Delta s_n$ 为第 n 级荷载的沉降增量；Δs_{n+1} 为第 $n+1$ 级荷载的沉降增量）；③25m以上的非嵌岩桩，$Q-s$ 曲线呈缓变形时，桩顶总沉降量大于60～80mm；④在特殊条件下，可根据具体要求加载至桩顶总沉降量大于100mm。

6）卸载与卸载沉降观测。每级卸载值为每级加载值的2倍。每级卸载后隔15min测读一次残余沉降，读两次后，隔30min再读一次，即可卸下一级荷载，全部卸载后，隔3～4h再读一次，并作好详细记录。

2. 单桩竖向抗拔静载试验方法

在拔力作用下桩的破坏形式有两种：一是地基变形带动周围的土体被拔出；一是桩身强度不够，被拉裂或拉断。

（1）试验设备、仪表装置

抗拔静载试验加载装置和量测仪表与竖向抗压静载试验相同，只是施加荷载的方向相反。试验设备主要用油压千斤顶，把试桩的主筋连接到传力架上，当开动千斤顶上升，产生上拔力把锚桩拔升，如图4-19所示。

（2）加载方法

抗拔静载试验加载方式，可参照抗压静载试验方法。

（3）终止加载条件

当出现下列情况之一时，即可终止加载：①桩顶荷载为桩受拉钢筋总极限承载力的0.9倍时；②某级荷载作用下，桩顶变形量为前一级荷载作用下的5倍；③累

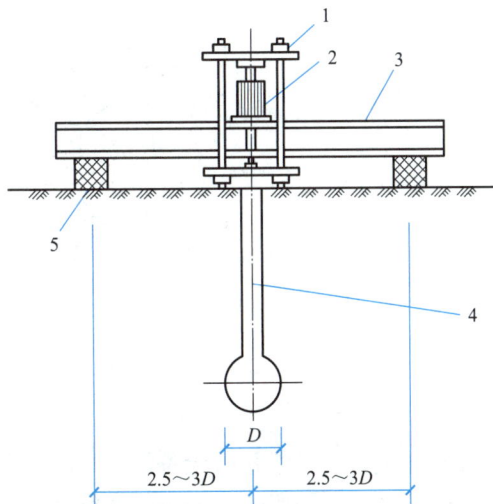

图 4-19　抗拔桩静载试验装置
1—钢横梁；2—传力架；3—油压千斤顶；
4—木垫座；5—试桩

计上拔量超过 100mm。

3. 单桩水平静载试验方法

桩的水平静载荷试验是采用接近于桩的实际工作条件进行试验，以确定单桩的水平承载力和地基土的水平抗力系数。当桩身埋设有应力测量元件时，可测出桩身应力变化，并由此求得桩身弯矩分布。

（1）试验设备与仪表装置

单桩水平静载试验的设备与仪表装置如图 4-20 所示。进行单桩水平静载试验时，常采取互推法，在两根桩中间放置千斤顶施加水平荷载，水平作用线应通过地面标高处（地面标高应与实际工作桩基承台底面标高一致）。在千斤顶与试桩接触处宜安置一环形铰座，以保证千斤顶作用力能水平通过桩身轴线。用电动油泵加荷，用电阻应变式传感器和电子秤控制荷载。在桩外侧地面及地面以上 500~1000mm 设置双层大量程百分表（下表测量桩身在地面处的水平位移，上表测量桩顶水平位移，根据两表位移差可求得地面以上桩身转角），以测定桩的水平位移。百分表的基准桩宜打设在桩侧面靠位移的反方向，与试桩的净距不少于 1 倍试桩直径。

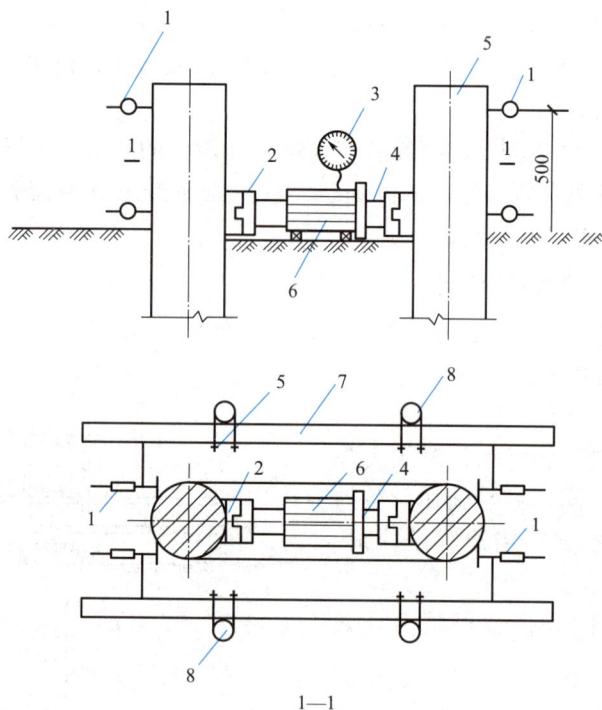

图 4-20　单桩水平静载荷试验装置

1—水平试验桩；2—油压千斤顶；3—球铰；4—垫块；5—油压表；6—百分表；7—基准梁；8—基准桩

（2）加载方法及终止试验条件

对于承受反复作用的水平荷载的桩基，一般采用单向多循环加卸载方法。取设计荷载 2 倍为预估极限荷载，取预估水平荷载的 1/10~1/15 作为每级荷载的加载增量，对于直径 300~1000mm 的桩，每级荷载增量可取 2.5~20kN。每级荷载施加后，恒载 4min 测读水平位移，然后卸载至零，停 2min 测读残余水平位移，至此完成一个加卸载循环，如此循环 5 次便完成一级荷载的试验观测。加载时间应尽量缩短，测量位移的间隔时间应严格准确，试验不得中途停歇。

对承受长期作用的水平荷载的桩基，宜采用分级连续的加载方式，各级荷载的增量同上所述，各级荷载维持 10min，并记录百分表读数后即进行下一级荷载的试验，如到 10min 时的水平位移还未稳定，则应延长该级荷载的维持时间，直至稳定为止。其稳定标准可参照竖向静载试验方法。

当桩身折断或水平位移超过 30～40mm（软土取 40mm）时，可终止试验。

4.4.2　动测法

动测法，又称动力无损检测法，是检测桩基承载力及桩身质量的一项新技术，作为静载试验的补充。

动测法是相对静载试验法而言，它是对桩—土体系进行适当的简化处理，建立起数学—力学模型，借助于现代电子技术与量测设备采集桩—土体系在给定的动荷载作用下所产生的振动参数，结合实际桩—土条件进行计算，所得结果与相应的静载试验结果进行对比，在积累一定数量的动静试验对比结果的基础上，找出两者之间的某种相关关系，并以此作为标准来确定桩基承载力。另外，可应用波动理论，根据波在混凝土介质内的传播速度、传播时间和反射情况，用来检验、判定桩身是否存在断裂、夹层、颈缩、空洞等质量缺陷。

一般静载试验可直观地反映桩的承载力和混凝土的浇筑质量，数据可靠。但试验装置复杂笨重，装、卸操作费工费时，成本高，测试数量有限，并且易破坏桩基。动测法试验：仪器轻便灵活，检测快速；单桩试验时间仅为静载试验的 1/50 左右，可大大缩短试验时间；数量多，不破坏桩基，相对准确，可进行普查；费用低，单桩测试费约为静载试验的 1/30 左右，可节省静载试验锚桩、堆载、设备运输、吊装焊接等大量人力、物力。据统计，国内用动测方法的试桩工程数目已占工程总数的 70% 左右，试桩数约占全部试桩数的 90%，有效地填补了静力试桩的不足，满足了桩基工程发展的需要，因此，社会经济效益显著，但动测法也存在需做大量的测试数据，需静载试验资料来充实完善、编制电脑软件，所测的极限承载力有时与静载荷值离散性较大等问题。

1. 承载力检验

单桩承载力的动测方法种类较多，国内有代表性的方法有动力参数法、锤击贯入法、水电效应法、共振法、机械阻抗法、波动方程法等。

2. 桩身质量检验

在桩基动态无损检测中，国内外广泛使用的方法是应力波反射法，又称低（小）应变法。其原理是根据一维杆件弹性波反射理论（波动理论），采用锤击振动力法检测桩体的完整性，即以波在不同阻抗和不同约束条件下的传播特性来检验桩身质量。本法特点是受场地约束限制小，测试设备轻便、简单，操作方便，测试速度快，获得的波形规律性较好，判读明了、简捷，便于对工程作抽样检验等。

实训项目

结合本地区实际情况，选择一个在建或已建人工挖孔灌注桩基础工程，编写技术交底书（或作业指导书）。

一、实训题目

编制灌注桩技术交底书（或作业指导书）。

二、实训方式

在指导教师指导下，学生识读基础施工图，并编写技术交底资料。

三、实训目的

通过对房屋建筑工程基础施工图的阅读，熟悉某一种深基础的施工工艺，并编写技术交底文件。

四、实训内容和要求

选择一个在建灌注桩施工现场，了解施工过程，编写技术交底书（或作业指导书）。

1. 施工准备工作

（1）作业条件准备；

（2）材料准备及技术要求；

（3）施工机具准备。

2. 质量要求及标准

3. 工艺流程图

4. 操作工艺

5. 成品保护措施

6. 应注意的质量问题

7. 安全技术措施

编写时以项目技术负责人的身份向一线技术管理人员和操作人员进行交底。通过技术交底使每个参与施工的人员了解自己的工作内容、施工方法、操作工艺、质量要求以及安全施工的注意事项。做到任务明确，心中有数。达到保证施工质量的目的。

五、实训成果

实训结束后，将实训成果整理、装订，并写出实训报告。选出完成较好的若干份进行展览、分析讨论，由指导教师讲评，以提高学生的实际动手能力。

思考与练习

一、简答题

1. 试述桩的分类。

2. 建筑桩基础承载力验算的内容有哪些？

3. 单桩竖向承载力的如何确定？

4. 桩与承台、横向连系梁如何连接？

5. 桩基础设计原则和设计的主要步骤是什么？

学习检测

教学单元4　思考与练习答案

6. 桩基工程常用的检测方法有哪些？

7. 人工挖孔桩施工注意事项有哪些？

8. 桩基承载力验算有哪几方面内容？什么情况下需要验算群桩基础的地基沉降？

二、计算题

1. 某桩基础采用钢筋混凝土预制桩，桩的截面尺寸为 $30cm \times 30cm$，桩长 20m。桩的布置、荷载条件和地质条件如图 4-21 所示。试验算单桩承载力是否满足要求？

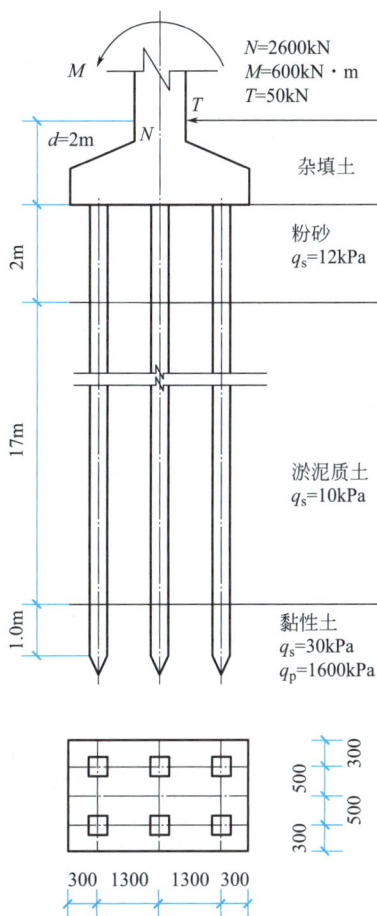

图 4-21 习题 1 某钢筋混凝土预制桩

2. 某承台下设置了 6 根边长为 300mm 的实心混凝土预制桩，桩长 12m（从承台底面算起），桩周土上部 10m 为淤泥质土，$q_s = 12kPa$，淤泥质土下为很厚的硬塑黏性土，$q_s = 43kPa$，$q_p = 2000kPa$。试计算单桩竖向承载力特征值。

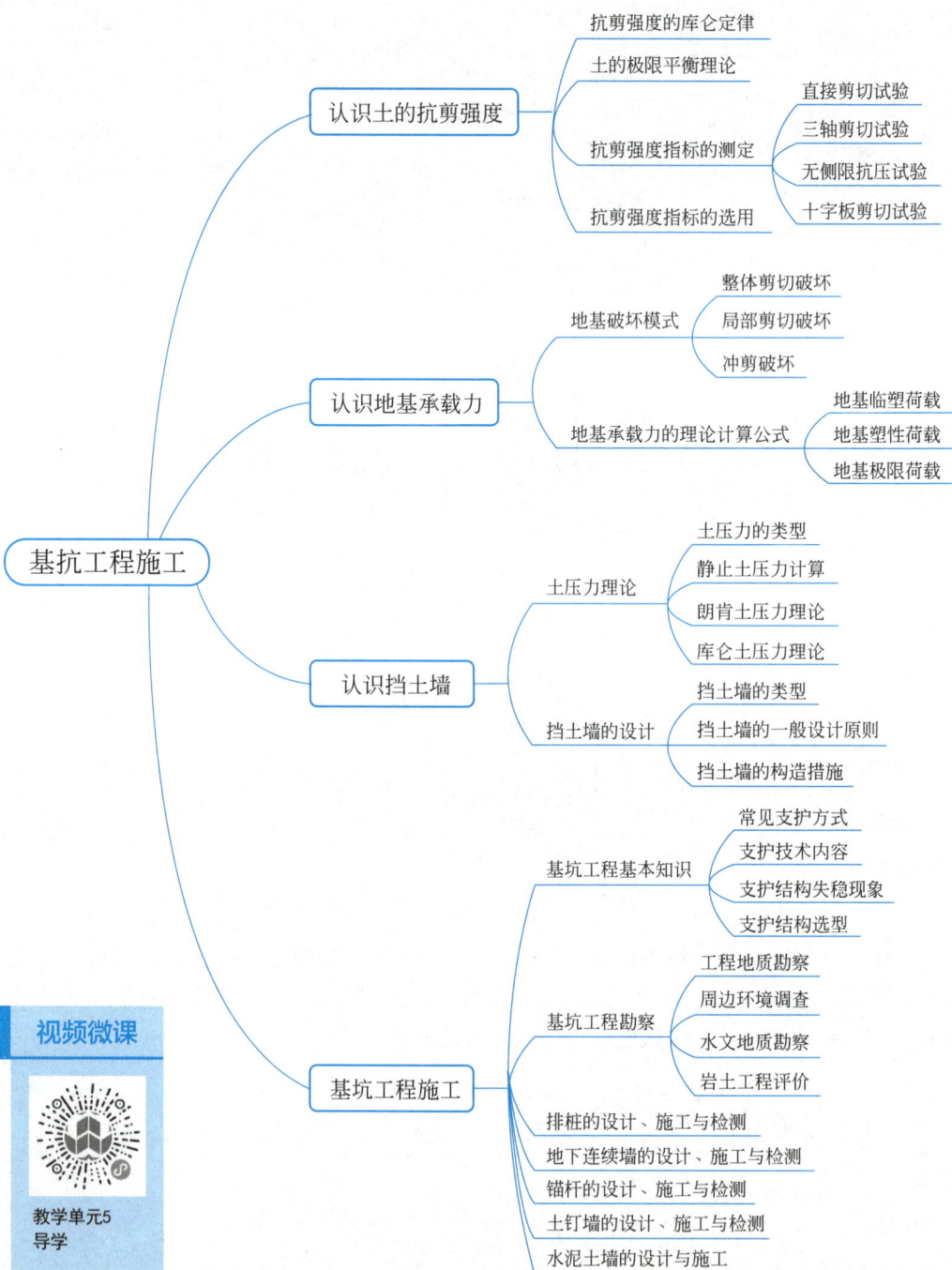

教学单元 5　基坑工程施工

▓ 思维导图 ▓▓▓

抗剪强度的库仑定律

土的极限平衡理论

认识土的抗剪强度

抗剪强度指标的测定
- 直接剪切试验
- 三轴剪切试验
- 无侧限抗压试验
- 十字板剪切试验

抗剪强度指标的选用

认识地基承载力

地基破坏模式
- 整体剪切破坏
- 局部剪切破坏
- 冲剪破坏

地基承载力的理论计算公式
- 地基临塑荷载
- 地基塑性荷载
- 地基极限荷载

基抗工程施工

认识挡土墙

土压力理论
- 土压力的类型
- 静止土压力计算
- 朗肯土压力理论
- 库仑土压力理论

挡土墙的设计
- 挡土墙的类型
- 挡土墙的一般设计原则
- 挡土墙的构造措施

基坑工程施工

基坑工程基本知识
- 常见支护方式
- 支护技术内容
- 支护结构失稳现象
- 支护结构选型

基坑工程勘察
- 工程地质勘察
- 周边环境调查
- 水文地质勘察
- 岩土工程评价

排桩的设计、施工与检测

地下连续墙的设计、施工与检测

锚杆的设计、施工与检测

土钉墙的设计、施工与检测

水泥土墙的设计与施工

视频微课

教学单元5
导学

引入案例

　　某商务综合楼，东临北苑路，西临北苑西路。拟建工程南北长约 143m，东西宽约 80m；地上 22 层，地下 3 层，框架结构，筏形基础。基坑开挖深度最深为地下 16m，开挖深度范围内土层基本为砂质粉土、粉质砂土等。本工程基坑部分施工项目包括基坑降水、边坡支护、土方开挖施工。

　　该基坑降水方案采用管井疏水方法降低基坑内地下水位，由于基坑南侧距已有建筑物较近，没有降水井施工工作面，为保证地下结构施工时基坑的干燥，对南侧采用旋喷水泥土桩止水帷幕设计。基坑支护采用土钉墙加桩锚支护，该支护结构安全性高，边坡土体的位移小，能确保邻近建筑物的安全。土方开挖采用机械挖土，分三层进行，并与支护结构结合施工。

任务 5.1　认识土的抗剪强度

学习目标

- 掌握土的抗剪强度、土的极限平衡状态、土的极限平衡条件等概念；
- 掌握库仑定律；抗剪强度试验方法。

　　土是固相、液相和气相组成的散体材料。在外部荷载作用下，土体中的应力将发生变化。当土体中的剪应力超过土体本身的抗剪强度时，土体将产生沿着其中某一滑裂面的滑动，而使土体丧失整体稳定性。所以，土体的破坏通常都是剪切破坏。

　　在工程建设实践中，道路的边坡、路基、土石坝、建筑物的地基等丧失稳定性的例子很多，如图 5-1 所示。为了保证土木工程建设中建（构）筑物的安全和稳定，就必须详细研究土的抗剪强度和土的极限平衡等问题。

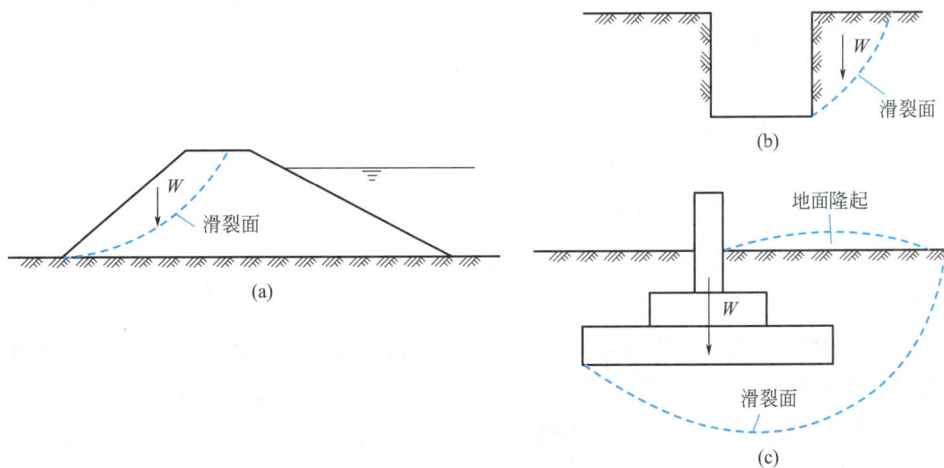

图 5-1　土石坝、基槽和建筑物地基失稳示意

（a）土石坝；（b）基槽；（c）建筑物地基

5.1.1　抗剪强度的库仑定律

法国学者库仑通过对砂土的一系列试验研究，于 1776 年首先提出了砂土的抗剪强度规律，其数学表达式如下：

$$\tau_f = \sigma \cdot \tan\varphi \tag{5.1-1}$$

之后，又得到了黏性土的抗剪强度规律，其数学表达式如下：

$$\tau_f = c + \sigma \cdot \tan\varphi \tag{5.1-2}$$

式中，τ_f 为土的抗剪强度（kPa）；σ 为剪切滑动面上的法向应力（kPa）；c 为土的黏聚力（kPa）；φ 为土的内摩擦角（°）。

公式（5.1-1）和公式（5.1-2）统称为库仑定律，它表明在一般荷载范围内土的法向应力和抗剪强度之间呈直线关系，也就是说，影响土抗剪强度的外在因素是剪切面上的法向应力，而当法向应力一定时，抗剪强度则取决于土的黏聚力 c 和内摩擦角 φ。因此 c 和 φ 是影响土的抗剪强度的内在因素，它们反映了土抗剪强度变化的规律性，称为土的抗剪强度指标。

砂土（无黏土性）的黏聚力 c 为零，其抗剪强度主要来源于砂粒间的内摩擦力，即 φ 角的大小，而内摩擦角 φ 取决于砂粒之间的滑动摩擦力和凹凸面间的相嵌作用所产生的摩阻力。一般中砂、粗砂、砾砂的 $\varphi = 32° \sim 40°$，粉砂、细砂的 $\varphi = 28° \sim 36°$；但对于饱和粉、细砂的内摩擦角的取值，应持慎重态度，因为它们很容易失去稳定。

黏性土的抗剪强度来源于两方面，一方面是与砂土类似的内摩擦力；另一方面是土粒间的黏结力，这主要由土粒间水膜与相邻土粒之间的分子引力（静电引力）和土中天然胶结物质（如硅、铁以及碳酸盐等）对土粒的胶结作用所引起。

5.1.2　土的极限平衡理论

在荷载作用下，地基内任一点都将产生应力。根据土体抗剪强度的库仑定律，当土中任意点在某一方向的平面上所受的剪应力达到土体的抗剪强度，即：

$$\tau = \tau_f \tag{5.1-3}$$

时，就称该点处于极限平衡状态。

公式（5.1-3）称为土体的极限平衡条件。当 $\tau < \tau_f$ 时土体处于安全的弹性平衡状态，$\tau > \tau_f$ 时，土体发生塑性破坏，所以，土体的极限平衡条件也就是土体的剪切破坏条件。

1. 土中某点的应力状态

在地基土中任意点取出一微分单元体，设其作用在该微分体上的最大和最小主应力分别为 σ_1 和 σ_3。微分体内与最大主应力 σ_1 作用平面成任意角度 α 的平面 mn 上，有正应力 σ 和剪应力 τ，如图 5-2（a）所示。为了建立 σ、τ 与 σ_1、σ_3 之间的关系，取微分三角形斜面体为隔离体，如图 5-2（b）所示。将各个应力分别在水平方向和垂直方向上投影，根据静力平衡条件得：

$$\sum x = 0, \qquad \sigma_3 \cdot ds \cdot \sin\alpha \cdot 1 - \sigma \cdot ds \cdot \sin\alpha \cdot 1 + \tau ds \cdot \cos\alpha \cdot 1 = 0$$

$$\sum y = 0, \qquad \sigma_1 \cdot \mathrm{d}s \cdot \cos\alpha \cdot 1 - \sigma \cdot \mathrm{d}s \cdot \cos\alpha \cdot 1 - \tau\,\mathrm{d}s \cdot \sin\alpha \cdot 1 = 0$$

联立求解以上方程，即得平面 mn 上的应力为：

$$\left.\begin{aligned}
\sigma &= \frac{1}{2}(\sigma_1 + \sigma_3) + \frac{1}{2}(\sigma_1 - \sigma_3)\cos2\alpha \\
\tau &= \frac{1}{2}(\sigma_1 - \sigma_3)\sin2\alpha
\end{aligned}\right\} \tag{5.1-4}$$

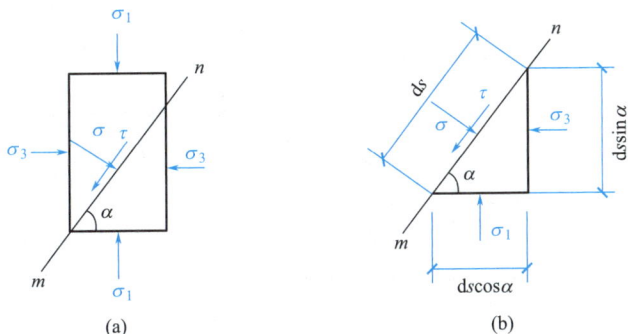

图 5-2　土中任一点的应力
（a）微分体上的应力；（b）隔离体上的应力

2. 莫尔应力圆

由材料力学可知，以上 σ、τ 与 σ_1、σ_3 之间的关系也可以用莫尔应力圆的图解法表示。如图 5-3 所示，在直角坐标系中，以 σ 为横坐标轴、τ 为纵坐标轴，按一定的比例尺，在 σ 轴上截取 $OB = \sigma_3$，$OC = \sigma_1$，以 BC 的中点 O_1 为圆心，以 $(\sigma_1 - \sigma_3)/2$ 为半径，绘制出一个应力圆。将 O_1C 以 O_1 为中心逆时针旋转 2α 角，在圆周上得到点 A。则 A 的坐标：

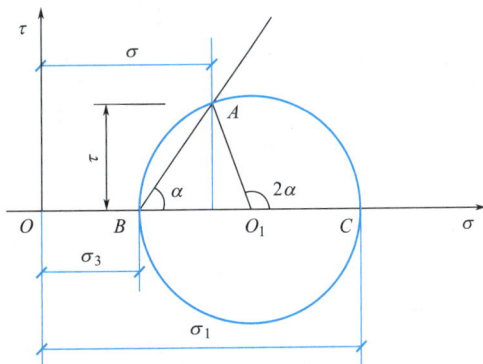

图 5-3　用莫尔应力圆求正应力和剪应力

$$x_A = \overline{OB} + \overline{BO_1} + \overline{O_1A}\cos2\alpha = \sigma_3 + \frac{1}{2}(\sigma_1 - \sigma_3) + \frac{1}{2}(\sigma_1 - \sigma_3)\cos2\alpha$$

$$= \frac{1}{2}(\sigma_1 + \sigma_3) + \frac{1}{2}(\sigma_1 - \sigma_3)\cos2\alpha = \sigma$$

$$y_A = \overline{O_1A}\sin2\alpha = \frac{1}{2}(\sigma_1 - \sigma_3)\sin2\alpha = \tau$$

即，A 点的横坐标就是斜面 mn 上的正应力 σ，而其纵坐标就是剪应力 τ。

上述用图解求应力所采用的圆通常称为莫尔应力圆。由于莫尔应力圆上点的横坐标表示土中某点在相应斜面上的正应力，纵坐标表示该斜面上的剪应力，所以，可以用莫尔应力圆来研究土中任一点的应力状态。

【例 5-1】已知土体中某点所受的最大主应力 $\sigma_1 = 500\text{kN/m}^2$，最小主应力 $\sigma_3 = 200\text{kN/m}^2$。

试用解析法计算与最大主应力 σ_1 作用平面成 30°角的平面上的正应力 σ 和剪应力 τ。

【解】与最大主应力 σ_1 作用平面成 30°角，既得 $\alpha = 30°$ 由公式（5.1-4）计算，得：

$$\sigma = \frac{1}{2}(\sigma_1 + \sigma_3) + \frac{1}{2}(\sigma_1 - \sigma_3)\cos 2\alpha$$

$$= \frac{1}{2} \times (500 + 200) + \frac{1}{2} \times (500 - 200)\cos 2 \cdot 30° \approx 425(\text{kN/m}^2)$$

$$\tau = \frac{1}{2}(\sigma_1 - \sigma_3)\sin 2\alpha = \frac{1}{2} \times (500 - 200)\sin 2 \cdot 30° \approx 130(\text{kN/m}^2)$$

3. 莫尔—库伦破坏准则

为了建立实用的土体极限平衡条件，通常将土体中某点的莫尔应力圆和土体的抗剪强度与法向应力关系曲线（简称抗剪强度线）画在同一个直角坐标系中，如图 5-4 所示，这样，就可以判断土体在这一点上是否达到极限平衡状态。

（1）若莫尔应力圆位于抗剪强度包线的下方（图 5-4 中的圆Ⅰ），即通过该点任一方向的剪应力 τ 都小于土体的抗剪强度 τ_f，则该点土不会发生剪切破坏，而处于弹性平衡状态。

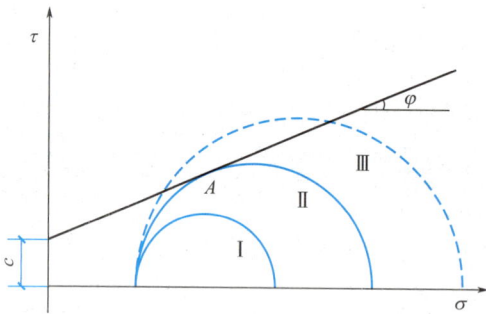

图 5-4　莫尔应力圆与土的抗剪强度之间的关系

（2）若莫尔应力圆恰好与抗剪强度线相切（图 5-4 中的圆Ⅱ），切点为 A，则表明切点 A 所代表的平面上的剪应力 τ 与土体的抗剪强度 τ_f 相等，此时，该点土体处于极限平衡状态。

（3）若莫尔应力圆恰好与抗剪强度线相割（图 5-4 中的圆Ⅲ），则表明该点某些平面上的剪应力 τ 超过土体的抗剪强度 τ_f，实际上该点早已被破坏，该应力圆所代表的应力状态并不存在，因此用虚线圆表示。

根据极限莫尔应力圆与抗剪强度线的几何关系，可建立极限平衡条件方程式。则黏性土和粉土的极限平衡条件为：

$$\sigma_1 = \sigma_3 \tan^2\left(45° + \frac{\varphi}{2}\right) + 2c \tan\left(45° + \frac{\varphi}{2}\right) \tag{5.1-5}$$

或

$$\sigma_3 = \sigma_1 \tan^2\left(45° - \frac{\varphi}{2}\right) - 2c \tan\left(45° - \frac{\varphi}{2}\right) \tag{5.1-6}$$

无黏性土（砂土）的极限平衡条件为：

$$\sigma_1 = \sigma_3 \tan^2\left(45° + \frac{\varphi}{2}\right) \tag{5.1-7}$$

$$\sigma_3 = \sigma_1 \tan^2\left(45° - \frac{\varphi}{2}\right) \tag{5.1-8}$$

即剪切破裂面与最大主应力 σ_1 作用平面的夹角为 $\alpha = 45° + \frac{\varphi}{2}$（共轭剪切面）。

由此可见，土与一般连续性材料（如钢、混凝土等）不同，是一种具有内摩擦强度的材料。其剪切破裂面不产生于最大剪应力面，而是与最大剪应力面成 $45°+\dfrac{\varphi}{2}$ 的夹角。如果土质均匀，且试验中能保证试件内部的应力、应变均匀分布，则试件内将会出现两组完全对称的破裂面。

理论分析和试验研究表明，在各种破坏理论中，对土最适合的是莫尔—库仑强度理论。归纳总结莫尔—库仑强度理论，可以表述为如下三个要点。

（1）剪切破裂面上，材料的抗剪强度是法向应力的函数，可表达为：

$$\tau_f = f(\sigma) \tag{5.1-9}$$

（2）当法向应力不很大时，抗剪强度可以简化为法向应力的线性函数，即表示为库仑公式：

$$\tau_f = c + \sigma\tan\varphi \tag{5.1-10}$$

（3）土单元体中，任何一个面上的剪应力大于该面上土体的抗剪强度，土单元体即发生剪切破坏。

4. 土的极限平衡条件的应用

已知土单元体实际上所受的应力和土的抗剪强度指标 c、φ，利用公式（5.1-5），将土单元体所受的实际应力 σ_{3m} 和土的内摩擦角 φ 代入公式的右侧，求出土处在极限平衡状态时的最大主应力：

$$\sigma_{1f} = \sigma_{3m}\tan^2\left(45° + \dfrac{\varphi}{2}\right) + 2c \cdot \tan\left(45° + \dfrac{\varphi}{2}\right) \tag{5.1-11}$$

如果计算得到 $\sigma_{1f} > \sigma_{1m}$，表示土体达到极限平衡状态要求的最大主应力 σ_{1f} 大于实际的最大主应力 σ_{1m}，则土体处于弹性平衡状态；反之，如果 $\sigma_{1f} < \sigma_{1m}$，表示土体已经发生剪切破坏。同理，也可以用 σ_{1m} 和 φ 求出 σ_{3f}，再比较 σ_{3f} 和 σ_{3m} 的大小，来判断土体是否发生了剪切破坏。

5.1.3　抗剪强度指标的测定方法

抗剪强度指标 c、φ 值，是土体的重要力学性质指标，在确定地基土的承载力、挡土墙的土压力以及验算土坡稳定性等工程问题中，都要用到土体的抗剪强度指标。因此，正确地测定和选择土的抗剪强度指标是土木工程计算中十分重要的问题。

土的抗剪强度指标主要依靠土的室内剪切试验和现场原位测试来确定。测试土的抗剪强度指标时所采用的试验仪器种类和试验方法对土的抗剪强度指标的试验结果有很大影响。室内试验常用的方法有直接剪切试验、三轴剪切试验；现场原位测试的方法有十字板剪切试验和大型直剪试验。

1. 直接剪切试验

图 5-5 为应变控制式直剪仪。垂直压力由杠杆系统通过加压活塞和透水石传给土样，水平剪应力则由轮轴推动活动的下盒施加给土样。土体的抗剪强度可由量力环测定，剪切变形由百分表测定。在施加每一级法向应力后，匀速增加剪切面上的剪应力，直至试件剪切破坏。

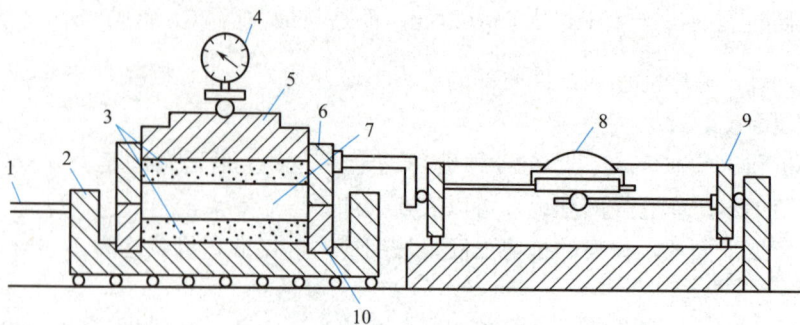

图 5-5　应变控制式直剪仪

1—轮轴；2—底座；3—透水石；4—垂直变形量表；5—活塞；6—上盒；
7—土样；8—水平位移量表；9—量力环；10—下盒

直接剪切试验是测定土的抗剪强度指标常用的一种试验方法。它具有仪器设备简单、操作方便等优点。但是，它的缺点是土样上的剪应力沿剪切面分布不均匀，不容易控制排水条件，在试验过程中，剪切面易发生变化等。

根据直接剪切试验成果可知直接剪切试验的快剪试验相当于三轴剪切试验的不固结不排水剪试验（UU 试验）；固结快剪试验相当于三轴剪切试验的固结不排水剪试验（CU 试验）；慢剪试验相当于三轴剪切试验的固结排水剪试验（CD 试验）。

2. 三轴剪切试验

三轴剪切试验仪由受压室、周围压力控制系统、轴向加压系统、孔隙水压力系统以及试样体积变化量测系统等组成，三轴剪切试验仪如图 5-6 所示。

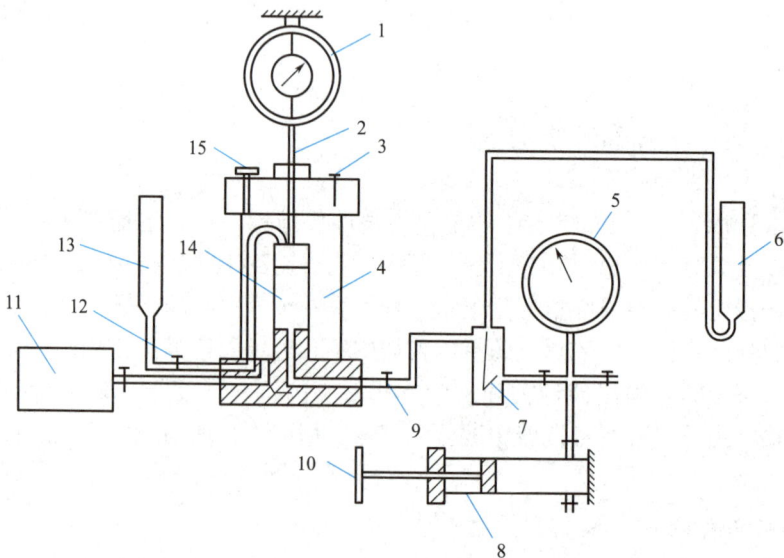

图 5-6　三轴剪切试验仪

1—量力环；2—传力杆；3—排气孔；4—压力室；5—孔隙水压力表；6—量管；7—零位指示器；8—调压筒；
9—孔隙压力阀；10—手轮；11—围压系统；12—排水阀；13—排水管；14—试样；15—注水孔

试验时，将圆柱体土样用乳胶膜包裹，固定在压力室内的底座上。先向压力室内注入液体（一般为水），使试样受到周围压力 σ_3，并使 σ_3 在试验过程中保持不变。然后在压力室上端的活塞杆上施加垂直压力直至土样受剪破坏。设土样破坏时由活塞杆加在土样上的垂直压力为 $\Delta\sigma_1$，则土样上的最大主应力 $\sigma_{1f}=\sigma_3+\Delta\sigma_1$，而最小主应力为 σ_{3f}。由 σ_{1f} 和 σ_{3f} 可绘制出一个莫尔圆。用同一种土制成 3～4 个土样，按上述方法进行试验，对每个土样施加不同的周围压力 σ_3，可分别求得剪切破坏时对应的最大主应力 σ_1，将这些结果绘成一组莫尔圆。根据土的极限平衡条件可知，通过这些莫尔圆的切点的直线就是土的抗剪强度线，由此可得抗剪强度指标 c、φ 值。

对应于直接剪切试验的快剪、固结快剪和慢剪试验，根据三轴剪切试验剪切前的固结程度和剪切时的排水条件，三轴剪切试验可分为如下三种试验方法。

（1）不固结不排水剪试验（UU 试验）。试样在施加周围压力 σ_3 后，随后立即施加竖向压力（偏应力 $\sigma_1-\sigma_3$）直至剪切破坏。在施加 σ_3 和 $\sigma_1-\sigma_3$ 的过程中，自始至终关闭排水阀，使试样在整个试验过程中均不许水排出。这种试验所对应的实际工程条件相当于饱和软土中快速加荷时的应力状况。

（2）固结不排水剪试验（CU 试验）。试样在施加周围压力 σ_3 时打开排水阀门，让其充分排水固结，待确认固结稳定后，再关闭排水阀门，同时施加竖向压力，使土样在不能向外排水的条件下受剪直至剪切破坏。它分析的是实际工程条件为一般正常固结土层在工程竣工时或以后受到大量、快速的活荷载或新增加荷载的作用时所对应的受力情况。

（3）固结排水剪试验（CD 试验）。试样在施加周围压力 σ_3 时，允许排水固结，待固结稳定后再在排水条件下施加竖向压力直至试样剪切破坏，即试样在整个试验过程中是向土体外排水的，因此排水阀始终是开启的。

与直接剪切试验相比，三轴剪切试验具有如下的优点：①可以严格控制试验过程中试样的排水条件，并能量测试样中孔隙水压力的变化；②试样中应力状态明确；③破裂面并非人为假定，而是试样的最薄弱面。但三轴剪切试验也有如下的缺点：①试样的主应力 $\sigma_2=\sigma_3$，而实际的土体的受力状态不是都属于这种轴对称情况；②三轴剪切仪的构造、操作均较复杂。

3. 其他试验

（1）无侧限抗压试验

无侧限抗压试验是三轴剪切试验的一种特殊情况。三轴剪切试验时，如果对土样不施加周围压力，而只施加轴向压力（固结排水），则土样剪切破坏的最小主应力 $\sigma_{3f}=0$，最大主应力 $\sigma_{3f}=q_u$，此时绘出的莫尔极限应力圆如图 5-7（a）所示。q_u 称为土的无侧限抗压强度。

对于饱和软黏土，可以认为内摩擦角 $\varphi_u=0$，此时其抗剪强度线与 σ 轴平行，且有黏聚力 $c_u=q_u/2$，所以可用无侧限抗压试验测定饱和软黏土的强度。该试验多在无侧限抗压仪（图 5-7b）上进行。

（2）十字板剪切试验

十字板剪切仪在现场试验时，先钻孔至需要试验的土层深度以上 750mm 处，然后将装有十字板的钻杆放入钻孔底部，并插入土中 750mm，施加扭矩使钻杆旋转直至土体剪切破坏。土体的剪切破坏面为十字板旋转所形成的圆柱面（图 5-8）。

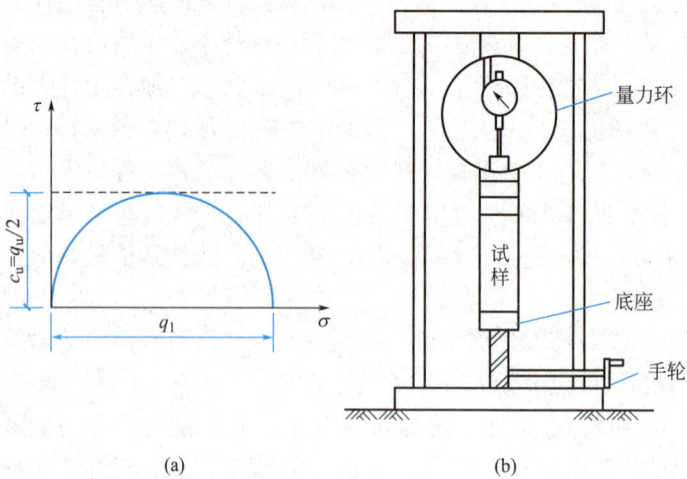

图 5-7　无侧限抗压试验

（a）无侧限抗压试验压力圆；（b）无侧限抗压仪

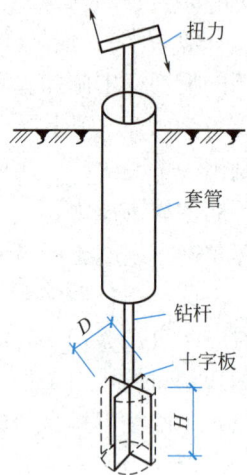

图 5-8　十字板剪切试验示意图

　　十字板剪切试验的优点是不需钻取原状土样，对土的结构扰动较小。它适用于软塑状态的黏性土。

5.1.4　抗剪强度指标的选用

　　试验和工程实践都表明，土的抗剪强度随土体受力后的排水固结状况的不同而变化。不同性质的土层和加荷速率，引起的土体排水固结状态是不一样的。如软土地基上快速修建建筑物，由于加荷速度快，土的渗透性差，则这种情况下土的强度和稳定性问题分析是基于不排水条件进行的；再如地基为粉土和粉质黏土薄层，上下都存在透水层（如砂土层）形成两面排水，在此条件下若施工周期较长的话，地基土能充分排水固结，则这种情况下的强度和稳定性问题分析是基于排水条件进行的。因此，在确定土的抗剪强度指标时，要求室内的试验条件能模拟实际工程中土体的排水固结状况。

　　为了模拟土体在现场受剪时的排水固结条件，三轴剪切试验和直接剪切试验分别有三种不同的试验方法，而且在理论上它们是两两相对应的。如当黏土层较厚、渗透性能较差，施工速度较快工程的施工期和竣工期可采用不固结不排水剪试验（或快剪试验）的强度指标；如当黏土层较薄、渗透性较大，施工速度较慢工程的竣工期可采用固结不排水剪试验（固结快剪试验）的强度指标等。需要强调的是直接剪切试验中的"快"与"慢"仅是"不排水"与"排水"的等义词，是为了通过快和慢的剪切速率来解决土样的排水条件问题，而并不是解决剪切速率对强度的影响。

　　工程中常采用有效应力法及相应指标进行设计与计算，因其概念明确，指标稳定，但须注意在使用中应选用有效强度指标。有效强度指标可用直接剪切试验的慢剪、三轴剪切试验的固结排水剪和固结不排水剪等试验方法测定。

　　由于前述直接剪切和三轴剪切试验的优缺点，在实际工程中，直接剪切试验通常应用于一般工程，而三轴剪切试验则大多在重要工程中应用。

任务 5.2 认识地基承载力

学习目标 ■ ■ ■

- 了解地基变形的三个阶段和临塑荷载、临界荷载和极限荷载的概念；
- 掌握确定地基承载力的方法。

在设计地基基础时，必须知道地基承载力特征值。地基承载力特征值是指在保证地基稳定的条件下，地基单位面积上所能承受的最大应力。地基承载力特征值可由载荷试验或其他原位测试、公式计算、并结合工程实践经验等方法综合确定。

5.2.1 地基破坏模式

地基承载力是指地基土单位面积上所能承受的荷载，如果荷载超过了地基的极限承载力，地基就会失稳破坏。不同土层在荷载作用下，其破坏模式是不同的，因此确定其地基承载力的方法也有所不同。

1. 地基剪切破坏的三个形式

载荷试验实际上是一种基础的原位模拟试验，模拟基础作用于地基的是一块刚性的载荷板，载荷板的尺寸一般为 $0.25\sim1.0m^2$，在载荷板上逐级施加荷载，同时测定在各级荷载作用下载荷板的沉降量及周围土体的位移情况，加荷直至地基土破坏失稳为止。

由试验得到压力 p 与所对应的稳定沉降量 s 的关系曲线如图 5-9 所示。从曲线 $p-s$ 的特征可以了解不同性质土体在荷载作用下的地基破坏机理。

（1）整体剪切破坏

整体剪切破坏的 $p-s$ 曲线如图 5-9 中的曲线 a 所示，有一个明显的拐弯点，其在开始阶段呈直线关系，但当荷载增大到某个极限值以后沉降急剧增大，呈现脆性破坏的特征。

整体剪切破坏通常发生在浅埋基础下的密砂或硬黏土等坚硬地基中。如图 5-10（a）所示，其破坏特征是当基础上荷载较小时，基础下形成一个三角形压密区 Ⅰ；随着荷载增大，压密区向两侧挤压，土中产生塑性区，从基础边缘逐步扩大为图中的塑性区 Ⅱ、Ⅲ，直到最后形成连续的滑动面延伸到地面，土从基础两侧挤出并隆起，基础的沉降急剧增大，整个地基失稳破坏。

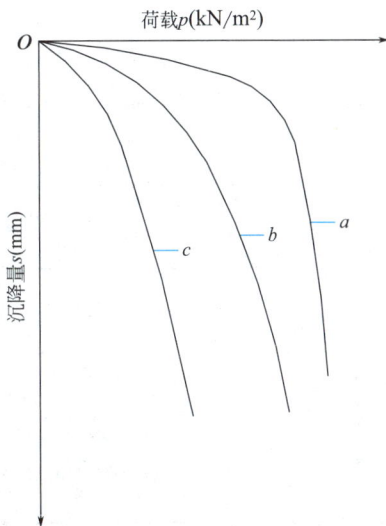

图 5-9 载荷试验的 $p-s$ 曲线

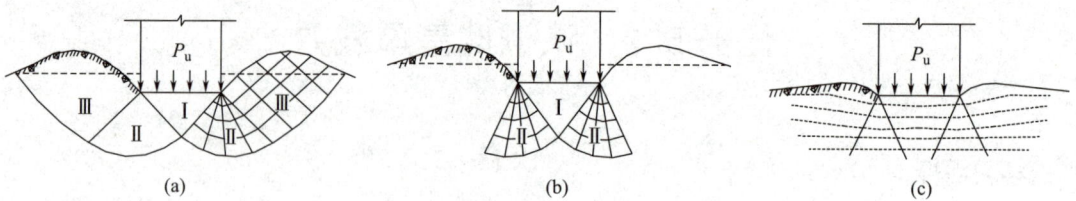

图 5-10 地基破坏模式
（a）整体剪切破坏；（b）局部剪切破坏；（c）冲剪破坏

（2）局部剪切破坏

局部剪切破坏的 $p-s$ 曲线如图 5-9 中的曲线 b 所示，其在开始阶段也呈直线关系，在到达某个极限以后虽然随着荷载增大，沉降增大较快，但不出现急剧增大的特征。即曲线有一个转折点，但不像整体剪切破坏那么明显，压力超过转折点以后的沉降也没有整体剪切破坏那样急剧增加。

局部剪切破坏通常发生在中等实砂土中。如图 5-10（b）所示，其破坏特征是随着荷载的增加，地基中也产生压密区 Ⅰ 及塑性区 Ⅱ，但塑性区的发展限制在地基中的某一范围以内，地基内的滑动面并不延伸到地面，仅在地基两侧地面微微隆起。

（3）冲剪破坏

冲剪切破坏的 $p-s$ 曲线如图 5-9 中的曲线 c 所示，其在整个沉降发展的过程中不出现明显的拐弯点，沉降对压力的变化率也没有明显的变化，即曲线上没有明显的特征点，没有比例界限，也没有极限荷载。

冲剪破坏通常发生在松砂或软土地基中。如图 5-10（c）所示，其破坏特征是随着荷载 p 的增加，基础下面的土层产生压缩变形，基础下沉并在基础两侧产生竖向的剪切变形，使基础"切入"土中，但侧向变形比较小，基础附近的地面没有明显的隆起现象。

地基的剪切破坏形式与多种因素有关，目前尚无合理的理论作为统一的判别标准。表 5-1 综合列出了条形基础在中心荷载下不同剪切破坏形式的各种特征，以供参考。

条形基础在中心荷载下不同剪切破坏形式的特征　　　　表 5-1

破坏形式	地基中滑动面	$p-s$ 曲线	基础四周地面	基础沉降	基础表现	控制指标	事故出现情况	适用条件		
								基土	埋深	加荷速率
整体剪切	连续，至地面	有明显拐点	隆起	较小	倾斜	强度	突然倾斜	密实	小	缓慢
局部剪切	连续，地基内	拐点不易确定	有时稍有隆起	中等	可能倾斜	变形为主	较慢下沉时有倾斜	松散	中	快速或冲击荷载
冲剪	不连续	拐点无法确定	沿基础下陷	较大	仅有下沉	变形	缓慢下沉	软弱	大	快速或冲击荷载

2. 整体剪切破坏的三个阶段

根据载荷试验结果进一步发现了地基整体剪切破坏的三个发展阶段，如图 5-11 所示。

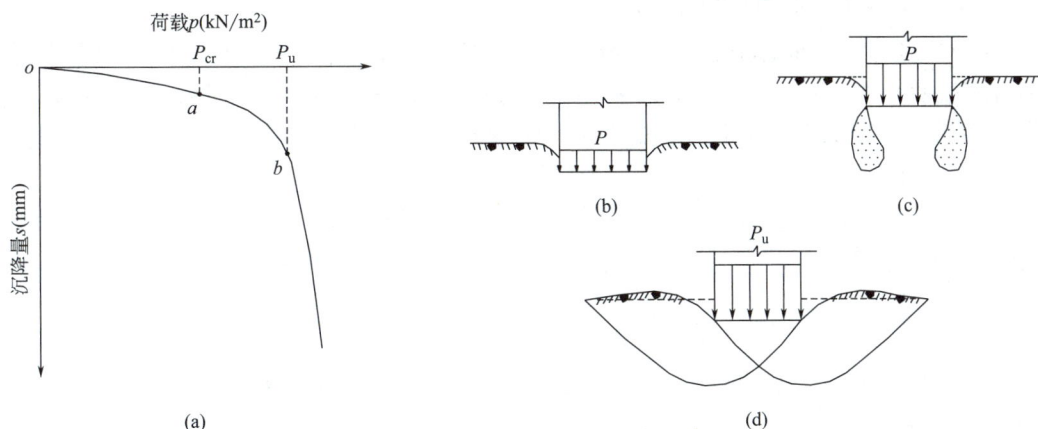

图 5-11 整体剪切破坏的三个阶段

（a）整体剪切破坏的 $p-s$ 曲线；（b）压密阶段（直线变形阶段）；（c）剪切阶段
（塑性变形阶段）；（d）破坏阶段（失稳阶段）

（1）压密阶段

压密阶段又称直线变形阶段，相当于图 5-11（a）中 $p-s$ 曲线上的 oa 段。这一阶段 $p-s$ 曲线接近于直线，土中各点的剪应力小于土的抗剪强度，土体处于弹性状态（稳定状态）。载荷板的沉降主要是由于土体的压密引起的，直线阶段终点的对应荷载 p_{cr} 称为比例界限或临塑荷载，亦可称为拐点压力。地基的压密变形状态如图 5-11（b）所示。

（2）剪切阶段

剪切破坏又称塑性变形阶段，相当于图 5-11（a）中 $p-s$ 曲线上的 ab 段。在这一阶段 $p-s$ 曲线不再保持线性关系，沉降的增长率 $\Delta s/\Delta p$ 随荷载的增大而增加。其变形特征表示土体中已局部发生剪切变形，产生塑性区。如图 5-11（c）所示，塑性区首先从基础边缘处出现，随着荷载的继续增加，地基中的塑性区范围逐步扩大，直至达到土中形成连续的滑动面，从载荷板两侧挤出而破坏。可见，剪切阶段也就是地基中塑性区的发生与发展的阶段。剪切阶段终点的对应荷载 p_u 称为极限荷载。

（3）破坏阶段

破坏阶段即失稳阶段，相当于图 5-11（a）中 $p-s$ 曲线上的 bc 段。在这一阶段 $p-s$ 曲线直线下降，表示当荷载超过极限荷载后，载荷板急剧下沉，即使不增加荷载，沉降也不能稳定。如图 5-11（d）所示，地基中塑性区不断发展，最后在土体中形成连续滑动面，土从载荷四周挤出，地基土失稳而破坏。

5.2.2 地基承载力的理论计算公式

确定地基的承载力的理论公式都是在整体剪切破坏的条件下导得的，对于局部剪切和冲剪破坏的情况，尚无理论公式可循。目前确定地基承载力的基本方法主要有两个：一是按塑性区的发展深度，以地基的临塑荷载 p_{cr} 和塑性荷载（$p_{1/4}$、$p_{1/3}$ 等）为地基承载力；二是地基的极限荷载 p_u 作为地基的承载力。

1. 地基临塑荷载和塑性荷载

按塑性区的发展深度确定地基承载力，是先找出外荷载与地基中塑性变形区发展范围（用深度表示）之间的关系，然后按照经验，通过控制塑性区的允许发展范围，来确定地基土所能承受的基底压力，该压力即为所求的地基承载力。

（1）塑性区发展深度

设条形基础的埋深为 d，其上作用均布荷载 p（图 5-12），根据土中应力计算的弹性理论和极限平衡条件，可得塑性区的边界线方程（亦称塑性界线方程）：

$$z = \frac{p - \gamma_m d}{\gamma \pi}\left(\frac{\sin 2\beta_0}{\sin \varphi} - 2\beta_0\right) - \frac{c \cdot \cot\varphi}{\gamma} - d \cdot \frac{\gamma_m}{\gamma} \tag{5.2-1}$$

式中，z 为塑性区的发展深度（m）；γ_m 为基底标高以上土的加权平均重度（kN/m³），地下水位以下采用有效重度；γ 为基底标高以下土的加权平均重度（kN/m³），地下水位以下采用有效重度；β_0 为塑性区的发展深度处与基底两侧连线的夹角，称为视角；c 为土的黏聚力（kPa）；φ 为土的内摩擦角（°）。

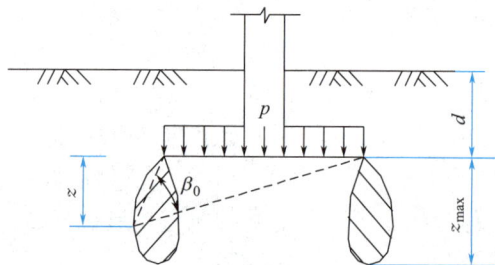

图 5-12 条形均布荷载作用下的地基主应力及塑性区

根据公式（5.2-1）可绘出塑性区的边界线，如图 5-12 所示，基础两边点的主应力最大，因此塑性区首先从基础两边点开始向深度发展。塑性区发展的最大深度 z_{max}，可由 $\frac{\mathrm{d}z}{\mathrm{d}\beta_0} = 0$ 的条件求得，即：

$$z_{max} = \frac{p - \gamma_m d}{\gamma \pi}\left[\cot\varphi - \left(\frac{\pi}{2} - \varphi\right)\right] - \frac{c \cdot \cot\varphi}{\gamma} - d \cdot \frac{\gamma_m}{\gamma} \tag{5.2-2}$$

由上式可见，当其他条件不变时，荷载 p 增大，塑性区随之发展，该区的最大深度也随着增大。

（2）地基临塑荷载

地基的临塑荷载是指地基土中将要出现但尚未出现塑性变形区时的基底压力，即 $z_{max} = 0$ 时的相应荷载。由公式（5.2-2），可得到地基的临塑荷载 p_{cr} 的表达式为：

$$p_{cr} = \frac{\pi(\gamma d + c \cot\varphi)}{\cot\varphi + \varphi - \frac{\pi}{2}} + \gamma_m d \tag{5.2-3}$$

在工程中，可采用临塑性荷载 p_{cr} 作为地基承载力的特征值 f_a。

（3）地基塑性荷载

工程实践表明，即使地基发生局部剪切破坏，地基中塑性区有所发展，只要塑性区范围不超出某一限度，就不致影响建筑物的安全和正常使用，因此以 p_{cr} 作为地基土的承载力偏于保守，可采用塑性荷载（$p_{1/4}$、$p_{1/3}$ 等）作为地基承载力。塑性荷载就是指地基土中已经出现塑性变形区，但尚未达到极限破坏时的基底压力。

地基塑性区发展的容许深度与建筑物类型、荷载性质以及土的特性等因素有关，目前在国际上尚无一致意见。一般认为，在中心垂直荷载下，塑性区的最大发展深度 z_{max} 可控制在基础宽度的 1/4，相应的塑性荷载用 $p_{1/4}$ 表示，计算公式为：

$$p_{1/4} = \frac{\pi\left(\gamma_m d + c\cot\varphi + \frac{1}{4}\gamma b\right)}{\cot\varphi + \varphi - \frac{\pi}{2}} + \gamma_m d \tag{5.2-4}$$

式中，b 为基础宽度（m）。也可改用下式表达：

$$p_{1/4} = \gamma b M_b + \gamma_m d M_d + c M_c \tag{5.2-5}$$

式中，M_b、M_d、M_c 分别称作为承载力系数，仅与土的抗剪强度指标 φ 有关。

$$M_b = \frac{\pi}{4\left(\cot\varphi + \varphi - \frac{\pi}{2}\right)}, \quad M_d = \frac{\cot\varphi + \varphi + \frac{\pi}{2}}{\cot\varphi + \varphi - \frac{\pi}{2}}, \quad M_c = \frac{\pi \cdot \cot\varphi}{\cot\varphi + \varphi - \frac{\pi}{2}}。$$

经过与载荷试验结果对比后，发现公式（5.2-4）或公式（5.2-5）计算结果较适合黏性土，对内摩擦角 φ 较大的砂类土，M_b 值偏低。

而对于偏心荷载作用的基础，也可取 $z_{max} = b/3$ 相应的塑性荷载 $p_{1/3}$ 作为地基的承载力，即：

$$p_{1/3} = \frac{\pi\left(\gamma_m d + c\cot\varphi + \frac{1}{3}\gamma b\right)}{\cot\varphi + \varphi - \frac{\pi}{2}} + \gamma_m d \tag{5.2-6}$$

必须指出，上述公式是在条形均布荷载作用下导出的，对于矩形和圆形基础可近似使用，其结果偏于安全。此外，在公式的推导过程中采用了弹性力学的理论，对于已出现塑性区的塑性变形阶段，其推导是不够严格的。

2. 地基极限荷载

地基的极限承载力 p_u 是地基承受基础荷载的极限压力，亦称地基极限荷载。其求解方法一般有两种：①根据土的极限平衡理论和已知的边界条件，计算出土中各点达极限平衡时的应力及滑动方向，求得基底极限承载力；②通过基础模型试验，研究地基的滑动面形状并进行简化，根据滑动土体的静力平衡条件求得极限承载力。由于推导时的假定条件不同，所得极限承载力的计算公式也就不同，下面介绍两种常见的地基极限承载力公式。

（1）普朗德尔公式

普朗德尔根据塑性力学理论，导出了极限荷载的表达式，随后赖斯纳、泰勒分别对之补充，得出了基底光滑无摩擦力的条形基础的地基极限承载力 p_u 表达式：

$$p_u = \frac{1}{2}\gamma \cdot b N_\gamma + q N_q + c N_c \tag{5.2-7}$$

$$q = \gamma_m d$$

式中，b 为条形基础的宽度（m）；q 为分布在基础两侧的均布荷载（kN）；c 为土的黏聚力（kPa）；d 为基础埋置深度（m）；γ_m 为基底标高以上土的加权平均重度（kN/m³），地下水位以下采用有效重度；γ 为基底标高以下土的加权平均重度（kN/m³），地下水位以下采用有效重度；N_γ、N_q、N_c 为承载力系数，是土的内摩擦角 φ 的函数，可从表 5-2 中查取。

普朗德尔公式的承载力系数表　　　　　　　　表 5-2

$\varphi(°)$	0	5	10	15	20	25	30	35	40	45
N_γ	0	0.62	1.75	3.82	7.71	15.2	30.1	62.0	135.5	322.7
N_q	1.00	1.57	2.47	3.94	6.40	10.7	18.4	33.3	64.2	134.9
N_c	5.14	6.49	8.35	11.0	14.8	20.7	30.1	46.1	75.3	133.9

（2）太沙基公式

太沙基公式考虑了基底的粗糙程度，得出基底完全粗糙的条形基础（基础的长宽比 $l/b \geqslant 5$）埋置深度 $d \leqslant b$ 时的地基极限承载力 p_u 为：

$$p_u = cN'_c + qN'_q + \frac{1}{2}\gamma \cdot bN'_\gamma \tag{5.2-8}$$

式中，N'_γ、N'_q、N'_c 为承载力系数，仅与土的内摩擦角 φ 有关，可由表 5-3 查得。

太沙基公式承载力系数表　　　　　　　　表 5-3

$\varphi(°)$	0	5	10	15	20	25	30	35	40	45
N'_γ	0	0.51	1.20	1.80	4.00	11.0	21.8	45.4	125	326
N'_q	1.00	1.64	2.69	4.45	7.42	12.7	22.5	41.4	81.3	173.3
N'_c	5.71	7.32	9.58	12.9	17.6	25.1	37.2	57.7	95.7	172.2

公式（5.2-8）只适用于条形基础，圆形或方形基础属于三维问题，因数学上的困难，至今尚未能导得其解析解，太沙基提出了半经验的极限荷载公式。

圆形基础：　　　　　　$p_u = 1.2cN'_c + qN'_q + 0.6\gamma \cdot RN'_\gamma$　　　　　（5.2-9）

方形基础：　　　　　　$p_u = 1.2cN'_c + qN'_q + 0.4\gamma \cdot bN'_\gamma$　　　　　（5.2-10）

式中，R 为圆形基础的半径（m）。

须注意，公式（5.2-8）～公式（5.2-10）只适用于地基土是整体剪切破坏情况，即地基土较密实，其 $p - s$ 曲线有明显的转折点，破坏前沉降不大等情况。对于松软土质，地基破坏是局部剪切破坏，其沉降较大，极限荷载较小，针对这种情况太沙基建议在这种情况下采用较小的 $\bar{\varphi}$、$\bar{c}$ 值代入以上公式计算极限承载力。即令：

$$\tan\bar{\varphi} = \frac{2}{3}\tan\varphi, \quad \bar{c} = \frac{2}{3}c \tag{5.2-11}$$

$\bar{\varphi}$ 值从表 5-2 中查得承载力系数，并用 $\bar{c}$ 代入相应的公式计算。

【例 5-2】条形基础受中心竖向荷载作用，基础宽度 2.4m，埋深 2m，地下水位以上土的重度为 18.0kN/m³，地下水位以下土的饱和重度为 19.2kN/m³，摩擦角 $\varphi = 20°$，黏聚力 $c = 8$kPa，如地基属于整体剪切破坏，试用太沙基公式确定其承载力设计值。

【解】根据 $\varphi = 20°$，由表 5-2 用插值法可得太沙基承载力因数为 $N_\gamma = 4.0$，$N_q = 7.42$，$N_c = 17.6$。

由公式（5.2-7）可得极限承载力 $p_u = 8 \times 17.6 + 2 \times 18.4 \times 7.42 + 0.5 \times (19.2 - 10) \times 2.4 \times 4 = 458.0$（kPa）

任务5.3 认识挡土墙

■ 学习目标 ■■■

- 了解土压力的基本概念；
- 掌握土压力的计算理论和计算方法，学会运用土压力的计算理论进行一般重力式挡土墙的设计；
- 掌握挡土墙的设计要点及稳定性验算；了解边坡稳定的分析方法。

在建筑工程中，挡土墙上的土压力计算、挡土墙设计与边坡稳定都是比较常见的实际工程问题。本节重点介绍土压力的理论，及对挡土墙进行设计；对不同环境下的边坡进行稳定分析。

5.3.1 土压力理论

1. 土压力的类型

土压力是土体作用在挡土墙、板桩墙、桥台等挡土结构物上的侧压力，其大小受到挡土结构物的形式、刚度、表面粗糙度、位移方向、墙后土体的地表形态、土的物理力学性质、地基的刚度以及墙后填土的施工方法等多种因素的影响。按挡土结构相对墙后土体的位移方向（平动或转动），可将土压力分为如下三类：

（1）静止土压力

静止土压力是挡土墙不发生任何位移时所对应的土压力，此时的土体处于完全静止的弹性平衡状态，如地下室外墙所承受的土压力。静止土压力的总压力和分布力分别用 E_0 和 σ_0 表示。

（2）主动土压力

挡土墙在土压力作用下离开土体向前位移，使墙后的填土松动，土压力随之减小。当位移达到一定量时，墙后的土体达到主动极限平衡状态，这时作用在挡土墙上的土压力称为主动土压力，其总压力和分布力分别用 E_a、σ_a 表示。

（3）被动土压力

挡土墙在外力作用下对着土体位移，土体被挤压，土压力随之增大。当位移达到一定量时，墙后的土体达到被动极限平衡状态，这时作用在挡土墙上的土压力称为被动土压力，如在基坑中向土中顶入地下结构的反力墙、基坑中承受支撑的钢板桩等。被动土压力的总压力和分布力分别用 E_p、σ_p 表示。

视频微课

5.3.1 主动土压力

视频微课

5.3.2 被动土压力

根据三种土压力 E 与位移 Δ 的关系，绘出 $E—\Delta$ 曲线如图 5-13 所示。由于 E_a 与 E_p 都是两种极限平衡状态，因此在相同的条件下，三种土压力在数值上的关系是：

$$E_a < E_0 < E_p \tag{5.3-1}$$

工程中挡土结构的实际位移难以控制与计算，其土压力值一般均位于这三种特殊土压力之间。

2. 静止土压力计算

作用在挡土结构物背面的静止土压力可视为天然土层自重应力的水平分量，而根据公式（5.1-1），处于完全弹性平衡状态下的土体中任一深度 z 处的应力状态如下。

竖直方向： $\sigma_z = \gamma z$

水平方向： $\sigma_h = K_0 \sigma_z = K_0 r z$

如图 5-14 所示，沿墙背的静止土压力分布力为：

$$\sigma_0 = K_0 \gamma z \tag{5.3-2}$$

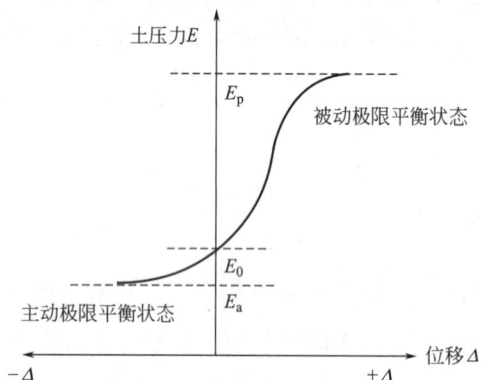

图 5-13 三种土压力 $E—\Delta$ 曲线

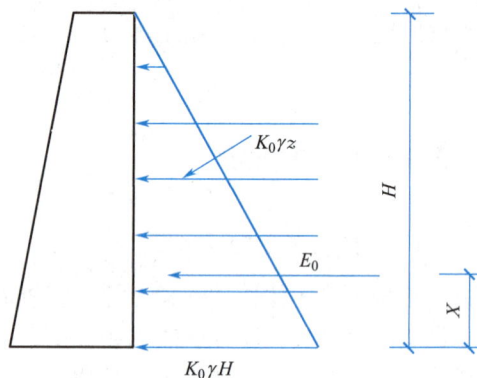

图 5-14 静止土压力分布示意图

式中，侧压力系数 K_0 也称为静止土压力系数，它可由土的泊松比求出，也可取：

$$K_0 = 1 - \sin\varphi \tag{5.3-3}$$

墙背上静止土压力的合力 E_0 为：

$$E_0 = \frac{1}{2} \gamma H^2 K_0 \tag{5.3-4}$$

式中，H 为挡土墙的高度（m）；E_0 为每延米的总静止土压力（kN/m），其作用点位于墙底面以上 $H/3$ 处。

3. 朗肯土压力理论

朗肯土压力理论是古典土压力理论之一，该理论通过分析半空间的应力状态，利用土的极限平衡条件，推出了土压力的计算公式。

（1）朗肯土压力理论的基本假设

朗肯土压力理论的基本假设为：①挡土结构墙背垂直、光滑；②挡土结构物刚性；③挡土结构物墙后填土为均质刚塑性半无限体；④挡土结构物墙后填土面水平；⑤墙高 H 以下的土体状态及位移与其上的一致。

挡土结构墙背垂直、光滑，意味着垂直面内无摩擦力，即无剪应力。根据剪应力互等定理，水平面上剪应力也为零。所以在水平面与垂直面上的正应力正好分别为最大、最小主应力，即水平面与垂直面均为主平面。

（2）主动土压力计算

如图 5-15 所示，挡土墙在土的侧压力作用下向前位移，使墙后的土体产生侧向膨胀伸展，土体内任意深度 z 处的水平方向的应力 σ_h 逐渐减少，但竖向压力 σ_z 保持为土体的自重应力 γz 不变。当土体达到主动极限平衡状态时，最大主应力 σ_1 为土的竖向自重应力 γz，而最小主应力 σ_3 为水平方向的应力 σ_h，即为作用在墙背上的主动土应力 σ_a。

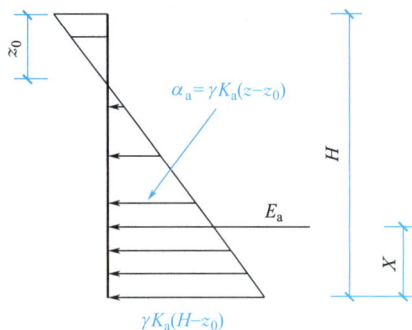

由极限平衡条件，$\sigma_z = \sigma_1 = \gamma z$、$\sigma_h = \sigma_a = \sigma_3$，可得主动土压力的计算式为：

图 5-15　主动土压力分布示意图

$$\sigma_a = \gamma z \tan^2\left(45° - \frac{\varphi}{2}\right) - 2c \tan\left(45° - \frac{\varphi}{2}\right)$$

令 $K_a = \tan^2\left(45 - \frac{\varphi}{2}\right)$，则有：

$$\sigma_a = \gamma z K_a - 2c\sqrt{K_a} \tag{5.3-5}$$

式中，K_a 称为主动土压力系数。

从公式（5.3-5）中可以看出，在某一深度 z_0 范围以内，主动土压力 σ_a 为负值，这表示当墙离开墙后填土时，受到填土的拉力，而土是不能受拉的，因此，认为在此范围内土压力 σ_a 为零，z_0 称为临界高度。

令 $\sigma_0 = \gamma z_0 K_a - 2c\sqrt{K_a} = 0$，则临界高度 z_0 为：

$$z_0 = \frac{2c}{\gamma\sqrt{K_a}} \tag{5.3-6}$$

由于土与墙为接触关系，不能承受拉应力，所以求合力时不考虑拉应力区的作用。土压力合力 E_a 为其分布图形的面积，即每延米总主动土压力 E_a（kN/m）为：

$$E_a = \frac{1}{2}(\gamma H K_a - 2c\sqrt{K_a})(H - z_0) \tag{5.3-7}$$

E_a 的作用线通过分布图形形心，方向垂直指向墙背，作用点离墙底的距离 X 为：

$$X = \frac{1}{3}(H - z_0) \tag{5.3-8}$$

（3）被动土压力计算

挡土墙在外力作用下向着土体位移，使土体被挤压，则土体内任意深度 z 处的水平方向的应力 σ_h 逐渐增大，但竖向压力 σ_z 保持为土体的自重应力 γz 不变。当土体达到被动极限平衡状态时，最小主应力 σ_3 为土的竖向自重应力 γz，而最大主应力 σ_1 为水平向的应力 σ_h，即为作用在墙背上的主动土应力 σ_p，如图 5-16 所示。

由极限平衡条件 $\sigma_z = \sigma_3 = \gamma z$、$\sigma_h = \sigma_p = \sigma_1$，可得被动土压力的计算式为：

$$\sigma_p = \gamma z \tan^2\left(45° + \frac{\varphi}{2}\right) + 2c \tan\left(45° + \frac{\varphi}{2}\right)$$

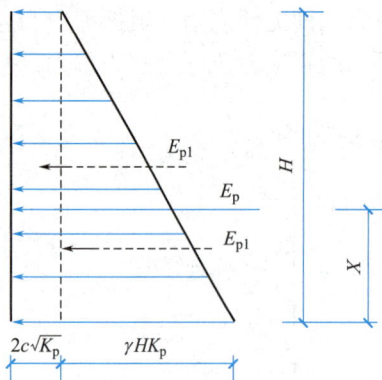

图 5-16 被动土压力分布示意图

令 $K_p = \tan^2\left(45° + \dfrac{\varphi}{2}\right)$，则有

$$\sigma_p = \gamma z K_p + 2c\sqrt{K_p} \qquad (5.3-9)$$

式中，K_p 称为被动土压力系数。

被动土压力合力 E_p（每延米总被动土压力，kN/m）为：

$$E_p = \frac{1}{2}\gamma H^2 K_p + 2cH\sqrt{K_p} \qquad (5.3-10)$$

E_p 作用点在梯形的形心上，将梯形划分为矩形与三角形，则 E_p 作用点至墙底的距离 X 可由矩形图与三角形图分别对墙底取矩求得，即：

$$X = \frac{1}{E_p}\left(E_{p1} \times \frac{H}{2} + E_{p2} \times \frac{H}{3}\right) \qquad (5.3-11)$$

式中，E_{p1}、E_{p2} 分别为按矩形面积和三角形面积计算得到的被动土压力的两个分量，它们分别作用在矩形和三角形的形心处。

【例 5-3】某挡土墙高 6.0m，墙背直立光滑，填土表面水平。填土的重度为 $\gamma = 17\text{kN/m}^3$，内摩擦角 $\varphi = 20°$，黏聚力 $c = 8\text{kPa}$，求该墙的主动土压力及其作用点的位置，并绘出土压力强度分布图。

【解】墙背直立光滑，填土表面水平，满足朗肯土压力理论的条件。

则朗肯主动土压力系数 $K_a = \tan^2\left(45° - \dfrac{\varphi}{2}\right) = \tan^2\left(45° - \dfrac{20°}{2}\right) \approx 0.49$

墙顶处的土压力强度 $\sigma_{a顶} = \gamma z_顶 K_a - 2c\sqrt{K_a} = 17 \times 0 \times 0.49 - 2 \times 8 \times \sqrt{0.49} = -11.20(\text{kPa})$

墙底处的土压力强度 $\sigma_{a底} = \gamma z_底 K_a - 2c\sqrt{K_a} = 17 \times 6 \times 0.49 - 2 \times 8 \times \sqrt{0.49} = 38.78(\text{kPa})$

拉应力区高度 $z_0 = \dfrac{2c}{\gamma\sqrt{K_a}} = \dfrac{2 \times 8}{17 \times \sqrt{0.49}} \approx 1.34(\text{m})$

主动土压力的合力 $E_a = \dfrac{1}{2}(\gamma H K_a - 2c\sqrt{K_a})(H - z_0) = \dfrac{1}{2} \times 38.78 \times (6 - 1.34) \approx 90.36(\text{kN/m})$

主动土压力的合力作用点离墙底的距离 $X = \dfrac{H - z_0}{3} \approx 1.55(\text{m})$

土压力分布示意如图 5-17 所示。

4. 库仑土压力理论

库仑土压力理论是假定挡土墙后土体处于极限平衡状态并形成一滑动楔体，然后从楔体的静力平衡条件导出的土压力计算方法。虽然这一方法的被动土压力计算值与实际情况相差较大，但这一方法对于挡土墙的设计计算具有较好的实用性。

（1）基本假定条件

库仑土压力理论的基本假定条件是：①墙后填土是理想的散体，即 $c = 0$，②滑动破坏

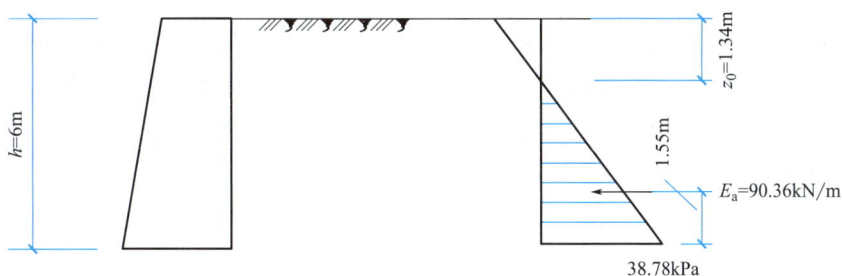

图 5-17　土压力分布示意

面为过墙踵的平面，③挡土墙及滑动土楔体为刚性。

（2）主动土压力

如图 15-6 所示的挡土墙，沿挡土墙长度方向取一单位长度的墙进行分析，已知墙背与水平面的夹角为 α，填土面倾斜角为 β，挡土墙高 H，若土压力作用迫使墙体向前位移或绕墙前趾转动，当墙后土体达到主动极限平衡状态时，土体中将产生滑动面 AB 及 BC，滑动土体 ABC 有下滑的趋势。通过取此滑动体 ABC 作为脱离体，它所受重力 G、滑动面上的作用力 R 及挡土墙对它的作用力的方向如图 5-18 所示。墙对它的作用力 E'_a 就是主动土压力 E_a 的反作用力。在极限平衡状态，三个力组成封闭三角形。

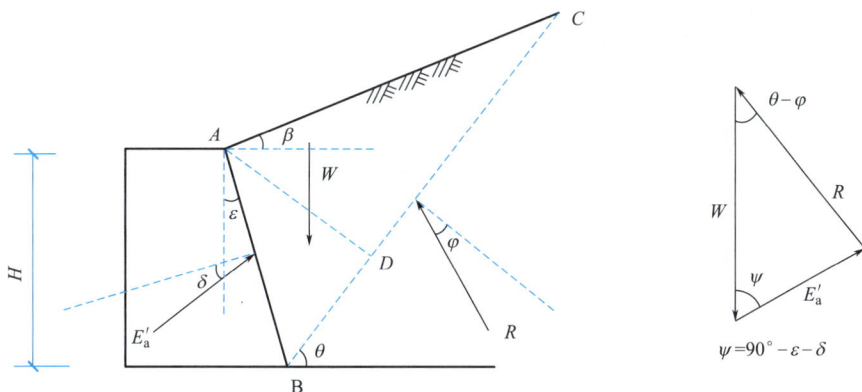

图 5-18　库伦主动土压力理论

由静力平衡条件，可推得主动土压力 E_a 的计算公式：

$$E_a = \frac{1}{2}\gamma H^2 K_a \tag{5.3-12}$$

式中，K_a 称为主动土压力系数，为墙背与水平面的夹角为 α、填土面倾斜角为 β、墙背与土的摩擦角（称为外摩擦角）δ、土的内摩擦角 φ 有关的函数，即：

$$K_a = \frac{\sin^2(\varphi+\alpha)}{\sin^2\alpha \cdot \sin(\alpha-\delta)\left[1+\sqrt{\dfrac{\sin(\varphi+\delta)\cdot\sin(\varphi-\beta)}{\cos(\alpha-\delta)\cdot\cos(\alpha+\beta)}}\right]^2} \tag{5.3-13}$$

若 $\alpha=90°$，$\beta=\delta=0$ 即墙背垂直、填土面水平和墙背光滑，公式（5.3-13）与朗肯理论完全一致。

（3）被动土压力

挡土结构物在外力作用下面向填土位移，当墙后土体达到被动极限平衡状态时，墙后土体将同样产生滑动面 AB 及 BC，滑动土体 ABC 有向上滑动的趋势，如图 5-19 所示。此时，运用类似求主动土压力的方法，也可求出墙背倾斜、粗糙、墙后填土为无黏性土、填土表面倾斜的挡土结构上的被动土压力 E_p 值。

$$E_p = \frac{1}{2}\gamma H^2 K_p \qquad\qquad (5.3\text{-}14)$$

式中，K_p 称为被动土压力系数，为 α、β、δ、φ 有关的函数，即：

$$K_p = \frac{\sin^2(\alpha-\varphi)}{\sin^2\alpha \cdot \sin(\alpha+\delta)\left[1-\sqrt{\dfrac{\sin(\varphi+\delta)\cdot\sin(\varphi+\beta)}{\sin(\alpha+\delta)\cdot\sin(\alpha+\beta)}}\right]^2}$$

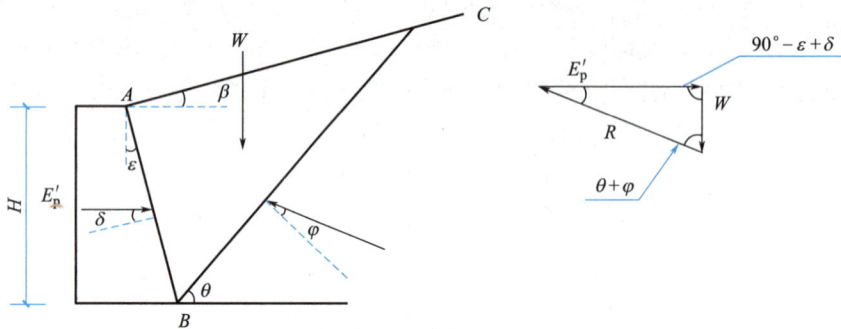

图 5-19 库伦被动土压力理论

【例 5-4】某重力式挡土墙墙高 4m，$\alpha=90°$，$\beta=0$，粉质黏土作填料，要求 $\gamma_d \geqslant 16.5\text{kN/m}^3$，相当于 $\gamma=19\text{kN/m}^3$，$c=10\text{kPa}$，$\varphi=15°$，求土压力大小。

【解】采用朗肯土压力理论，则：

主动土压力系数 $K_a = \tan^2\left(45° - \dfrac{\varphi}{2}\right) = \tan^2\left(45° - \dfrac{15°}{2}\right) \approx 0.59$

拉应力区高度 $z_0 = \dfrac{2c}{\gamma\sqrt{K_a}} = \dfrac{2\times10}{19\times\sqrt{0.59}} \approx 1.37(\text{m})$

则主动土压力 $E_a = \dfrac{1}{2}(\gamma H K_a - 2c\sqrt{K_a})(H-z_0)$

$$= \frac{1}{2}(19\times4\times0.59 - 2\times10\times\sqrt{0.59})(4-1.37) \approx 38.8(\text{kN/m})$$

5.3.2 挡土墙的设计

1. 挡土墙的类型

挡土墙按结构形式，可分为重力式、悬臂式、扶壁式、锚定式、锚杆式等，如图 5-20 所示。挡土墙类型一般应根据工程需要、土质情况、材料供应、施工技术及造价等因素合理选择。

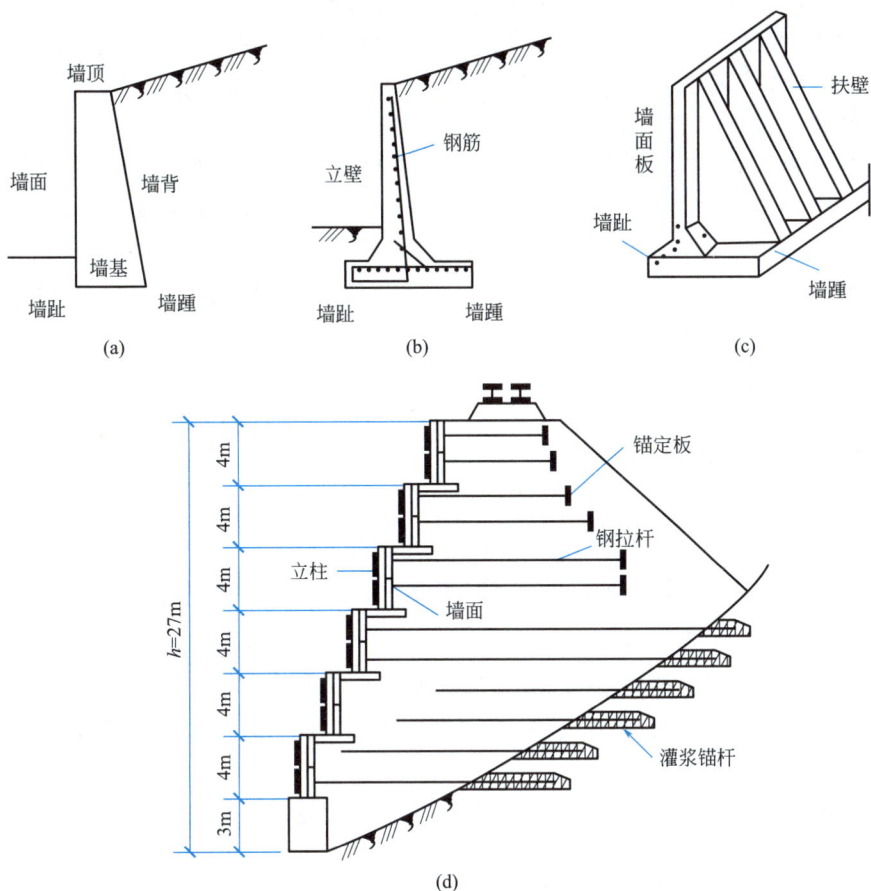

图 5-20　挡土墙的类型

（a）重力式挡土墙；（b）悬臂式挡土墙；（c）扶壁式挡土墙；（d）锚定式、锚杆式挡土墙

（1）重力式挡土墙。如图 5-20（a）所示，重力式挡土墙一般由块石或者素混凝土砌筑而成，靠自身重力来维持墙体稳定，墙身截面尺寸一般较大。重力式挡土墙结构简单，施工方便，取材容易，是一种应用较广泛的挡土墙。其根据墙背的倾角不同可分为仰斜式、垂直式、俯斜式、衡重式，如图 5-21 所示。衡重式挡土墙指的是利用衡重台上部填土的重力而墙体重心后移以抵抗土体侧压力的挡土墙。

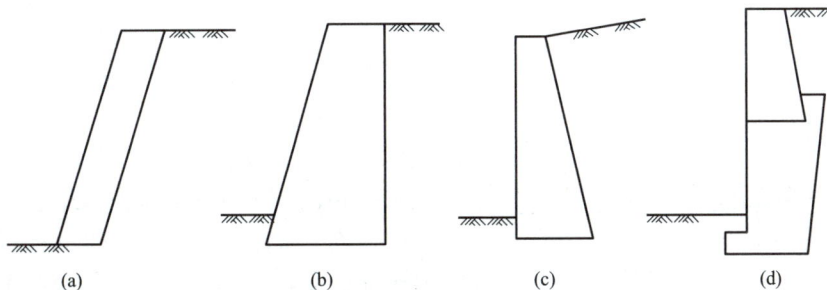

图 5-21　重力式挡土墙的形式

（a）仰斜式；（b）垂直式；（c）俯斜式；（d）衡重式

仰斜式主动土压力最小，墙身截面经济，墙背可与开挖的临时边坡紧密贴合，但墙后填土的压实较为困难，因此多用于支挡挖方工程的边坡。俯斜式主动土压力最大，墙后填土施工较为方便，易于保证回填土质量，因而多用于填方工程。垂直式介于前两者之间，且多用于墙前原有地形较陡的情况，如山坡上建墙。

（2）悬臂式挡土墙。如图 5-20（b）所示，悬臂式挡土墙的稳定主要由墙踵悬臂上的土重维持，墙体内部拉应力由钢筋承受。由于钢筋混凝土的受力特性被充分利用，故此类挡土墙的墙身截面尺寸小，在市政工程中常用。

（3）扶壁式挡土墙。当墙高 $H > 10m$ 时，挡土墙立壁挠度较大，为了增强立壁的抗弯性能，常常沿着墙的纵向每隔一定距离（$0.8H \sim 1.0H$）设置一道扶壁，成为扶壁式挡土墙，如图 5-20（c）所示。扶壁间填土可增加抗滑和抗倾覆的能力，一般作用于重要的大型土建工程。扶壁式挡土墙设计时可初选截面尺寸，再将墙身及墙踵作为三边固定的板，用有限元或者有限差分进行优化设计。

（4）锚定式、锚杆式挡土墙。如图 5-20（d）所示，锚定板挡土墙是由预制的钢筋混凝土面板立柱、钢拉杆以及埋入土中的锚定板等组成，挡土墙的稳定性有拉杆和锚定板保证。锚杆式挡土墙则是由伸入岩层的锚杆承受土压力的挡土墙结构。

2. 挡土墙的一般设计原则

设计挡土墙时，一般是先根据荷载大小、地基土工程地质条件按填土性质、建筑材料等条件凭检验初步议定截面尺寸，然后逐项进行验算。若不满足，则修改截面尺寸或采取其他措施。

挡土墙的验算一般包括稳定性验算、地基承载力验算、墙身强度验算。

（1）稳定性验算

稳定性验算包括抗倾覆和抗滑移验算两大内容，必要时还须进行地基的深层稳定性验算。

1）抗倾覆稳定性验算

研究表明，挡土墙的破坏大部分是倾覆破坏，要保证挡土墙在土压力的作用下不发生绕墙趾 O 点的倾覆，必须要求抗倾覆安全系数 K_f 满足要求。如图 5-22 所示的重力式挡土墙验算公式如下：

$$K_f = \frac{Gx_0 + E_{az}x_f}{E_{az}z_f} \geqslant 1.6 \quad (5.3-15)$$

$$E_{az} = E_a \sin(\alpha - \delta), E_{ax} = E_a \cos(\alpha - \delta)$$

$$x_f = b - z\tan\alpha_0, z_f = z - b\tan\alpha_0$$

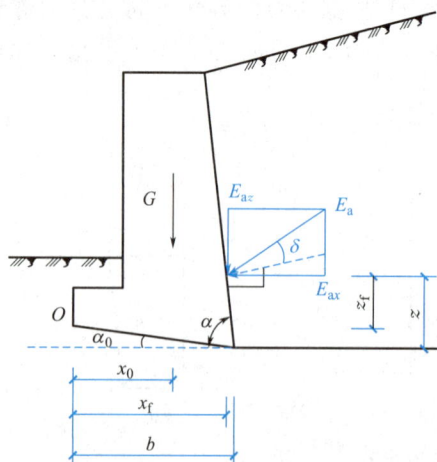

式中，E_{az} 为土压力 E_a 的竖向分力（kN/m）；E_{ax} 为土压力 E_a 的水平分力（kN/m）；G 为挡土墙每延米自重（kN/m）；x_0 为挡土墙重心离墙趾 O 点的水平距离（m）；x_f 为土压力作用点离 O 点的水平距离（m）；z_f 为土压力作用点离墙趾 O 点的高度（m）；z 为土压力作用点离墙踵的高度（m）；α 为墙背倾斜角；δ 为墙背与土的摩擦角（外摩擦角）；α_0 为挡土墙的基底倾角；b 为基地的水平投影宽度（m）。

图 5-22　重力式挡土墙抗倾覆稳定性验算

挡土墙在软土地基上倾覆时，墙趾可能陷入土中，使力矩中心点内移从而导致抗倾覆安全系数降低，有时甚至会沿着圆弧滑动面发生整体性破坏，因此验算时应该注意土的压缩性。验算悬臂式挡土墙时，可视土压力作用在墙踵的垂直面上，将墙踵悬臂以上土重计入挡土墙自重，可采用公式（5.3-5）验算。

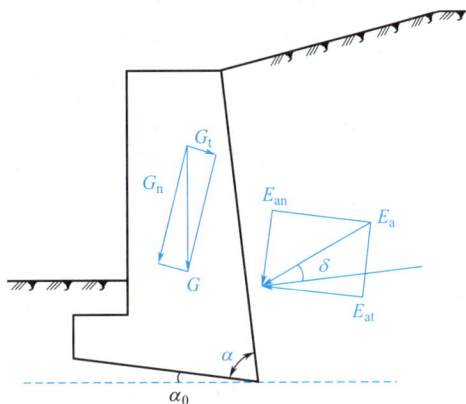

图 5-23　重力式挡土墙抗滑移稳定性验算

2）抗滑移稳定性验算

在土压力的作用下，挡土墙也可能沿基础底面发生滑动，因此要求基底的抗滑移安全系数 K_s 满足要示。如图 5-23 所示的重力式挡土墙，验算公式为：

$$K_s = \frac{(G_n + E_{an})\mu}{E_{at} - G_t} \geqslant 1.3 \qquad (5.3\text{-}16)$$

$$E_{an} = E_a \sin(\alpha - \alpha_0 - \delta)，E_{at} = E_a \cos(\alpha - \alpha_0 - \delta)$$

$$G_n = G \cos\alpha_0，G_t = G \sin\alpha_0$$

式中，E_{an} 为土压力 E_a 在垂直于基底平面方向的分力（kN/m）；E_{at} 为土压力 E_a 在平行于基底平面方向的分力（kN/m）；G_n 为挡土墙自重 G 在垂直于基底平面方向的分力（kN/m）；G_t 为挡土墙自重 G 在平行于基底平面方向的分力（kN/m）；μ 为土对挡土墙基底的摩擦系数，可以从表 5-4 中取值。

土对挡土墙基底的摩擦系数　　　　　　　　　　　　　　　　　表 5-4

土的类别		摩擦系数 μ
黏土	可塑	0.25～0.30
	硬塑	0.30～0.35
	坚塑	0.35～0.45
粉土		0.30～0.40
中砂、粗砂、粒砂		0.40～0.50
碎石土		0.40～0.60
软质岩		0.40～0.60
表面粗糙的硬质岩		0.65～0.75

（2）地基承载力验算

挡土墙在自重及土压力的垂直分力作用下，基底压力按线性分布，其验算方法与天然地基上的浅基础验算相同。

（3）墙身强度验算

挡土墙的墙身强度验算，应按照《混凝土结构设计规范》（2015 年版）GB 50010—2010 和《砌体结构设计规范》GB 50003—2010 的规定，进行抗压强度和抗剪强度验算。

3. 挡土墙的构造措施

重力式挡土墙的构造措施如下：

（1）挡土墙的高度。墙后被支挡的填土呈水平时填土的高度为墙顶的高度。对长度很长的挡土墙，也可以使墙顶低于填土顶面，用斜坡连接，以节省工程量。

（2）挡土墙的顶宽。挡土墙的顶宽由构造要求确定：砌石重力式挡土墙，顶宽应大于0.5m，即2块块石加砂浆；混凝土重力式挡土墙，顶宽不应小于0.5m；钢筋混凝土悬臂式或扶壁式挡土墙顶宽不小于300mm。

（3）挡土墙的底宽。挡土墙的底宽由整体稳定性确定，初定挡土墙底宽 $B \approx 0.5H \sim 0.7H$（H 为挡土墙高），挡土墙底面为卵石、碎石时取小值，墙底为黏性土时取高值。

挡土墙尺寸初定后，经挡土墙抗滑稳定与抗倾覆稳定验算，若安全系数过大，则适当减小墙的底宽；反之，安全系数太小，则适当加大墙的底宽或采取其他措施，以保证挡土墙既安全又经济。

（4）挡土墙的坡度。为了增加稳定性，一般将基底做成逆坡。对于土质地基，基底逆坡坡度不大于1：10；对于岩质地基，基底逆坡坡度≤1：5。

（5）墙后回填土。卵石、砾石、粗砂、中砂的内摩擦角大，主动土压力系数小，作用在挡土墙上主动土压力小，是挡土墙后理想的回填土。如当地无粗粒土，外运不经济，可就地取材。其中，细砂、粉砂、含水量接近最优含水量的粉土、粉质黏土和低塑性黏土是可用的回填土；但软黏性土、硬黏性土、膨胀土和耕植土，因性质不稳定，在冬季冰冻时或雨季吸水膨胀时都将产生额外的土压力，对挡土墙的稳定性产生不利影响，故不能用作墙后的回填土。

（6）排水设施。挡土墙应该设置泄水孔，其间距宜取 2～3m，外斜 5%，孔眼尺寸宜≥$\phi100m$。墙后要做好反滤层和必要的排水盲沟，在墙顶地面宜铺设防水层。当墙后有山坡时，还应当在坡下设置截水沟。

（7）伸缩缝。挡土墙每隔 10～20m 应该设置一道伸缩缝。在拐角处应适当采取加强的构造措施，当地基有变化时宜加设伸缩缝。

任务 5.4　基坑工程施工作业

学习目标

- 了解深基坑支护的特点及支护结构的类型；
- 了解基坑稳定分析的一般步骤；
- 初步掌握基坑支护结构的类型与适用条件，正确实施土壁支护方案；
- 能选择基坑降水方法；
- 能正确采用基坑施工的一般技术，编写施工方案。

建筑基坑是指为进行建（构）筑物基础与地下室的施工所开挖的地面以下的空间。基坑开挖后，会产生多个临空面，这构成了基坑围体，围体的某一侧面称为基坑侧壁。基坑的开挖必然对周边环境造成一定的影响，影响范围内的既有建（构）筑物、道路、地下设施、地下管线、岩土体及地下水体等，这些统称为基坑周边环境。基坑支护就是为保证地下结构施工及基坑周边环境的安全，而对基坑侧壁及周边环境采用的支挡、加固与保护等措施。

5.4.1　基坑工程基本知识

（1）常见支护方式

随着深、大基坑越来越常见，放坡开挖或用少量钢板桩已经难于保证地下结构施工及基坑周边环境的安全，因此实践中发展了多种支护方式，以下为常见的几种：

1）排桩，即以某种桩型按队列式布置。

2）地下连续墙，即用机械施工方法成槽浇灌钢筋混凝土。

3）水泥土墙，即由水泥土桩相互搭接形成的格栅状、壁状等形式。

4）土钉墙，即采用土钉加固基坑侧壁土体，并采用护面。

5）上述方式的各类支护方式的组合。

（2）支护技术内容

基坑支护技术主要包括基坑的勘察、设计、施工及监测技术，同时包括地下水的控制（是指为保证支护结构施工、基坑挖土、地下室施工及基坑周边环境安全而采取的排水、降水、截水或回灌措施）和土方开挖等。

（3）支护结构失稳现象

基坑开挖时，随着土体应力的解除和临空面的产生，将可能引起土体与支护结构的失稳，土体与支护结构的失稳主要表现为整体失稳、基坑底土隆起失稳、基坑底土突涌失稳、基坑渗流失稳（产生管涌现象）、支护结构踢脚失稳。此外还有支护结构的强度破坏，如支锚结构锚杆被拔出、桩墙底部向基坑内产生较大位移、桩墙弯曲破坏等，如图 5-24 所示。当支护结构与土体发生上述失稳现象时，必将引起支护结构侧移和地表沉降，引起临近建（构）筑物、道路、地下设施与管线的变形，严重的将产生灾难性的后果。

视频微课

5.4.1　基坑坍塌

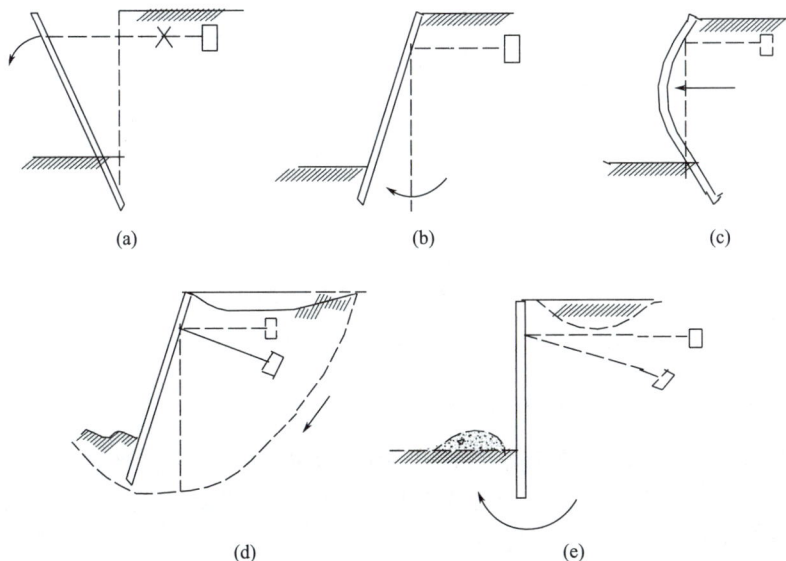

（a）　　　　　　（b）　　　　　　（c）

（d）　　　　　　（e）

图 5-24　支护结构失稳示意

（a）锚拉系统破坏；（b）底部内移；（c）板桩弯曲；（d）整体滑动；（e）管涌、隆起

一般情况下，基坑支护工程是临时性工程，因此安全与经济的平衡是尤其重要的，不能为了安全而忽略经济，更不能为了经济而忽略安全。

（4）支护结构选型

支护结构类型的选择应根据基坑周边环境、开挖深度、工程地质与水文地质、施工作业设备和施工季节等条件综合考虑。建筑基坑支护技术规程介绍了几种支护结构的类型，并给出了包含基坑侧壁安全等级、开挖深度及地下水情况的适用条件，见表5-5。

支护结构选型表   表 5-5

结构类型		适用条件		
		安全等级	基坑深度、环境条件、土类和地下水条件	
支挡式结构	锚拉式结构	一级、二级、三级	适用于较深的基坑	1. 排桩适用于可采用降水或截水帷幕的基坑。 2. 地下连续墙宜同时用作主体地下结构外墙，可同时用于截水。 3. 锚杆不宜用在软土层和高水位的碎石土、砂土层中。 4. 当邻近基坑有建筑物地下室、地下构筑物等，锚杆的有效锚固长度不足时，不应采用锚杆。 5. 当锚杆施工会造成基坑周边建（构）筑物的损害或违反城市地下空间规划等规定时，不应采用锚杆
	支撑式结构		适用于较深的基坑	
	悬臂式结构		适用于较浅的基坑	
	双排桩		当锚拉式、支撑式和悬臂式结构不适用时，可考虑采用双排桩	
	支护结构与主体结构结合的逆作法		适用于基坑周边环境条件很复杂的深基坑	
土钉墙	单一土钉墙	二级、三级	适用于地下水位以上或经降水的非软土基坑，且基坑深度不宜大于12m	当基坑潜在滑动面内有建筑物、重要地下管线时，不宜采用土钉墙
	预应力锚杆复合土钉墙		适用于地下水位以上或经降水的非软土基坑，且基坑深度不宜大于15m	
	水泥土桩垂直复合土钉墙		用于非软土基坑时，基坑深度不宜大于12m；用于淤泥质土基坑时，基坑深度不宜大于6m；不宜用在高水位的碎石土、砂土、粉土层中	
	微型桩垂直复合土钉墙		适用于地下水位以上或经降水的基坑，用于非软土基坑时，基坑深度不宜大于12m；用于淤泥质土基坑时，基坑深度不宜大于6m	
重力式水泥土墙		二级、三级	适用于淤泥质土、淤泥基坑，且基坑深度不宜大于7m	
放坡		三级	1. 施工场地应满足放坡条件 2. 可与上述支护结构形式结合	

注：1. 当基坑不同部位的周边环境条件、土层性状、基坑深度等不同时，可在不同部位分别采用不同的支护形式。

2. 支护结构可采用上、下部以不同结构类型组合的形式。

支护结构可按表5-5选用排桩、地下连续墙、水泥土墙、逆作拱墙、土钉墙、原状土放坡或采用上述型式的组合，同时应考虑结构的空间效应和受力特点，采用有利支护结构材料受力性状的形式。

软土场地可采用深层搅拌、注浆、间隔或全部加固等方法对局部或整个基坑底土进行加固，或采用降水措施提高基坑内侧被动抗力。

不同支护形式的结合处,应考虑相邻支护结构的相互影响,其过渡段应有可靠的连接措施。

支护结构上部采用土钉墙或放坡、下部采用支挡式结构时,上部土钉墙或放坡应符合相关规范对其支护结构形式的规定,支挡式结构应按整体结构考虑。

当坑底以下为软土时,可采用水泥土搅拌桩、高压喷射注浆等方法对坑底土体进行局部或整体加固。水泥土搅拌桩、高压喷射注浆加固体宜采用格栅或实体形式。

基坑开挖采用放坡或支护结构上部采用放坡时,应按规定验算边坡的滑动稳定性,边坡的圆弧滑动稳定安全系数 K_s 不应小于1.2。放坡坡面应设置防护层。

软土场地可采用深层搅拌、注浆、间隔或全部加固等方法对局部或整个基坑底土进行加固,或采用降水措施提高基坑内侧被动土水合力。

5.4.2 基坑工程勘察

目前基坑工程的勘察很少单独进行,大多数是与地基勘察一并完成的,但与地基勘察又略有不同。

1. 勘察要求

基坑工程的勘察与其他工程的勘察一样,可分阶段进行,一般分为初步勘察、详细勘察和施工勘察。在初步勘察阶段,应根据岩土工程条件,初步判定开挖可能发生的问题和需要采取的支护措施;在详细勘察阶段,应针对基坑工程设计的要求进行勘察;在施工阶段,必要时应进行补充勘察。

在详细勘察阶段,宜按下列要求进行勘察工作:

(1)工程地质勘察

1)勘察范围。勘察的平面范围宜超出开挖边界外开挖深度的2~3倍,在深厚软土区,勘察范围尚应适当扩大。

2)勘察深度。一般土质条件下,悬臂桩墙的嵌入深度大致为基坑开挖深度的2倍,因此勘察深度宜为开挖深度的2~3倍,在此深度内遇到坚硬黏性土、碎石土和岩层,可根据岩土类别和支护设计要求减少深度,在深厚软土区,勘察深度尚应适当扩大。

3)勘探点布置。勘探点间距应视地层条件而定,可在15~30m内选择,地层变化较大时,应增加勘探点,查明分布规律。

在开挖边界外,勘探点布置和勘察深度可能会遇到困难,勘察手段以调查研究、收集已有资料为主,但对于复杂场地和斜坡场地,由于稳定性分析的需要或布置锚杆的需要,必须有实测地质剖面,应适量的布置勘探点。

在受基坑开挖影响和可能设置支护结构的范围内,应查明岩土分布,土的常规物理试验指标,分层提供支护设计所需的抗剪强度指标,土的抗剪强度试验方法应与基坑工程设计要求一致,符合设计采用的标准,并应在勘察报告中说明。

在采取土样时,为减少对土样的扰动,应采用薄壁取土器取样。

(2)周边环境调查

基坑周边环境调查具体包括以下内容:

1）查明影响范围内建（构）筑物的结构类型、层数、基础类型、埋深、基础荷载大小及上部结构现状。

2）查明基坑周边的各类地下设施，包括水管、电缆、煤气、污水、雨水、热力等管线或管道的分布和性状。

3）查明场地周围和邻近地区地表水汇流、排泄情况，地下水管渗漏情况以及对基坑开挖的影响程度。

4）查明基坑四周道路的距离及车辆载重情况。

（3）水文地质勘察

当场地水文地质条件复杂，在基坑开挖过程中需要对地下水进行治理（降水或隔渗）时，应进行专门的水文地质勘察。场地水文地质勘察应达到以下要求：

1）查明开挖范围及邻近场地地下水含水层和隔水层的层位、埋深和分布情况，查明各含水层（包括上层滞水、潜水、承压水）的补给条件和水力联系。

2）测量场地各含水层的渗透系数和渗透影响半径。

3）分析施工过程中水位变化、可能产生的流砂、流土、管涌等工程现象对支护结构和基坑周边环境的影响并进行评价，提出应采取的措施。

2. 岩土工程评价

岩土工程勘察，应在岩土工程评价方面有一定的深度，只有通过比较全面的分析评价，才能使支护方案选择的建议更为确切，更有依据。因此基坑工程勘察应针对以下内容进行分析，提供有关计算参数和建议：①边坡的局部稳定性、整体稳定性和坑底抗隆起稳定性；②坑底和侧壁的渗透稳定性；③挡土结构和边坡可能发生的变形；④降水效果和降水对环境的影响；⑤开挖和降水对邻近建筑物和地下设施的影响。

岩土工程勘察报告中与基坑工程有关的部分应包括下列内容：①与基坑开挖有关的场地条件、土质条件和工程条件；②提出处理方式、计算参数和支护结构选型的建议；③提出地下水控制方法、计算参数和施工控制的建议；④提出施工方法和施工中可能遇到的问题，并提出防治措施；⑤对施工阶段的环境保护和监测工作提出建议。

5.4.3 排桩的设计、施工与检测

排桩、地下连续墙支护方式有悬臂式支护、单层支点支护和多层支点支护等。支点指的是内支撑、锚杆或两者的组合。内支撑按材料的不同有钢筋混凝土支撑、钢管支撑和型钢（如工字钢、槽钢等）支撑及组合支撑，按支撑方式的不同又有角撑、对撑等。

当地基土质较好，基坑开挖深度较浅时，往往使用施工方便、受力简单的悬臂式支护结构，但对于地基土质较差，基坑开挖深度较深的基坑支护，一般采用单层或多层支点支护结构更合理。

1. 排桩支护设计

对于排桩、地下连续墙支护方式，其设计内容主要有：①嵌固深度计算；②桩（墙）内力与截面承载力计算；③支撑体系设计计算；④锚杆设计计算；⑤构造要求及施工和检测要求；⑥绘制施工图。

（1）支护桩的类型、桩长、桩径及桩距的选择

能作为基础桩的所有类型几乎都能作为支护桩，其适用条件与基础桩也相同。具体工程中，可根据基坑开挖深度、工程地质与水文地质条件以及周边环境条件选用。

桩长主要取决于基坑开挖深度和嵌固深度，同时应考虑桩顶嵌入冠梁内的长度，一般嵌入冠梁内的长度不应小于50mm。

支护桩桩径的确定取决于支护结构的截面承载力计算要求，初步选择时，对于悬臂式排桩结构桩径不宜小于600mm，对于有支点的排桩结构桩径不宜小于350mm。

桩间距应根据排桩受力及桩间土稳定条件确定。当基坑开挖深度较大，结构内力较大，同时桩间土稳定性较差时，对于悬臂式排桩结构桩间距（中心距）可初选为1～2倍桩径，对于有支点的排桩结构可初选为2～3倍桩径，相反地，可选择较大桩距。

（2）排桩支护构造要求

排桩支护结构中的单桩构造要求按《建筑桩基技术规范》JGJ 94—2008的相关规定执行。排桩顶部应设钢筋混凝土冠梁连接，冠梁宽度（水平方向）不宜小于桩径，冠梁高度（竖直方向）不宜小于400mm。排桩与桩顶冠梁的混凝土强度等级宜大于C20；当冠梁作为连系梁时可按构造配筋，构造钢筋宜采用HPB300级钢筋，直径不宜小于12mm。净保护层不宜小于50mm，构造筋间距宜为200～300mm。

基坑开挖后，排桩的桩间土防护可采用钢丝网混凝土护面、砖砌等处理方法，当桩间渗水时，应在护面设泄水孔。当基坑开挖面在实际地下水位以上且土质较好，暴露时间较短时，可不对桩间土进行防护处理。

（3）支撑体系的构造要求

支撑系统包括围檩及支撑，当支撑较长时（一般超过15m），在支撑下还有立柱及相应的立柱桩。工程中常用的支撑系统有混凝土围檩、钢围檩、混凝土支撑、钢支撑、格构式立柱、钢管立桩、型钢立柱等，立柱往往埋入灌注桩内，也有直接打入一根钢管桩或型钢桩，使桩柱合为一体，甚至有钢支撑和混凝土支撑混合使用的实例。

钢筋混凝土支撑构件的混凝土强度等级不应低于C20；在同一平面内应整体浇筑，基坑平面转角处的腰梁连接点应按刚节点设计。

钢结构支撑构件的连接可采用焊接或高强螺栓连接；腰梁连接节点宜设置在支撑点的附近，且不应超过支撑间距的1/3；钢腰梁与排桩、地下连续墙之间宜采用不低于C20细石混凝土填充；钢腰梁与钢支撑的连接节点应设加劲板。

支撑拆除前应在主体结构与支护结构之间设置可靠的换撑传力构件或回填夯实。

2. 排桩施工和检测

（1）控制地基变形的防护措施

当排桩桩位邻近的既有建筑物、地下管线、地下构筑物对地基变形敏感时，应根据其位置、类型、材料特性、使用状况等相应采取下列控制地基变形的防护措施：

1）宜采取间隔成桩的施工顺序。对于混凝土灌注桩，应在混凝土终凝后，再进行相邻桩的成孔施工。

2）对松散或稍密的砂土、稍密的粉土、软土等易坍塌或流动的软弱土层，对钻孔灌注桩宜采取改善泥浆性能等措施，对人工挖孔桩宜采取减小每节挖孔和护壁的长度、加固

孔壁等措施。

3）支护桩成孔过程出现流砂、涌泥、塌孔、缩径等异常情况时，应暂停成孔并及时采取有针对性的措施进行处理，防止继续塌孔。

4）当成孔过程中遇到不明障碍物时，应查明其性质，且在不会危害既有建筑物、地下管线、地下构筑物的情况下方可继续施工。

（2）排桩施工

对混凝土灌注桩，其纵向受力钢筋的接头不宜设置在内力较大处。混凝土灌注桩采用沿纵向分段配置不同钢筋数量时，钢筋笼制作和安放时应采取控制非通长钢筋竖向定位的措施。

混凝土灌注桩采用沿桩截面周边非均匀配置纵向受力钢筋时，应按设计的钢筋配置方向进行安放，其偏转角度不得大于 $10°$。

混凝土灌注桩设有预埋件时，应根据预埋件的用途和受力特点的要求，控制其安装位置及方向。

钻孔咬合桩施工可采用液压钢套管全长护壁、机械冲抓成孔工艺，其施工应符合下列要求：

1）桩顶应设置导墙，导墙宽度宜取 $3\sim4m$，导墙厚度宜取 $0.3\sim0.5m$。

2）咬合桩应按先施工素混凝土桩、后施工钢筋混凝土桩的顺序进行；钢筋混凝土桩应在素混凝土桩初凝前通过在成孔时切割部分素混凝土桩身，形成与素混凝土桩的互相咬合搭接；钢筋混凝土桩的施工尚应避免素混凝土桩刚浇筑后被切割。

3）钻机就位及吊设第一节套管时，应采用两个测斜仪贴附在套管外壁并用经纬仪复核套管垂直度，其垂直度允许偏差应为 0.3%。液压套管应正反扭动加压下切。管内抓斗取土时，套管底部应始终位于抓土面下方，抓土面与套管底的距离应大于 $1.0m$。

4）孔内虚土和沉渣应清除干净，并用抓斗夯实孔底；灌注混凝土时，套管应随混凝土浇筑逐段提拔；套管应垂直提拔，阻力过大时应转动套管同时缓慢提拔。

（3）排桩检测

1）除特殊要求外，排桩的施工偏差应符合下列规定：

① 桩位的允许偏差应为 50mm；

② 桩垂直度的允许偏差应为 0.5%；

③ 预埋件位置的允许偏差应为 20mm；

④ 桩的其他施工允许偏差应符合现行行业标准《建筑桩基技术规范》JGJ 94—2008 的规定。

2）冠梁施工时，应将桩顶部浮浆、低强度混凝土及破碎部分清除。冠梁混凝土浇筑采用土模时，土面应修理整平。

3）采用混凝土灌注桩时，其质量检测应符合下列规定：

① 应采用低应变动测法检测桩身完整性，检测桩数不宜少于总桩数的 20%，且不得少于 5 根；

② 当根据低应变动测法判定的桩身完整性为Ⅲ类或Ⅳ类时，应采用钻芯法进行验证，并应扩大低应变动测法检测的数量。

5.4.4 地下连续墙的设计、施工与检测

1. 地下连续墙设计

视频微课

5.4.2 地下连续墙施工

地下连续墙的正截面受弯承载力、斜截面受剪承载力应按《混凝土结构设计规范》（2015 年版）GB 50010—2010 的有关规定进行计算。

地下连续墙的墙体厚度宜按成槽机的规格，选取 600mm、800mm、1000mm 或 1200mm。"一"字形槽段长度宜取 4～6m。当成槽施工可能对周边环境产生不利影响或槽壁稳定性较差时，应取较小的槽段长度。必要时，宜采用搅拌桩对槽壁进行加固。地下连续墙的转角处或有特殊要求时，单元槽段的平面形状可采用"L"形、"T"形等。

地下连续墙的混凝土设计强度等级宜取 C30～C40。地下连续墙用于截水时，墙体混凝土抗渗等级不宜小于 P6，槽段接头应满足截水要求。当地下连续墙同时作为主体地下结构构件时，墙体混凝土抗渗等级应满足《地下工程防水技术规范》GB 50108—2008 及其他相关规范的要求。

地下连续墙的纵向受力钢筋应沿墙身每侧均匀配置，可按内力大小沿墙体纵向分段配置，且通长配置的纵向钢筋不应小于 50%；纵向受力钢筋宜采用 HPB300 级或 HRB400 级钢筋，直径不宜小于 16mm，净间距不宜小于 75mm。水平钢筋及构造钢筋宜选用 HPB300、HRB400 级钢筋，直径不宜小于 12mm，水平钢筋间距宜取 200～400mm。冠梁按构造设置时，纵向钢筋锚入冠梁的长度宜取冠梁厚度。冠梁按结构受力构件设置时，桩身纵向受力钢筋伸入冠梁的锚固长度应符合《混凝土结构设计规范》（2015 年版）GB 50010—2010 对钢筋锚固的有关规定。当不能满足锚固长度的要求时，其钢筋末端可采取机械锚固措施。

地下连续墙纵向受力钢筋的保护层厚度，在基坑内侧不宜小于 50mm，在基坑外侧不宜小于 70mm。

钢筋笼两侧的端部与槽段接头之间、钢筋笼两侧的端部与相邻墙段混凝土接头面之间的间隙应不大于 150mm，纵筋下端 500mm 长度范围内宜按 1:10 的斜度向内收口。

地下连续墙的槽段接头应按下列原则选用：

（1）地下连续墙宜采用圆形锁口管接头、波纹管接头、楔形接头、工字形钢接头或混凝土预制接头等柔性接头。

（2）当地下连续墙作为主体地下结构外墙，且需要形成整体墙体时，宜采用刚性接头；刚性接头可采用"一"字形或"十"字形穿孔钢板接头、钢筋承插式接头等；在采取地下连续墙顶设置通长的冠梁、墙壁内侧槽段接缝位置设置结构壁柱、基础底板与地下连续墙刚性连接等措施时，也可采用柔性接头。

地下连续墙墙顶应设置混凝土冠梁。冠梁宽度不宜小于墙厚，高度不宜小于墙厚的 3/5。

2. 地下连续墙施工与检测

（1）地下连续墙施工

地下连续墙的施工应根据地质条件的适应性等因素选择成槽设备。成槽施工前应进行

成槽试验，并应通过试验确定施工工艺及施工参数。

当地下连续墙邻近的既有建筑物、地下管线、地下构筑物对地基变形敏感时，地下连续墙的施工应采取有效措施控制槽壁变形。

成槽施工前，应沿地下连续墙两侧设置导墙，导墙宜采用混凝土结构，且混凝土的设计强度等级不宜低于 C20。导墙底面不宜设置在新近填土上，且埋深不宜小于 1.5m。导墙的强度和稳定性应满足成槽设备和顶拔接头管施工的要求。

成槽时的护壁泥浆在使用前，应根据泥浆材料及地质条件试配及进行室内性能试验，泥浆配比应按试验确定。泥浆拌制后应贮放 24h，待泥浆材料充分水化后方可使用。成槽时，泥浆的供应及处理设备应满足泥浆使用量的要求，泥浆的性能应符合相关技术指标的要求。

单元槽段宜采用间隔一个或多个槽段的跳幅施工顺序。每个单元槽段，挖槽分段不宜超过 3 个。成槽过程护壁泥浆液面应高于导墙底面 500mm。

槽段接头应满足混凝土浇筑压力对其强度和刚度的要求。安放槽段接头时，应紧贴槽段垂直缓慢沉放至槽底。遇到阻碍时应先清除，然后再入槽。混凝土浇灌过程中应采取防止混凝土产生绕流的措施。

对有防渗要求的接头，应在吊放地下连续墙钢筋笼前，对槽段接头和相邻墙段的槽壁混凝土面用刷槽器等方法进行清刷，清刷后的槽段接头和混凝土面不得夹泥。

钢筋笼制作时，纵向受力钢筋的接头不宜设置在受力较大处。同一连接区段内，纵向受力钢筋的连接方式和连接接头面积百分率应符合国家现行有关标准对板类构件的规定。

钢筋笼应设置定位层垫块，垫块在垂直方向上的间距宜取 3~5m，水平方向上每层宜设置 2~3 块。

单元槽段的钢筋笼宜整体装配和沉放。需要分段装配时，宜采用焊接或机械连接，接头的位置宜选在受力较小处，并应符合《混凝土结构设计规范》（2015 年版）GB 50010—2010 对钢筋连接的有关规定。

钢筋笼应根据吊装的要求，设置纵横向起吊桁架；桁架主筋宜采用 HRB335 级或 HRB400 级钢筋，钢筋直径不宜小于 20mm，且应满足吊装和沉放过程中钢筋笼的整体性及钢筋笼骨架不产生塑性变形的要求。连接点出现位移、松动或开焊的钢筋笼不得入槽，应重新制作或修整完好。

现浇地下连续墙应采用导管法浇筑混凝土。导管拼接时，其接缝应密闭。混凝土浇筑时，导管内应预先设置隔水栓。

槽段长度不大于 6m 时，槽段混凝土宜采用两根导管同时浇筑；槽段长度大于 6m 时，槽段混凝土宜采用三根导管同时浇筑。每根导管分担的浇筑面积应基本均等。钢筋笼就位后应及时浇筑混凝土。混凝土浇筑过程中，导管埋入混凝土面的深度宜在 2~4m，浇筑液面的上升速度不宜小于 3m/h。混凝土浇筑面宜高于地下连续墙设计顶面 500mm。

（2）地下连续墙施工与检测

除特殊要求外，地下连续墙的施工偏差应符合现行国家标准《建筑地基基础工程施工质量验收标准》GB 50202—2018 的规定。

地下连续墙的质量检测应符合下列规定：

1）应进行槽壁垂直度检测，检测数量不得小于同条件下总槽段数的 20%，且不少于

10 幅；当地下连续墙作为主体地下结构构件时，应对每个槽段进行槽壁垂直度检测；

应进行槽底沉渣厚度检测；当地下连续墙作为主体地下结构构件时，应对每个槽段进行槽底沉渣厚度检测；

2）应采用声波透射法对墙体混凝土质量进行检测，检测墙段数量不宜少于同条件下总墙段数的 20%，且不得少于 3 幅墙段，每个检测墙段的预埋超声波管数不应少于 4 个，且宜布置在墙身截面的四边中点处；

3）当根据声波透射法判定的墙身质量不合格时，应采用钻芯法进行验证；

4）地下连续墙作为主体地下结构构件时，其质量检测尚应符合相关规范的要求。

5.4.5　锚杆设计、施工与检测

1. 锚杆设计

（1）锚杆的布置

1）锚杆的水平间距不宜小于 1.5m；多层锚杆，其竖向间距不宜小于 2.0m；当锚杆的间距小于 1.5m 时，应根据群锚效应对锚杆抗拔承载力进行折减或相邻锚杆应取不同的倾角。

2）锚杆锚固段的上覆土层厚度不宜小于 4.0m。

3）锚杆倾角宜取 15°～25°，且不应大于 45°，不应小于 10°；锚杆的锚固段宜设置在土的黏结强度高的土层内。

4）当锚杆穿过的地层上方存在天然地基的建筑物或地下构筑物时，宜避开易塌孔、变形的地层。

（2）钢绞线锚杆、普通钢筋锚杆的构造

1）锚杆成孔直径宜取 100～150mm。

2）锚杆自由段的长度不应小于 5m，且穿过潜在滑动面进入稳定土层的长度不应小于 1.5m；钢绞线、钢筋杆体在自由段应设置隔离套管。

3）土层中的锚杆锚固段长度不宜小于 6m。

4）锚杆杆体的外露长度应满足腰梁、台座尺寸及张拉锁定的要求。

5）锚杆杆体用钢绞线应符合《预应力混凝土用钢绞线》GB/T 5224—2014 的有关规定。

6）普通钢筋锚杆的杆体宜选用 HRB335、HRB400 级螺纹钢筋。

7）应沿锚杆杆体全长设置定位支架；定位支架应能使相邻定位支架中点处锚杆杆体的注浆固结体保护层厚度不小于 10mm，定位支架的间距宜根据锚杆杆体的组装刚度确定，对自由段宜取 1.5～2.0m；对锚固段宜取 1.0～1.5m；定位支架应能使各根钢绞线相互分离。

8）钢绞线用锚具应符合《预应力筋用锚具、夹具和连接器》GB/T 14370—2015 的规定。

9）普通钢筋锚杆采用千斤顶张拉后对螺栓进行紧固的锁定方法，螺栓与杆体钢筋的连接、螺母的规格应满足锚杆拉力的要求。

10）锚杆注浆应采用水泥浆或水泥砂浆，注浆固结体强度不宜低于 20MPa。

（3）锚杆腰梁

锚杆腰梁可采用型钢组合梁或混凝土梁。锚杆腰梁应按受弯构件设计。锚杆腰梁的正截面、斜截面承载力，对混凝土腰梁，应符合现行国家标准《混凝土结构设计规范（2015年版）》GB 50010—2010 的规定；对型钢组合腰梁，应符合现行国家标准《钢结构设计规范》GB 50017—2017 的规定。当锚杆锚固在混凝土冠梁上时，冠梁应按受弯构件设计。

锚杆腰梁应根据实际约束条件按连续梁或简支梁计算。计算腰梁的内力时，腰梁的荷载应取结构分析时得出的支点力设计值。

型钢组合腰梁可选用双槽钢或双工字钢，槽钢之间或工字钢之间应用缀板焊接为整体构件，焊缝连接应采用贴角焊。双槽钢或双工字钢之间的净间距应满足锚杆杆体平直穿过的要求。

采用型钢组合腰梁时，腰梁应满足在锚杆集中荷载作用下的局部受压稳定与受扭稳定的构造要求。当需要增加局部受压和受扭稳定性时，可在型钢翼缘端口处配置加劲肋板。

锚杆的混凝土腰梁、冠梁宜采用斜面与锚杆轴线垂直的梯形截面；腰梁、冠梁的混凝土强度等级不宜低于 C25。采用梯形截面时，截面的上边水平尺寸不宜小于 250mm。

采用楔形钢垫块时，楔形钢垫块与挡土构件、腰梁的连接应满足受压稳定性和锚杆垂直分力作用下的受剪承载力要求。采用楔形混凝土垫块时，混凝土垫块应满足抗压强度和锚杆垂直分力作用下的受剪承载力要求，且其强度等级不宜低于 C25。

2. 锚杆施工与检测

（1）锚杆施工

当锚杆穿过的地层附近存在既有地下管线、地下构筑物时，应在调查或探明其位置、走向、类型、使用状况等情况后再进行锚杆施工。

1）锚杆的成孔

应根据土层性状和地下水条件选择套管护壁、干成孔或泥浆护壁成孔工艺，成孔工艺应满足孔壁稳定性要求；对松散和稍密的砂土、粉土、卵石、填土，有机质土，高液性指数的黏性土宜采用套管护壁成孔护壁工艺；在地下水位以下时，不宜采用干成孔工艺；在高塑性指数的饱和黏性土层成孔时，不宜采用泥浆护壁成孔工艺；当成孔过程中遇不明障碍物时，在查明其性质前不得钻进。

2）钢绞线锚杆和普通钢筋锚杆杆体的制作安装

钢绞线锚杆杆体绑扎时，钢绞线应平行、间距均匀；杆体插入孔内时，应避免钢绞线在孔内弯曲或扭转；当锚杆杆体采用 HPB300、HRB400 级钢筋时，其连接宜采用机械连接、双面搭接焊、双面帮条焊；采用双面焊时，焊缝长度不应小于 $5d$，此处，d 为杆体钢筋直径；杆体制作和安放时应除锈、除油污、避免杆体弯曲；采用套管护壁工艺成孔时，应在拔出套管前将杆体插入孔内；采用非套管护壁成孔时，杆体应匀速推送至孔内；成孔后应及时插入杆体及注浆。

3）钢绞线锚杆和普通钢筋锚杆的注浆

注浆液采用水泥浆时，水灰比宜取 0.50～0.55；采用水泥砂浆时，水灰比宜取 0.40～0.45，灰砂比宜取 0.5～1.0，拌和用砂宜选用中粗砂；水泥浆或水泥砂浆内可掺入能提高注浆固结体早期强度或微膨胀的外掺剂，其掺入量宜按室内试验确定。

注浆管端部至孔底的距离不宜大于 200mm；注浆及拔管过程中，注浆管口应始终埋入注浆液面内，应在水泥浆液从孔口溢出后停止注浆；注浆后，当浆液液面下降时，应进行孔口补浆。

采用二次压力注浆工艺时，二次压力注浆宜采用水灰比 0.50～0.55 的水泥浆；二次注浆管应牢固绑扎在杆体上，注浆管的出浆口应采取逆止措施；二次压力注浆时，终止注浆的压力不应小于 1.5MPa。

采用分段二次劈裂注浆工艺时，注浆宜在固结体强度达到 5MPa 后进行，注浆管的出浆孔宜沿锚固段全长设置，注浆顺序应由内向外分段依次进行；基坑采用截水帷幕时，地下水位以下的锚杆注浆应采取孔口封堵措施；寒冷地区在冬期施工时，应对注浆液采取保温措施，浆液温度应保持在 5℃ 以上。

（2）锚杆检测

1）锚杆的施工偏差应符合下列要求：

① 钻孔深度宜大于设计深度 0.5m。

② 钻孔孔位的允许偏差应为 50mm。

③ 钻孔倾角的允许偏差应为 3°。

④ 杆体长度应大于设计长度。

⑤ 自由段的套管长度允许偏差应为 ±50mm。

2）组合型钢锚杆腰梁、钢台座的施工应符合《钢结构工程施工质量验收标准》GB 50205—2020 的有关规定；混凝土锚杆腰梁、混凝土台座的施工应符合《混凝土结构工程施工质量验收规范》GB 50204—2015 的有关规定。

3）预应力锚杆张拉锁定

① 当锚杆固结体的强度达到设计强度的 75% 且不小于 15MPa 后，方可进行锚杆的张拉锁定。

② 拉力型钢绞线锚杆宜采用钢绞线束整体张拉锁定的方法。

③ 锚杆锁定前，应按规范规定的张拉值进行锚杆预张拉；锚杆张拉应平缓加载，加载速率不宜大于 $0.1N_k/min$，此处，N_k 为锚杆轴向拉力标准值；在张拉值下的锚杆位移和压力表压力应保持稳定，当锚头位移不稳定时，应判定此根锚杆不合格。

④ 锁定时的锚杆拉力应考虑锁定过程的预应力损失量；预应力损失量宜通过对锁定前后锚杆拉力的测试确定；缺少测试数据时，锁定时的锚杆拉力可取锁定值的 1.1～1.15 倍。

⑤ 锚杆锁定尚应考虑相邻锚杆张拉锁定引起的预应力损失，当锚杆预应力损失严重时，应进行再次锁定；锚杆出现锚头松弛、脱落、锚具失效等情况时，应及时进行修复并对其进行再次锁定。

⑥ 当锚杆需要再次张拉锁定时，锚具外杆体的长度和完好程度应满足张拉要求。

4）锚杆的检测应符合下列规定：

① 检测数量不应少于锚杆总数的 5%，且同一土层中的锚杆检测数量不应少于 3 根。

② 检测试验应在锚杆的固结体强度达到设计强度的 75% 后进行。

③ 检测锚杆应采用随机抽样的方法选取。

④ 检测试验的张拉值应按表 5-6 取值。

⑤ 检测试验应按《岩土锚杆与喷射混凝土支护工程技术规范》GB 50086—2015 的验收试验方法进行。

⑥ 当检测的锚杆不合格时，应扩大检测数量。

锚杆的张拉值　　　　　　　　　　　　　　　表 5-6

支护结构的安全等级	锚杆张拉值与轴向拉力标准值 N_k 的比值
一级	1.4
二级	1.3
三级	1.2

5.4.6　土钉墙的设计、施工与检测

土钉支护是 20 世纪 70 年代发展起来用于土体开挖和边坡稳定的一种新型挡土结构。它以土钉作为主要受力构件，由被加固的原位土体、放置于原位土体中密集的土钉群、附着于坡面的混凝土面层和必要的防水系统组成，形成一个类似重力式挡土墙的支护结构，称为"土钉墙"，如图 5-25 所示。

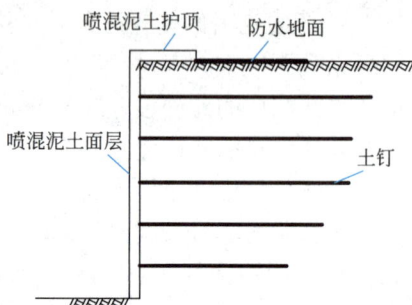

图 5-25　土钉墙示意

1. 土钉墙设计

（1）土钉墙的设计内容

土钉墙的设计内容主要有：①确定基坑侧壁平、剖面尺寸以及分段施工高度；②设计土钉的布置方式和间距以及直径、长度、倾角及在空间的方向；③设计土钉内钢筋的类型、直径及构造；④注浆配方设计、注浆方式、浆体强度指标；⑤喷射混凝土面层设计；⑥坡顶防护措施；⑦土钉抗拔力验算及整体稳定性分析计算，通过计算验证上述设计参数；⑧现场监测和反馈设计；⑨施工图及说明书。

（2）土钉墙的设计

1）基坑侧壁平、剖面尺寸以及分段施工高度设计：基坑侧壁的平、剖面尺寸是根据基础尺寸、建筑红线等因数确定，同时土钉墙墙面坡度不宜大于 1：0.2。分段施工高度主要由设计的土钉竖向间距确定，但由于混凝土面层内钢筋网的搭接长度要求，因此，分段施工高度必须大于土钉竖向间距，一般低于土钉 300～500mm，如土钉竖向间距为 1500mm 时，则分段施工高度为 1800～2000mm。

当基坑较深、土的抗剪强度较低时，宜取较小坡度土钉墙坡度指其墙面垂直高度与水平宽度的比值。对砂土、碎石土、松散填土，确定土钉墙坡度时尚应考虑开挖时坡面的局部自稳能力。微型桩、水泥土桩复合土钉墙，应采用微型桩、水泥土桩与土钉墙面层贴合的垂直墙面。

2）土钉的布置方式和间距以及直径、长度、倾角设计：土钉墙宜采用洛阳铲成孔的钢筋土钉。对易塌孔的松散或稍密的砂土、稍密的粉土、填土，或易缩径的软土宜采用打入式钢管土钉。对洛阳铲成孔或钢管土钉打入困难的土层，宜采用机械成孔的钢筋土钉。

土钉的布置方式呈矩形或梅花形布置；土钉水平间距和竖向间距宜为 1~2m；当基坑较深、土的抗剪强度较低时，土钉间距应取最小值。土钉倾角宜为 5°~20°，其夹角应根据土性和施工条件确定。土钉长度应按各层土钉受力均匀、各土钉拉力与相应土钉极限承载力的比值近于相等的原则确定，宜为开挖深度的 0.5~1.2 倍。

成孔注浆型钢筋土钉的构造应符合下列要求：

① 成孔直径宜取 70~120mm；

② 土钉钢筋宜采用 HRB400 级钢筋，钢筋直径应根据土钉抗拔承载力设计要求确定，且宜取 16~32mm；

③ 应沿土钉全长设置对中定位支架，其间距宜取 1.5~2.5m，土钉钢筋保护层厚度不宜小于 20mm；

④ 土钉孔注浆材料可采用水泥浆或水泥砂浆，其强度不宜低于 20MPa。

钢管土钉的构造应符合下列要求：

钢管的外径不宜小于 48mm，壁厚不宜小于 3mm；钢管的注浆孔应设置在钢管里端 $l/2~2l/3$ 范围内，此处，l 为钢管土钉的总长度；每个注浆截面的注浆孔宜取 2 个，且应对称布置，注浆孔的孔径宜取 5~8mm，注浆孔外应设置保护倒刺。

钢管土钉的连接采用焊接时，接头强度不应低于钢管强度；可采用数量不少于 3 根、直径不小于 16mm 的钢筋沿截面均匀分布拼焊，双面焊接时钢筋长度不应小于钢管直径的 2 倍。

3）注浆配方设计、浆体强度指标、注浆方式设计：注浆材料宜采用水泥浆或水泥砂浆，水泥浆的水灰比宜为 0.5，水泥砂浆配合比宜为 1∶1~1∶2（重量比），水灰比宜为 0.38~0.45，并加入适量的速凝剂和减水剂，水泥浆或水泥砂浆其强度等级不宜低于 M10；注浆水泥应采用普通硅酸盐水泥，强度不低于 42.5。

视土质的不同和土钉倾角大小的不同，注浆方式可采用重力无压注浆、低压（0.4~0.6MPa）注浆、高压（1~2MPa）注浆、二次注浆等；当采用重力无压注浆时，土钉倾角宜大于 15°，当土质较差，土钉倾角水平或较小时，可采用低压注浆和高压注浆，此时应配有排气管；当必须提供较大的土钉抗拔力时，还可采用二次注浆。

4）喷射混凝土面层及土钉和面层的连接设计：面层喷射混凝土强度等级不宜低于 C20，面层厚度不宜小于 80mm；面层宜配置钢筋网，钢筋直径宜为 6~10mm，间距宜为 150~300mm；钢筋保护层厚度不宜小于 20mm；坡面上下段钢筋网搭接长度应大于 300mm。

土钉必须和面层有效连接，应设置承压板或加强钢筋等构造措施。承压板应与土钉螺栓连接，承压板一般采用厚度不小于 70mm、内配构造钢筋的多边形混凝土预制板；加强钢筋应与土钉钢筋焊接连接，加强钢筋一般采用长度不小于 400mm、直径不小于 16mm 的φ钢筋焊成井字架，如图 5-26 所示。

5）坡顶防护及防水设计：土钉墙墙顶应采用砂浆或混凝土护面，坡顶护面自坡顶 1000mm 内应配置与墙面内相同的钢筋，1000mm 外在地表作防水处理即可。

当地下水位高于基坑底面时，应采取降水或截水措施。

坡顶和坡脚应设排水措施。排水措施主要是设置排水沟，坡顶排水沟应设置在经计算最可能产生滑动面的位置；坡脚排水沟应设置在基坑内离坡脚 500~1000mm 处；排水沟的尺寸视现场实际情况确定。

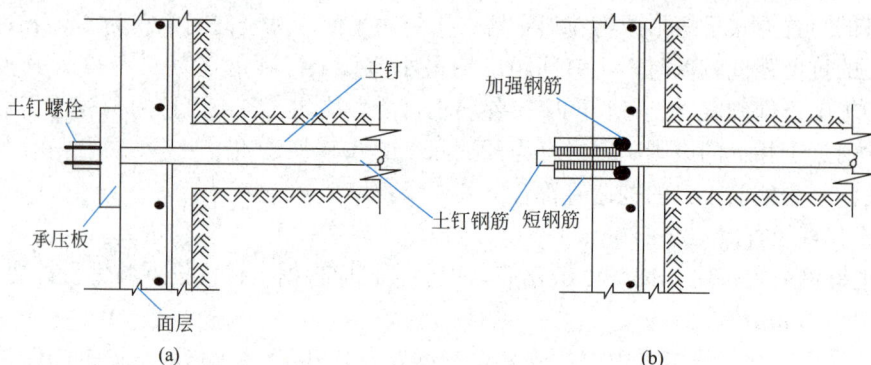

图 5-26　土钉和面层的连接

坡面上可根据具体情况设置泄水孔。

6）土钉墙高度不大于 12m 时，喷射混凝土面层的构造要求应符合下列规定：喷射混凝土面层厚度宜取 80～100mm；喷射混凝土设计强度等级不宜低于 C20；喷射混凝土面层中应配置钢筋网和通长的加强钢筋，钢筋网宜采用 HPB235 级钢筋，钢筋直径宜取 6～10mm，钢筋网间距宜取 150～250mm；钢筋网间的搭接长度应大于 300；加强钢筋的直径宜取 14～20mm；当充分利用土钉杆体的抗拉强度时，加强钢筋的截面面积不应小于土钉杆体截面面积的二分之一。

7）土钉与加强钢筋宜采用焊接连接，其连接应满足承受土钉拉力的要求；当在土钉拉力作用下喷射混凝土面层的局部受冲切承载力不足时，应采用设置承压钢板等加强措施。

8）当土钉墙墙后存在滞水时，应在含水土层部位的墙面设置泄水孔或其他疏水措施。

2. 土钉墙施工与检测

（1）施工要求

1）开挖

基坑开挖和土钉墙施工应按设计要求自上而下分段分层进行，当上层土钉注浆体及喷射混凝土面层达到设计强度的 70% 后，方可开挖下层土方及下层土钉施工。分层高度按设计要求并保证开挖和修整后的裸露边坡能在支护完成前保持自稳，严禁超挖，同时尽量缩短支护时间。基坑的长度方向分段长度一般可取 10～20m。

在机械开挖后，应辅以人工修整坡面，以保证坡面平整度和坡度满足设计要求，其坡面平整度允许偏差宜为 ±20mm，在坡面喷射混凝土支护前，应清除坡面虚土。

对于易于塌方的土质，可采用以下措施：

① 人工修整坡面后立即初喷一层厚度约 30mm 的混凝土，待混凝土凝固后再钻孔设置土钉；或者先整体做好混凝土面层再钻孔设置土钉，如图 5-27（a）所示；

② 分段间隔开挖，设置土钉后再大面开挖，如图 5-27（b）所示；

③ 先将开挖深度上的土坡挖成斜坡，设置土钉后再削成设计要求的坡度，如图 5-26（c）；

④ 超前设置微型桩，形成复合土钉墙。

2）钢筋土钉成孔时

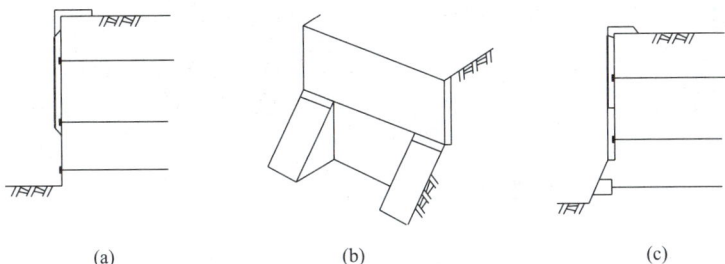

图 5-27 易塌方的土体施工措施

土钉成孔范围内存在地下管线等设施时，应在查明其位置并避开后，再进行成孔作业；应根据土层的性状选择洛阳铲、螺旋钻、冲击钻、地质钻等成孔方法，采用的成孔方法应能保证孔壁的稳定性、减小对孔壁的扰动；当成孔遇不明障碍物时，应停止成孔作业，在查明障碍物的情况并采取针对性措施后方可继续成孔；对易塌孔的松散土层宜采用机械成孔工艺；成孔困难时，可采用注入水泥浆等方法进行护壁。

3）钢筋土钉杆体的制作安装

钢筋使用前，应调直并清除污锈；当钢筋需要连接时，宜采用搭接焊、帮条焊；应采用双面焊，双面焊的搭接长度或帮条长度应不小于主筋直径的 5 倍，焊缝高度不应小于主筋直径的 0.3 倍；对中支架的断面尺寸应符合土钉杆体保护层厚度要求，对中支架可选用直径 6～8mm 的钢筋焊制；土钉成孔后应及时插入土钉杆体，遇塌孔、缩径时，应在处理后再插入土钉杆体。

4）钢筋土钉注浆

注浆材料可选用水泥浆或水泥砂浆；水泥浆的水灰比宜取 0.5～0.55；水泥砂浆的水灰比宜取 0.40～0.45，同时，灰砂比宜取 0.5～1.0，拌和用砂宜选用中粗砂，按重量计的含泥量不得大于 3%。

水泥浆或水泥砂浆应拌和均匀，一次拌和的水泥浆或水泥砂浆应在初凝前使用；注浆前应将孔内残留的虚土清除干净；注浆时，宜采用将注浆管与土钉杆体绑扎，同时插入孔内并由孔底注浆的方式；注浆管端部至孔底的距离不宜大于 200mm；注浆及拔管时，注浆管口应始终埋入注浆液面内，应在新鲜浆液从孔口溢出后停止注浆；注浆后，当浆液液面下降时，应进行补浆。

5）打入式钢管土钉施工

钢管端部应制成尖锥状；顶部宜设置防止钢管顶部施打变形的加强构造；注浆材料应采用水泥浆；水泥浆的水灰比宜取 0.5～0.6；注浆压力不宜小于 0.6MPa；应在注浆至管顶周围出现返浆后停止注浆；当不出现返浆时，可采用间歇注浆的方法。

6）喷射混凝土面层施工

细骨料宜选用中粗砂，含泥量应小于 3%；粗骨料宜选用粒径不大于 20mm 的级配砾石；水泥与砂石的重量比宜取 1∶4～1∶4.5，砂率宜取 45%～55%，水灰比宜取 0.4～0.45；使用速凝剂等外掺剂时，应做外加剂与水泥的相容性试验及水泥净浆凝结试验，并应通过试验确定外掺剂掺量及掺入方法。

喷射作业应分段依次进行，同一分段内喷射顺序应自下而上均匀喷射，一次喷射厚度宜为 30～80mm；喷射混凝土时，喷头与土钉墙墙面应保持垂直，其距离宜为 0.6～

1.0m；喷射混凝土终凝2h后应及时喷水养护；钢筋与坡面的间隙应大于20mm；

钢筋网可采用绑扎固定；钢筋连接宜采用搭接焊，焊缝长度不应小于钢筋直径的10倍；采用双层钢筋网时，第二层钢筋网应在第一层钢筋网被喷射混凝土覆盖后铺设。

7）排水系统

土钉支护应采取恰当的排水措施，其内容包括地表排水、支护内部排水及基坑内排水。

基坑四周地表应加以修整，修筑排水沟和水泥砂浆或混凝土地面，以防止地表水向下渗透，靠近基坑坡顶2～4m的地面应适当垫高，并且里高外低，便于径流远离边坡。

支护内部排水可采用泄水孔，在喷射混凝土面层前预埋直径ϕ40mm的PVC管，间距可为1.5～2m。

为排除基坑内积水和雨水，基坑底部应设置排水沟和集水坑，排水沟应离开基坑边沿0.5～1m，排水沟和集水坑可用砖砌并用砂浆抹面以防止渗漏，并及时排出基坑内积水。

8）土钉墙的施工偏差应符合的要求

钢筋土钉的成孔深度应大于设计深度0.1m；土钉位置的允许偏差应为100mm；土钉倾角的允许偏差应为3°；土钉杆体长度应大于设计长度；钢筋网间距的允许偏差应为±30mm；微型桩桩位的允许偏差应为50mm；微型桩垂直度的允许偏差应为0.5%。

（2）质量检测

土钉墙应按下列规定进行质量检测：

应对土钉的抗拔承载力进行检测，抗拔试验可采用逐级加荷法；土钉的检测数量不宜少于土钉总数的1%，且同一土层中的土钉检测数量不应少于3根；试验最大荷载不应小于土钉轴向拉力标准值的1.1倍；检测土钉应按随机抽样的原则选取，并应在土钉固结体强度达到设计强度的70%后进行试验。

土钉墙面层喷射混凝土应进行现场试块强度试验，每500m²喷射混凝土面积试验数量不应少于一组，每组试块不应少于3个。

应对土钉墙的喷射混凝土面层厚度进行检测，每500m²喷射混凝土面积检测数量不应少于一组，每组的检测点不应少于3个；全部检测点的面层厚度平均值不应小于厚度设计值，最小厚度不应小于厚度设计值的80%。

5.4.7 水泥土墙的设计与施工

水泥土墙是指由水泥土桩相互搭接形成的壁状、格栅状、拱状等形式（图5-28）的重力式结构，它是利用墙体自重和嵌入基坑底面下的嵌固深度对基坑侧壁土体进行支护，如图5-29所示。它既可单独作为一种支护方式使用，也可与混凝土灌注桩、预制桩、钢板桩等相结合，形成组合式支护结构，同时还可作为其他支护方式的止水帷幕。

1. 水泥土墙支护设计

水泥土墙主要的组成构件是水泥土桩，水泥土墙的支护设计主要内容即是确定水泥土桩的类型、墙体布置方式、水泥土桩的长度（主要是嵌固深度）、墙体厚度以及相应的验算等，其设计步骤如下：

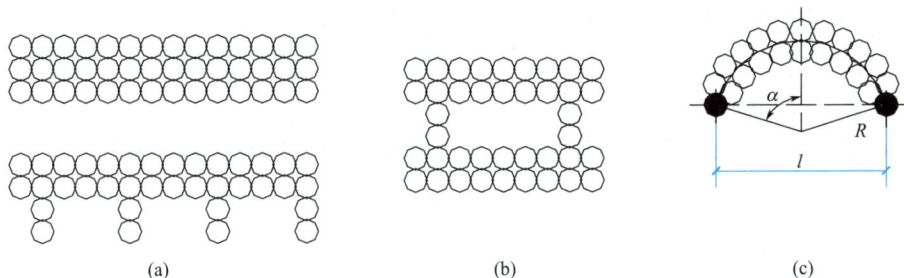

图 5-28 水泥土墙的几种平面形式

(a) 壁状；(b) 格栅状；(c) 拱状

（1）根据适用条件选择水泥土桩的类型，水泥土桩的类型有搅拌桩和旋喷桩两种。前者是用水泥土搅拌法形成，后者是用高压喷射注浆法形成。由于造价问题，在基坑支护结构中，较多的使用搅拌桩，只有在搅拌桩难以施工的地层使用旋喷桩。

（2）初步选择水泥土桩的长度和墙体厚度。

（3）根据基坑形状、场地尺寸以及地质条件布置水泥土墙。水泥土墙采用格栅布置时，水泥土的置换率对于淤泥不宜小于 0.8，淤泥质土不宜小于 0.7，一般黏性土及砂土不宜小于 0.6；格栅长宽比不宜大于 2。水泥土桩与桩之间的搭接宽度应根据挡土及截水要求确定，考虑截水作用时，桩的有效搭接宽度不宜小于 150mm；当不考虑截水作用时，搭接宽度不宜小于 100mm。

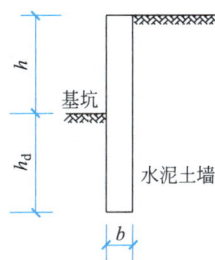

图 5-29 水泥土墙支护剖面

（4）提出搅拌或旋喷的技术要求：对于深层搅拌水泥土墙，施工前应进行成桩工艺及水泥掺入量或水泥浆的配合比试验，以确定相应的水泥掺入比或水泥浆水灰比；对于高压喷射注浆，施工前应通过试喷试验，确定不同土层旋喷固结体的最小直径、高压喷射施工技术参数等；初步设计时，可参考表 5-7 中搅拌或施喷的基本技术参数。

搅拌或旋喷的基本技术参数　　　　　　　　表 5-7

	桩径（mm）	水泥强度	水灰比	掺入比	外掺剂	水泥土强度要求	切割搭接宽度
搅拌桩	≥500	≥32.5	0.8~1.5	湿法：15%~18%干法：13%~16%	早强剂或减水剂	按正截面承载力计算要求提出	考虑截水作用时，搭接宽度不宜小于150mm；不考虑截水作用时，不宜小于100mm
旋喷桩	≥600	≥32.5	1.0~1.5		早强剂或减水剂		旋喷固结体不宜小于150mm；摆喷固结体不宜小于150mm；定喷固结体不宜小于200m

水泥土墙的施工与检测内容主要有两部分，其一是水泥土桩部分，其二是墙体部分。对于墙体部分主要有以下三个方面要求：

1）水泥土墙应采取切割搭接法施工，应在前桩水泥土尚未固化时进行后序搭接桩施工，施工开始和结束的头尾搭接处应采取加强措施，消除搭接沟缝。

2）当设置插筋时桩身插筋应在桩顶搅拌完成后及时进行。插筋材料、插入长度和出露长度等均应按计算和构造要求确定。

3）水泥土墙应在设计开挖龄期采用钻芯法检测墙身完整性，钻芯数量不宜少于总桩数的 2％，且不应少于 5 根；并应根据设计要求取样进行单轴抗压强度试验。

2. 水泥土桩的施工与检测

（1）搅拌桩

1）搅拌桩的适用范围

搅拌桩是指以水泥作为固化剂的主剂，通过特制的深层搅拌机械，将固化剂和地基土强制搅拌，使软土硬结成具有整体性、水稳定性和一定强度的桩体；根据固化剂状态的不同，水泥土搅拌法又分为两种，当使用水泥浆作为固化剂时，称为深层搅拌法（简称湿法），当使用水泥粉作为固化剂时，称为粉体喷射搅拌法（简称干法）。

水泥土搅拌法适用于正常固结的淤泥与淤泥质土、粉土、饱和黄土、素填土、黏性土以及无流动地下水的饱和松散砂土等的地基。当地基土的天然含水量小于 30％（黄土含水量小于 25％）、大于 70％或地下水的 pH 值小于 4 时不宜采用干法。用于处理泥炭土、有机质土、塑性指数大于 25 的黏土、地下水具有腐蚀性时以及无工程经验的地区，必须通过现场试验确定其适用性。

2）施工要求

水泥土搅拌法施工步骤主要有：①搅拌机械就位、调平；②预搅下沉至设计深度；③边喷浆、边搅拌提升直至预定的停浆面；④重复搅拌下沉至设计深度；⑤根据设计要求，喷浆或仅搅拌提升直至预定的停浆面；⑥关闭搅拌机械；

在预（复）搅下沉时，也可采用喷浆（粉）的施工工艺，但必须确保全桩长上下至少再重复搅拌一次。

水泥土搅拌桩施工前应根据设计进行工艺性试桩，数量不得少于 2 根。当桩周为成层土时，应对相对软弱土层增加搅拌次数或增加水泥掺量。施工现场事先应予以平整，必须清除地上和地下的障碍物。遇有池塘及洼地时应抽水和清淤，回填黏性土料并予以压实，不得回填杂填土或生活垃圾。

搅拌头翼片的枚数、宽度、与搅拌轴的垂直夹角、搅拌头的回转数、提升速度应相互匹配，以确保加固深度范围内土体的任何一点均能经过 20 次以上的搅拌。施工中应保持搅拌桩机底盘的水平和导向架的竖直，搅拌桩的垂直偏差不得超过 1％；桩位的偏差不得大于 50mm；成桩直径和桩长不得小于设计值。

在开挖基坑时，应将搅拌桩顶端施工质量较差的桩段用人工挖除。

3）质量检查

水泥土搅拌桩的施工质量检验可采用以下方法：

① 成桩 7d 后，采用浅部开挖桩头（深度宜超过停浆面下 0.5m），目测检查搅拌的均匀性，量测成桩直径，检查量为总桩数的 5％。

② 成桩后 3d 内，可用轻型动力触探检查每米桩身的均匀性。检验数量为施工总桩数的 1％，且不少于 3 根。

③ 经触探试验检验后对桩身质量有怀疑时，应在成桩 28d 后，用单动双管取样器钻取芯样作抗压强度检验，检验数量为施工总桩数的 0.5%，且不少于 3 根。

④ 对相邻桩搭接要求严格的工程，应在成桩 15d 后，选取数根桩进行开挖，检查搭接情况。

⑤ 基槽开挖后，应检验桩位、桩数与桩顶质量，如不符合设计要求，应采取有效补强措施。

（2）旋喷桩

1）旋喷桩工艺类型

利用钻机把带有喷嘴的注浆管钻至土层的预定位置或先钻孔后将注浆管放至预定位置，以高压使浆液或水从喷嘴中射出，边旋转边喷射浆液，使土体与浆液搅拌混合形成水泥土桩体，称为旋喷桩。高压喷射注浆法是先成孔，后喷浆，喷浆方式分旋喷、定喷和摆喷三种类别。

2）高压喷射注浆法施工要点

高压喷射注浆法的主要材料为水泥，对于无特殊要求的工程，宜采用强度等级为 32.5 级及以上的普通硅酸盐水泥。根据需要可加入适量的外加剂及掺合料，外加剂和掺合料的用量，应通过试验确定。水泥浆液的水灰比应按工程要求确定，可取 0.8~1.5，常用 1.0。

喷射孔与高压注浆泵的距离不宜大于 50m，钻孔的位置与设计位置的偏差不得大于 50mm。当喷射注浆管贯入土中，喷嘴达到设计标高时，即可喷射注浆。在喷射注浆参数达到规定值后，随即分别按旋喷、定喷或摆喷的工艺要求，提升喷射管，由下而上喷射注浆。喷射管分段提升的搭接长度不得小于 100mm。

高压喷射注浆完毕，应迅速拔出喷射管。为防止浆液凝固收缩影响桩顶高程，必要时可在原孔位采用冒浆回灌或第二次注浆等措施。

施工中应作好泥浆处理，及时将泥浆运出或在现场短期堆放后作土方运出，同时应严格按照施工参数和材料用量施工，并如实做好各项记录。

3）旋喷桩的质量检查

高压喷射注浆的质量检验宜在高压喷射注浆结束 28d 后进行。可根据工程要求和当地经验采用开挖检查、取芯（常规取芯或软取芯）、标准贯入试验、载荷试验或围井注水试验等方法进行检验，并结合工程测试、观测资料及实际效果综合评价加固效果。

检验点应布置在下列位置：①有代表性的桩位；②施工中出现异常情况的部位；③地基情况复杂，可能对高压喷射注浆质量产生影响的部位。检验点的数量为施工孔数的 1%，并不应少于 3 点。

实训项目

一、实训题目

制定基坑支护结构施工方案。

二、实训内容

该工程主体为框架-剪力墙结构，地上 12 层，地下 1 层。建筑总高度为 42.5m，建筑总面积为 18600m²，基坑形状呈"一"字形，东西长 60m，南北宽 45m，基坑底面开挖标高为－7.200m，自然地面标高为－0.900m，地下水位线标高为－2.800m。渗透系数为4m/d。边坡采用1：0.33。

该基坑土层情况是：从自然地面以下至－1.800m为杂填土，－1.850～－8.000m为粉质砂土，－8.500m以下为黏性土。该工程位于市区内，场地东、西、北三侧均有建筑物，南侧面临市区主干道。

根据上述背景，编制基坑支护结构施工方案。

三、实训要求

该施工方案必须包括以下内容：编制依据；支护结构选型；支护结构设计；支护结构的施工程序；支护结构的施工方法（操作工艺）；质量控制；技术、安全、管理措施。

四、实训方式

以实训教学专用周的形式进行、时间为0.5周，也可根据各校具体情况安排。

五、实训成果

实训结束后，每位学生提供一份实训资料，按照施工企业技术资料归档要求装订成册。

思考与练习

一、简答题

1. 基坑支护结构的形式一般有哪些？分别适用于什么条件？

2. 地下连续墙具有哪些优点和缺点？地下连续墙是一种比钻孔灌注桩和深层搅拌桩造价昂贵的结构形式，为什么还要采用？

3. 地下连续墙的主要施工程序包含哪几个步骤？

4. 土钉墙有哪些特点？土钉墙与土层锚杆有哪些相似和不同？

5. 基坑降水对周围环境有哪些影响？

6. 减少基坑降水影响的工程措施有哪些？

7. 砂性土边坡和黏性土边坡破坏方式有何不同？两者在何种情况下可采用相同的滑动模式？

8. 在黏性土边坡稳定分析时，所要解决的主要问题主要有哪些？

> **学习检测**
>
> 教学单元5 思考与练习答案

二、计算题

1. 某条形基础宽3m，基底埋深1.2m，建于均质的黏土地基上，土层$\gamma=18.5kN/m^3$，$\varphi=20°$，$c=15.0kPa$，试计算该地基的临塑荷载p_{cr}及塑性荷载$p_{1/4}$。

2. 某方形基础受中心垂直荷载作用，$b=5m$，$d=2.0m$，地基为坚硬黏土，$\gamma=18.2kN/m^3$，$\varphi=20°$，$c=15.0kPa$，试分别按$p_{1/4}$、太沙基公式确定地基的承载力（安全系数取3.0）。

> **视频微课**
>
> 5.4.3 计算题3讲解

3. 已知某拟建建筑物场地地质条件，第一层：杂填土，层厚1.0m，$\gamma=18kN/m^3$；第二层：粉质黏土，层厚4.2m，$\gamma=18.5kN/m^3$，$e=0.85$，$I_L=0.75$，地基承载力特征值$f_{ak}=130kPa$，试按以下基础条件分别计算修正后的地基承载力特征值：①当基础底面为4.0m×2.5m的矩形独立基础，埋深$d=1.2m$；②当基础底面为9.0m×42.0m的箱形基础，埋深$d=4.2m$。

教学单元6 地基处理

■ **思维导图** ■■■

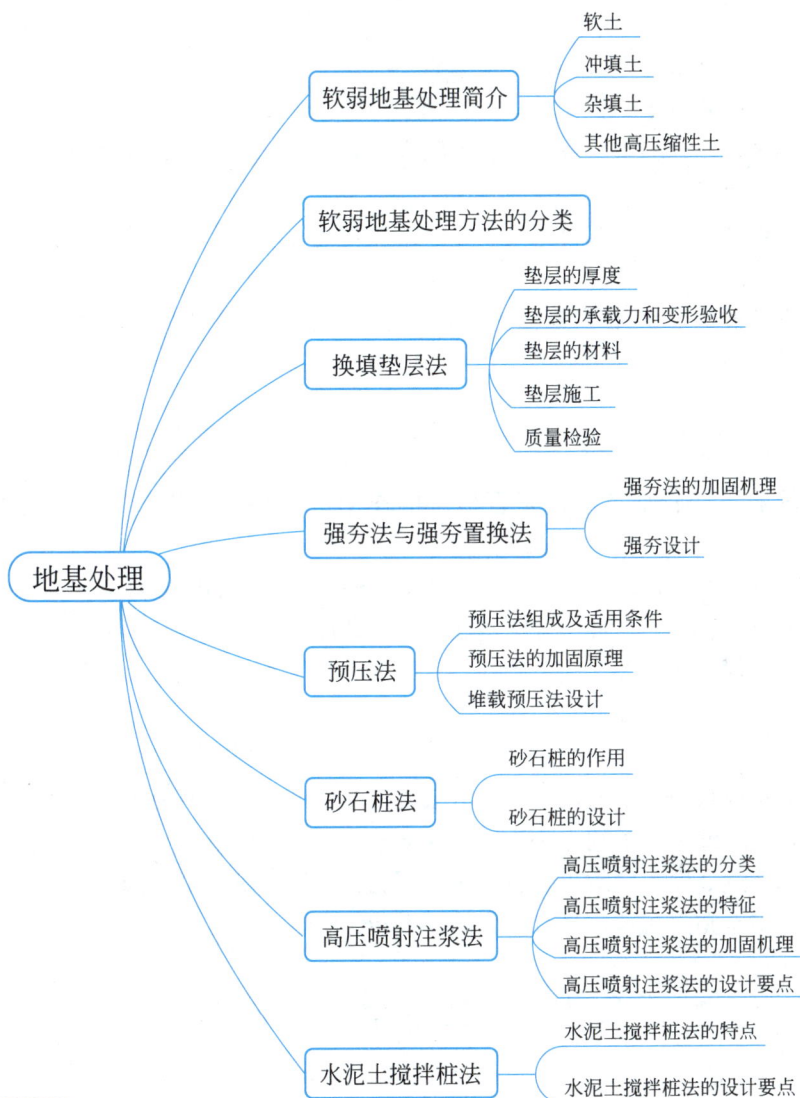

软弱地基处理简介 — 软土
— 冲填土
— 杂填土
— 其他高压缩性土

软弱地基处理方法的分类

换填垫层法 — 垫层的厚度
— 垫层的承载力和变形验收
— 垫层的材料
— 垫层施工
— 质量检验

强夯法与强夯置换法 — 强夯法的加固机理
— 强夯设计

地基处理

预压法 — 预压法组成及适用条件
— 预压法的加固原理
— 堆载预压法设计

砂石桩法 — 砂石桩的作用
— 砂石桩的设计

高压喷射注浆法 — 高压喷射注浆法的分类
— 高压喷射注浆法的特征
— 高压喷射注浆法的加固机理
— 高压喷射注浆法的设计要点

水泥土搅拌桩法 — 水泥土搅拌桩法的特点
— 水泥土搅拌桩法的设计要点

视频微课

教学单元6
导学

◼ 引入案例 ◼◼◼

北京某居民住宅楼，拟建场地原为烧琉璃瓦的砖窑及回填的炉渣，土质松软，强度较低，个别地方还有大古井及渗井，无法满足地上建筑物的设计要求。综合分析各种地基处理方法后，在设计院的建议下，建设单位采用孔内深层强夯（DDC）技术对该地基进行处理，主要技术如下：

（1）采用孔内深层强夯（DDC）渣土桩。

（2）成孔直径 $\phi400mm$，平均成桩直径 $\phi600mm$，桩深 8m。

（3）桩体填料为：渣土（碎砖瓦、混凝土块、石料、工业无毒废料以及它们的混合物等）。

（4）对大古井和渗井，孔内深层强夯（DDC）技术采用专用特异型重锤进行处理，最终达到设计要求。

该工程成桩数量 1600 根。经检测，复合地基承载力 $f_k \geq 270kPa$，满足设计要求，整体刚度均匀。

◼ 学习目标 ◼◼◼

• 了解软弱土的特征；掌握复合地基的作用机理、参数的选用、承载力与变形的计算；

• 了解地基处理的目的、分类和适用范围；熟悉地基加固的原理；

• 学会换土垫层法、强夯法等地基处理的设计计算；

• 能根据工程地质条件、施工条件、资金情况等因素因地制宜地选择合适的地基处理方案。

若天然地基很软弱，不能满足地基承载力和变形等要求，便要先经过人工加固后再建造基础，这种人工处理地基的方法称为软弱地基处理。

软弱地基经过处理，可防止各类倒塌、下沉、倾斜等恶性事故的发生，确保基础和上部结构的使用安全和耐久性，具有巨大的技术和经济意义。

6.1 软弱地基处理简介

根据现行国家标准《建筑地基基础设计规范》GB 50007—2011 规定，软弱地基主要由淤泥、淤泥质土、冲填土、杂填土或其他高压缩性土层构成的地基。

1. 软土

淤泥及淤泥质土称为软土，它是在静水或非常缓慢的流水环境中沉积，经生物化学作用形成的，天然含水率大于液限、天然孔隙比 $e \geq 1.0$ 的黏性土。当 $1.0 \leq e < 1.5$ 时为淤泥质土；当 $e \geq 1.5$ 时为淤泥。软土广泛分布在我国沿海地区、内陆地区

以及江河湖泊处。软土具有显著的结构性和明显的流变性，以及抗剪强度低、压缩性较高和透水性较差等特性，因此，在软土地基上修建建筑物，必须重视地基的变形和稳定问题。

2. 冲填土

冲填土是在整治和疏通江河时，用挖泥船或泥浆泵把江河或港湾底部的泥砂用水力冲填或吹填形成的沉积土。在我国长江、黄浦江和珠江两岸以及天津等地分布着不同性质的基础工程冲填土。冲填土的物质成分比较复杂，如以粉土、黏土为主，则属于欠固结的软弱土，但若主要由中砂粒以上的粗颗粒组成的，则不属于软弱土。冲填土的工程性质主要取决于颗粒组成、均匀性和排水固结条件。

3. 杂填土

杂填土是由于人类活动而产生的人工杂物，包括建筑垃圾、工业废料和生活垃圾等。杂填土的成因没有规律，组成的物质杂乱，分布极不均匀，结构松散。其主要特性是强度低、压缩性高和均匀性差，一般还具有浸水湿陷性。即使在同一建筑场地的不同位置，地基承载力和压缩性也有较大差异。对有机质含量较多的生活垃圾和对地基有侵蚀性的工业废料等杂填土，设计时尤应注意。杂填土一般未经处理不宜作为地基持力层。

4. 其他高压缩性土

饱和松散粉细砂（包括部分粉土）也应属于软弱地基范畴，其在动力荷载（机械振动、地震等）重复作用下将产生液化，基坑开挖时也会产生管涌。

6.2　软弱地基处理方法的分类

地基处理的目的是利用人工置换、夯实、挤密、排水、注浆、加筋和冷热处理等方法手段，对软弱地基土进行改造和加固，来改善地基土的工程性质、变形特性和渗透性，提高其抗剪强度和抗液化能力，使其满足工程建设的要求。

地基处理方法的分类多种多样。按时间分为临时处理和永久处理；按处理深度分为浅层处理和深层处理；按土性对象分为砂性土处理和黏性土处理、饱和土处理和非饱和土处理；也可以按照地基处理的作用机理分类，软弱土地地基处理方法分类表见表6-1。需要说明的是，一种地基处理方法可能会同时具有几种不同的作用，如砂石桩具有置换、挤密、排水和加筋等多重作用。

软弱土地基处理方法分类表 表 6-1

分类	处理方法	原理及作用	适用范围
换填垫层	砂石垫层、素土垫层、灰土垫层、矿渣垫层等	挖去地表浅层软弱土层或不均匀土层，回填坚硬、较粗粒径的材料，并夯压密实，形成垫层，从而提高持力层承载力	适用于处理浅层软弱地基及不均匀地基

分类	处理方法	原理及作用	适用范围
碾压及夯实	重锤夯实、机械碾压、振动压实	利用压实原理,通过夯实、碾压、振动,把地基表层压实,以提高其强度,减少其压缩性和不均匀性,消除其湿陷性	适用于处理低饱和度的黏性土、粉土、砂土、碎石土、人工填土等
	强夯	反复将夯锤提到高处使其自由落下,给地基以冲击和振动能量,将其夯实,从而提高土的强度并降低其压缩性,在有效影响深度范围内消除土的液化及湿陷性	适用于处理碎石土、砂土、低饱和度的粉土与黏性土、湿陷性黄土、素填土和杂填土等
预压	堆载预压、真空预压、降水预压	对地基进行堆载或真空预压,加速地基的固结和强度增长,提高地基的稳定性;加速沉降发展,使地基沉降提前完成。降水预压则是借井点抽水降低地下水位,以增加土的自重应力,达到预压目的	适用于处理饱和软弱土。降水预压适用于渗透性较好的砂或砂质土
挤密、振密	土或灰土挤密桩、石灰桩、砂石桩等	借助于机械、夯锤或爆破,使土的孔隙减少,强度提高;必要时,回填素土、灰土、石灰、砂、碎石等,与地基土组成复合地基,从而提高地基的承载力,减少沉降量	适用于处理无黏性土、杂填土、非饱和黏性土及湿陷性黄土等
置换及拌入	高压喷射注浆、水泥土搅拌等	在地基中掺入水泥、石灰或砂浆等形成增强体,与未处理部分土组成复合地基,从而提高地基的承载力,减少沉降量	适用于处理软弱黏性土、欠固结冲填土、粉砂、细砂等
加筋	土工合成材料加筋、锚固、加筋土、树根桩	通过在地基土中设置强度较大的土工合成材料、拉筋等加筋材料,从而提高地基的承载力,减小沉降量,或维持建筑物的稳定	适用于处理砂土、软弱土、人工填土地基
托换技术	桩式托换、灌浆托换、热加固托换、纠偏托换等	通过独特的技术措施对原有建筑物和基础处理、加固或改建,来改变受力和变形性能,以满足原有建筑物的安全和正常使用要求	根据具体方法确定

6.3　地基处理方法

6.3.1　换填垫层法

当软弱土地基的承载力或变形满足不了建筑物的要求,而软弱土层的厚度又不很大时,将基础底面下处理范围内的软弱土层或不均匀土层挖去,然后分层回填坚硬、较粗粒径的材料,并夯压密实,这种地基处理方法称为换填垫层法,简称换填法。

换填法适用于淤泥、淤泥质土、湿陷性黄土、素填土、杂填土地基及暗沟、暗塘等浅层处理。常用于轻型建筑、地坪、堆料场地和道路工程等地基处理。当建筑物荷载不大,软弱土层厚度较小时,采用换填垫层法能取得较好的效果。

换填垫层法的作用可体现在五个方面:①提高浅层地基承载力;②减少沉降量;③加

速软弱土层的排水固结；④防止冻胀；⑤消除膨胀土的胀缩性。

在各类工程中，垫层所起的作用往往是不同的，如房屋建筑物基础下的垫层主要起提高浅层地基承载力的作用；而在路堤及土坝等工程中的垫层主要起排水固结的作用。

垫层的设计不但要满足建筑物对地基变形及稳定的要求，而且应符合经济合理的原则。设计时，应根据建筑的体型、结构特点、荷载性质、岩土工程条件，施工机械设备及填料性质和来源等进行综合分析，其设计内容主要是确定断面的合理厚度和宽度。对于垫层，既要有足够的厚度来置换可能被剪切破坏的软弱土层，又要有足够的宽度以防止垫层向两侧挤出。对于有排水要求的垫层来说，除要求有一定的厚度和宽度外，还需形成一个排水面，促进软弱土层的固结，提高其强度，以满足上部荷载的要求。

1. 垫层的厚度

垫层的厚度应根据需要置换软弱土层的深度或垫层底部下卧土层的承载力确定，垫层内应力分布如图 6-1 所示。并符合下式要求：

$$p_z + p_{cz} \leqslant f_{az} \tag{6.3-1}$$

式中，p_z 为垫层底面处的附加应力设计值（kPa）；p_{cz} 为垫层底面处土的自重压力值（kPa）；f_{az} 为经深度修正后垫层底面处土层的地基承载力特征值（kPa）。

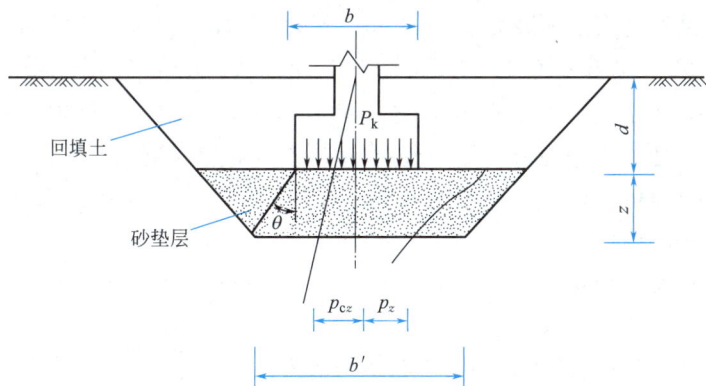

图 6-1　垫层内应力的分布

垫层底面处的附加压力值 p_z 可按压力扩散角 θ 进行简化计算。

条形基础：
$$p_z = \frac{b(p - p_c)}{b + 2z \cdot \tan\theta} \tag{6.3-2}$$

矩形基础：
$$p_z = \frac{b \cdot l(p - p_c)}{(b + 2z \cdot \tan\theta)(l + 2z \cdot \tan\theta)} \tag{6.3-3}$$

式中，b 为矩形基础或条形基础底面的宽度（m）；l 为矩形基础底面的长度（m）；p 为基础底面压力的设计值（kPa）；p_c 为基础底面处土的自重压力值（kPa）；z 为基础底面下垫层的厚度（m）；θ 为垫层的压力扩散角（°），可按表 6-2 采用。

具体计算时，一般可根据垫层的承载力确定出基础宽度，再根据下卧土层的承载力确定出垫层的厚度。可先假设一个垫层的厚度，然后按公式（6.3-2）或公式（6.3-3）进行验算，直至满足要求为止。垫层厚度不宜小于 0.5m，也不宜大于 3m，垫层太厚施工较困难，而太薄则换填垫层的作用不显著。

压力扩散角 θ (°)   表 6-2

换填材料 \\ z/b	中砂、粗砂、砾砂、圆砾、角砾卵石、碎石	黏性土和粉土 $(8<I_p<14)$	灰土
0.25	20	6	28
≥0.50	30	23	

注：当 $z/b<0.25$ 时，除灰土仍取 $\theta=28°$ 外，其余材料均取 $\theta=0°$；当 $0.25<z/b<0.5$ 时，θ 值可用内插法求得。

2. 垫层的承载力和变形验算

垫层的承载力宜通过现场荷载试验确定，并应进行下卧层承载力的验算。对于垫层下存在软弱下卧层的建筑，在进行地基变形计算时应考虑邻近基础对软弱下卧层顶面应力叠加的影响。当超出原地面标高的垫层或换填材料的重度高于天然土层重度时，宜早换填，并应考虑其附加的荷载对建筑及邻近建筑的影响。

垫层地基的变形由垫层自身变形和下卧层变形组成。垫层地基的变形可仅考虑其下卧层的变形。对沉降要求严的或垫层厚的建筑，应计算垫层自身的变形。垫层下卧层的变形量可按现行国家标准《建筑地基基础设计规范》GB 50007—2011 的有关规定计算。

【例 6-1】某四层砖混结构住宅，承重墙下为条形基础，宽 1.2m，埋深为 1.0m，上部建筑物作用于基础的地表上荷载为 120kN/m，基础及基础上土的平均重度为 20.0kN/m³。场地土质条件为第一层粉质黏土，层厚 1.0m，重度为 17.5kN/m³；第二层为淤泥质黏土，层厚 15.0m，重度 17.8kN/m³，含水量为 65%，承载力特征值为 45kPa；第三层为密实砂砾石层，地下水距地表为 1.0m。求垫层厚度和垫层宽度。

【解】砂垫层设计如下：

（1）确定砂垫层厚度

1）先假设砂垫层厚度为 1.0m，并要求分层碾压夯实，其干密度要求大于 1.620t/m³。

2）试算砂垫层厚度。基础底面的平均压力值为：

$$p_k = \frac{120 + 1.2 \times 1.0 \times 20.0}{1.2} = 120 (\text{kPa})$$

3）砂垫层底面的附加压力为：

$$p_z = \frac{b(p_k - p_c)}{b + 2z\tan\theta} = \frac{1.2(120 - 17.5 \times 1.0)}{1.2 + 2 \times 1.0 \times \tan 30°} = 52.2 (\text{kPa})$$

4）垫层底面处土的自重压力为：

$$p_{cz} = 17.5 \times 1.0 + (17.8 - 10) \times 1.0 = 25.3 (\text{kPa})$$

5）垫层底面处经深度修正后的地基承载力特征值为：

$$f_{az} = f_{ak} + \eta_d \gamma_m (d - 0.5) = 45 + 1.0 \times \frac{17.5 \times 1.0 + 7.8 \times 1.0}{2} (2.0 - 0.5) = 64.0 (\text{kPa})$$

$$p_z + p_{cz} = 52.2 + 25.3 = 77.5 (\text{kPa}) > 64 (\text{kPa})$$

以上说明设计的垫层厚度不够，再重新设计垫层厚度为 1.7m，同理可得：

$$p_z + p_{cz} = 38.9 + 30.8 = 69.7 (\text{kPa}) < 72.8 (\text{kPa})$$

说明满足设计要求，故垫层厚度取 1.7m。

（2）确定垫层宽度

$$b' = b + 2z\tan\theta = 1.2 + 2 \times 1.7 \times \tan 30° = 3.2(\text{m})$$

取垫层宽度为 3.2m。

3. 垫层的材料

目前，常用的垫层有砂垫层、碎石垫层、素土垫层、灰土垫层、矿渣垫层、粉煤灰垫层以及用其他性能稳定、无侵蚀性的材料做的垫层等。垫层可选用砂石、粉质黏土、灰土、矿渣、粉煤灰、其他工业废渣、土工合成材料等。但应注意：①对湿陷性黄土地基，不得选用砂石等透水材料；②用于湿陷性黄土或膨胀土地基的粉质黏土垫层，土料中不得夹有砖、瓦和石块；③易受酸、碱影响的基础或地下管网不得采用矿渣垫层；④作为建筑物垫层的粉煤灰和矿渣应符合有关放射性安全标准的要求，大量填筑粉煤灰和矿渣时，应考虑对地下水或土壤的环境影响；⑤所用土工合成材料的品种与性能及填料的土类应根据工程特性和地基土条件，按照《土工合成材料应用技术规范》GB/T 50290—2014 的要求，通过设计并进行现场试验后确定。

4. 垫层施工

垫层施工应根据不同的换填材料选择施工机械。粉质黏土、灰土宜采用平碾、振动碾或羊足碾，中小型工程也可采用蛙式夯、柴油夯。砂石等宜用振动碾。粉煤灰宜采用平碾、振动碾、平板振动器、蛙式夯。矿渣宜采用平板振动器或平碾，也可采用振动碾。

垫层的施工方法、分层铺填厚度、每层压实遍数等宜通过试验确定。除接触下卧软土层的垫层底部应根据施工机械设备及下卧层土质条件确定厚度外，一般情况下，垫层的分层铺填厚度可取 200～300mm。为保证分层压实质量，应控制机械碾压速度。

粉质黏土和灰土垫层土料的施工含水量宜控制在最优含水量 $w_{op} \pm 2\%$ 的范围内，粉煤灰垫层的施工含水量宜控制在 $w_{op} \pm 4\%$ 的范围内。最优含水量可通过击实试验确定，也可按当地经验取用。

当垫层底部存在古井、古墓、洞穴、旧基础、暗塘等软硬不均的部位时，应根据建筑对不均匀沉降的要求予以处理，并经检验合格后，方可铺填垫层。

基坑开挖时应避免坑底土层受扰动，可保留约 200mm 厚的土层暂不挖去，待铺填垫层前再挖至设计标高。严禁扰动垫层下的软弱土层，防止其被践踏、受冻或受水浸泡。在碎石或卵石垫层底部宜设置 150～300mm 厚的砂垫层或铺一层土工织物，以防止软弱土层表面的局部破坏，同时必须防止基坑边坡坍土混入垫层。

换填垫层施工应注意基坑排水，除采用水撼法施工砂垫层外，不得在浸水条件下施工，必要时应采用降低地下水位的措施。

垫层底面宜设在同一标高上，如深度不同，基坑底土面应挖成阶梯或斜坡搭接，并按先深后浅的顺序进行垫层施工，搭接处应夯压密实。粉质黏土及灰土垫层分段施工时，不得在柱基、墙角及承重窗间墙下接缝。上下两层的缝距不得小于 500mm。接缝处应夯压密实。灰土应拌合均匀并应当日铺填夯压。灰土夯压密实后 3d 内不得受水浸泡。粉煤灰垫层铺填后宜当天压实，每层验收后应及时铺填上层或封层，防止干燥后松散起尘污染，同时应禁止车辆碾压通行。垫层竣工验收合格后，应及时进行基础施工与基坑回填。

铺设土工合成材料时，下铺地基土层顶面应平整，防止土工合成材料被刺穿、顶破。

铺设时应把土工合成材料张拉平直、绷紧，严禁有折皱；端头应固定或回折锚固；切忌曝晒或裸露；连结宜用搭接法、缝接法和胶结法，并均应保证主要受力方向的连结强度不低于所采用材料的抗拉强度。

5. 质量检验

对粉质黏土、灰土、粉煤灰和砂石垫层的施工质量检验可用环刀法、贯入仪、静力触探、轻型动力触探或标准贯入试验检验；对砂石、矿渣垫层可用重型动力触探检验。并均应通过现场试验以设计压实系数所对应的贯入度为标准，检验垫层的施工质量。压实系数也可采用环刀法、灌砂法、灌水法或其他方法检验。

垫层的施工质量检验必须分层进行。应在每层的压实系数符合设计要求后铺填上层土。

采用环刀法检验垫层的施工质量时，取样点应位于每层厚度的 2/3 深度处。检验点数量，对大基坑每 $50\sim100\text{m}^2$ 不应少于 1 个检验点；对基槽每 $10\sim20\text{m}$ 不应少于 1 个点；每个独立柱基不应少于 1 个点。采用贯入仪或动力触探检验垫层的施工质量时，每分层检验点的间距应小于 4m。

竣工验收采用载荷试验检验垫层承载力时，每个单体工程不宜少于 3 点；对于大型工程则应按单体工程的数量或工程的面积确定检验点数。

6.3.2　强夯法与强夯置换法

强夯法是通过 $8\sim40\text{t}$ 的重锤（最重可达 200t）和 $8\sim25\text{m}$ 的落距（最高可达 40m），对地基土反复施加冲击和振动能量，将地基土夯实的地基处理方法；强夯置换法是将重锤提到高处使其自由落下形成夯坑，并不断夯击坑内回填的砂石、钢渣等硬粒料，使其形成密实的墩体的地基处理方法。强夯法和强夯置换法可提高地基土的强度、降低土的压缩性、改善砂土的抗液化条件、消除湿陷性黄土的湿陷性等。同时，冲击和振动能量还可提高土层的均匀程度，减少将来可能出现的差异沉降。

强夯法适用于处理碎石土、砂土、低饱和度的粉土与黏性土、湿陷性黄土、素填土和杂填土等地基。强夯置换法适用于高饱和度的粉土与软塑至流塑的黏性土等地基上对变形控制要求不严的工程。但是强夯法不得用于不允许对工程周围建筑物和设备有振动影响的场地地基加固，必需时，应采取防振、隔振措施。强夯置换法在设计前必须通过现场试验确定其适用性和处理效果。

1. 强夯法的加固机理

强夯法加固地基有三种不同的加固机理：动力密实、动力固结和动力置换，它取决于地基土的类别和强夯法的施工工艺。

（1）动力密实

采用强夯法加固多孔隙、粗颗粒、非饱和土是基于动力密实的机理，即用冲击型动力荷载，使土体中的孔隙减小，土体变得密实，从而提高地基土强度。非饱和土的夯实过程，就是土中的气相（空气）被挤出的过程，夯实变形主要是由于土颗粒的相对位移引起的。

（2）动力固结

用强夯法处理细颗粒饱和土时，则是借助于动力固结的理论，即巨大的冲击能量在土中产生很大的应力波，破坏土体原有结构，使土体局部发生液化并产生裂隙，从而增加排水通道，加速孔隙水排出，随着超静孔隙水压力的消散，土体逐渐固结。由于软土的触变性，强度得到提高。

（3）动力置换

动力置换是利用夯击时产生的冲击力，强行将砂、碎石等挤填到饱和软土层中，置换原饱和软土，形成"桩柱"或密实砂石层。与此同时，未被置换的下卧层饱和软土，在动力作用下排水固结，变得更加密实。从而使地基承载力提高，沉降减小。

2. 强夯设计

（1）有效加固深度

有效加固深度既是选择地基处理方法的重要依据，又是反映处理效果的重要参数。强夯法的有效加固深度 H 一般可按下列公式估算：

$$H = \alpha \sqrt{Wh} \tag{6.3-4}$$

式中，W 为夯锤重量（kN）；h 为落距（m）；α 为系数，根据所处理地基土的性质而定，对软土可取 0.5，对黄土可取 $0.34 \sim 0.5$。

影响强夯法有效加固深度的因素很多，除了锤重和落距外，还有地基土的性质、不同土层的厚度和埋藏顺序、地下水位以及强夯法的其他设计参数等。因此，强夯法的有效加固深度应根据现场试夯或当地经验确定。在缺少试验资料或经验时也可按表6-3预估。

强夯法的有效加固深度 表 6-3

单击夯击能（kN·m）	碎石土、砂土等粗颗粒土（m）	粉土、黏性土、湿陷性黄土等细颗粒土（m）
1000	$5.0 \sim 6.0$	$4.0 \sim 5.0$
2000	$6.0 \sim 7.0$	$5.0 \sim 6.0$
3000	$7.0 \sim 8.0$	$6.0 \sim 7.0$
4000	$8.0 \sim 9.0$	$7.0 \sim 8.0$
5000	$9.0 \sim 9.5$	$8.0 \sim 8.5$
6000	$9.5 \sim 10.0$	$8.5 \sim 9.0$
8000	$10.0 \sim 10.5$	$9.0 \sim 9.5$

注：强夯法的有效加固深度应从最初起夯面算起。

强夯置换墩的深度由土质条件决定，对淤泥、泥炭等黏性软弱土层，置换墩应穿透软土层，坐落在较好土层上；对深厚饱和粉土、粉砂，墩身可不穿透该层。强夯置换墩的深度一般不超过7m。

（2）夯锤和落距

强夯锤质量可取 $10 \sim 40$t，单击夯击能为夯锤重 W 与落距 h 的乘积，一般应根据加固土层的厚度、地基状况和土质成分确定，有时也取决于现有起重机的起重能力和臂杆的长度，一般为 $1000 \sim 8000$kN·m。单位夯击能为整个加固场地的总夯击能量（即锤重×落距×总夯击数）除以加固面积，一般根据地基土类别、结构类型、荷载大小和需处理深度等综合考虑,并通过现场试夯确定。对粗颗粒土可取 $1000\sim3000kN\cdot m/m^2$；细颗粒土取 $1500\sim4000kN\cdot m/m^2$。

夯锤重量确定后,根据要求的单击夯击能,就能确定夯锤的落距。国内通常采用的落距是 $8\sim25m$。

(3) 夯击点布置与间距

强夯和强夯置换处理范围应大于建筑物基础范围,具体的放大范围,可根据建筑物类型和重要性等因素考虑决定。对一般建筑物,每边超出基础外缘的宽度宜为基底下设计处理深度的 $1/2\sim2/3$,并不宜小于 $3m$。

夯击点布置应根据基础的形式和加固要求而定,对大面积地基一般采用等边三角形、等腰三角形或正方形；对条形基础夯击点可成行布置；对独立柱基础可按柱网设置采取单点或成组布置。

夯击点间距(夯距)的确定,一般根据地基土的性质和要求处理的深度而定,以保证使夯击能量传递到深处和邻近夯坑免遭破坏为基本原则。

第一遍夯击点间距可取夯锤直径的 $2.5\sim3.5$ 倍,以后各遍可适当减小。对处理深度较大或单击夯击能较大的工程,第一遍夯击点间距宜适当增大。

强夯置换墩间距应根据荷载大小和原土的承载力选定,当满堂布置时可取夯锤直径的 $2\sim3$ 倍。对独立基础或条形基础可取夯锤直径的 $1.5\sim2.0$ 倍。墩的计算直径可取夯锤直径的 $1.1\sim1.2$ 倍。

(4) 单点夯击击数与夯击遍数

单点夯击击数指单个夯点一次连续夯击的次数,强夯法夯点的单点夯击击数应按现场试夯得到的夯击击数和夯沉量关系曲线确定,且应同时满足：①最后两击的平均夯沉量当单击夯击能小于 $4000kN\cdot m$ 时为 $50mm$,当单击夯击能为 $4000\sim6000kN\cdot m$ 时为 $100mm$,当单击夯击能大于 $6000kN\cdot m$ 时为 $200mm$；②周围地面不应发生过大的隆起；③因夯坑过深而发生起锤困难。每夯击点的夯击击数一般为 $3\sim10$ 击。

强夯置换法夯点的夯击击数应通过现场试夯确定,且应同时满足下列条件：①墩底穿透软弱土层,且达到设计墩长；②累计夯沉量为设计墩长的 $1.5\sim2.0$ 倍；③最后两击的平均夯沉量不大于强夯的规定值。每夯击点的夯击击数一般为 $4\sim10$ 击。

夯击遍数应根据地基土的性质确定,一般可取 $2\sim3$ 遍,对于渗透性较差的细颗粒土,必要时夯击遍数可适当增加。最后再以低能量(如前几遍能量的 $1/4\sim1/5$)满夯两遍,以夯实前几遍之间的松土和被振松的表层土。

(5) 垫层铺设

强夯前要求拟加固的场地必须具有一层稍硬的表层,使其能支承起重设备,同时也可加大地下水位与地面的距离。因此有时需铺设垫层。垫层厚度随场地的土质条件、夯锤重量及其形状等条件而定。垫层厚度一般为 $0.5\sim2.0m$,铺设的垫层不能含有黏土。

(6) 间歇时间

两遍夯击之间应有一定的时间间隔,以利于土中超静孔隙水压力的消散,待地基稳定后再夯下一遍,一般两遍之间时间隔 $1\sim4$ 周。对渗透性较差的黏性土不少于 $3\sim4$ 周；对于渗透性好的地基可连续夯击。

6.3.3 预压法

预压法是对地基进行堆载或真空预压，使地基土固结的地基处理方法。该法常用于解决饱和软黏土地基的沉降和失稳问题，可使地基的沉降在加载期间基本完成或大部分完成，使建筑物在使用期间不致产生过大的沉降量和沉降差。同时，可增加地基土的抗剪强度，从而提高地基的承载力和稳定性。

视频微课

6.3.2 预压地基施工

1. 预压法组成及适用条件

预压法是由排水系统和加压系统两部分共同组成的。

排水系统主要用于改变原有地基的排水条件，缩短排水距离。该系统是由水平排水垫层和竖向排水体构成的。当软土层较薄，或土的渗透性较好而施工期较长时，可仅在地面铺设一定厚度的砂垫层，然后加载。当软土层较厚且土的渗透性较差时，可在地基中设置砂井等竖向排水体，地面连以砂垫层，构成排水系统，加快土体固结。

加压系统是指对地基施加预压的荷载，它使地基土的附加压力增加而产生固结。其材料有固体（土石料等）、液体（水等）、真空负压力荷载等。根据所施加的预压荷载不同，预压法可分为堆载预压法、真空预压法和降低地下水位法。堆载预压法是直接在地基上加载而使地基固结的方法；真空预压法是通过对覆盖于竖井地基表面的不透气薄膜内抽真空，而使地基固结的方法；降低地下水位法是通过降低地基土中的地下水位，增加土的有效自重应力，促使地基固结的方法。在实际工程中，可单独使用一种方法，也可将几种方法联合使用。

预压法适用于处理淤泥、淤泥质土和冲填土等饱和软黏土地基。对于砂类土和粉土，以及软土层厚度不大或软土层含较多薄粉砂夹层，且固结速率能满足工期要求时，可直接用堆载预压法；对深厚软黏土地基，应设置塑料排水带或砂井等排水竖井。真空预压法适用于能在加固区形成（包括采取措施后形成）稳定负压边界条件的软土地基；降低地下水位法适用于砂性土地基，也适用于软黏土层上存在砂性土的情况。

2. 预压法加固原理

饱和软黏土地基在荷载作用下，孔隙中的水逐渐地排出，孔隙体积不断减小，地基发生固结变形，同时，随着超静孔隙水压力逐渐消散，有效应力逐渐提高，地基土的强度逐渐增长。如果在建筑场地先加一个和上部建筑物相同的压力进行预压，使土层固结完后卸除荷载再建造建筑物，这样，建筑物所引起的沉降即可大大减小。如果预压荷载大于建筑物荷载，即所谓超载预压，则效果更好，因为当土层的固结压力大于使用荷载下的固结压力时，原来的正常固结黏土层将处于超固结状态，从而使土层在使用荷载下的变形大为减小。

土层的排水固结效果和它的排水边界条件有关。当土层厚度相对荷载宽度（或直径）比较小时，土层中孔隙水向上下面透水层排出而使土层发生固结，如图 6-2（a）所示，称为竖向排水固结。根据太沙基固结理论，黏性土固结所需时间与排水距离的平方成正比。因此，为了加速土层的固结，常在被加固地基中置入砂井、塑料排水板等竖向排水体，如

图 6-2（b）所示，增加土层的排水途径，缩短排水距离，达到加速地基固结的目的。

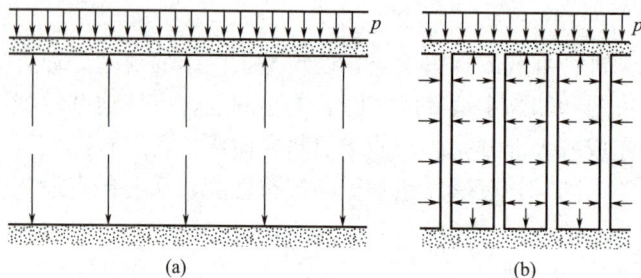

(a)   (b)

图 6-2　预压法排水情况

(a) 竖向排水情况；(b) 砂井地基排水情况

3. 堆载预压法设计

堆载预压法处理地基的设计应包括以下内容：①选择竖向排水体，确定其断面尺寸、间距、排列方式和深度；②确定预压区范围、预压荷载大小、荷载分级、加载速率和预压时间；③计算地基土的固结度、强度增长、抗滑稳定性和变形。

（1）砂井

常用的竖向排水体有普通砂井、袋装砂井和塑料排水板，三者的作用机理相同，均可采用普通砂井的设计方法。砂井设计内容包括砂井的直径、间距、长度、布置方式和范围等。

1）砂井的直径和间距

砂井的直径和间距应根据地基土的固结特性和预定时间内所要求达到的固结度确定。砂井的直径不宜过大或过小，过大不经济，过小施工易造成灌砂率不足、缩颈或砂井不连续等质量问题。常用的普通砂井直径可取 300～500mm，袋装砂井直径可取 70～120mm。塑料排水板已标准化，一般相当于直径 60～70mm。砂井的间距可按井径比选用，井径比 n 按下式确定：

$$n = \frac{d_e}{d_w} \tag{6.3-5}$$

式中，d_e 为砂井有效排水范围等效圆直径（mm）；d_w 为砂井直径（mm）。

普通砂井的间距可按 $n=6～8$ 选用，塑料排水板和袋装砂井的间距可按 $n=15～22$ 选用。

2）砂井长度

砂井的长度应根据建筑物对地基的稳定性、变形要求和工期确定。当压缩土层不厚、底部有透水层时，砂井应尽可能贯穿压缩土层；当压缩土层较厚，而且其间有砂层或砂透镜体时，砂井应尽可能打至砂层或透镜体；当压缩土层很厚，其中又无透水层时，可按地基要求处理的深度来决定。按稳定性控制的工程，如路堤、土坝、岸坡、堆料场等，砂井深度应通过稳定分析确定，砂井长度应超过最危险滑弧面的深度 2m。

3）砂井的布置和范围

砂井常按梅花形和正方形布置，如图 6-3 所示。假设每个砂井的有效影响面积为圆面积，如砂井间距为 l，则等效圆（有效排水范围）的直径 d_e 与 l 的关系为：梅花形时，$d_e = 1.05l$；正方形时，$d_e = 1.13l$。由于梅花形排列较正方形紧凑和有效，应用较多。砂井的布置范围应稍大于建筑物基础范围，扩大的范围可由基础轮廓线向外增大 2~4m。

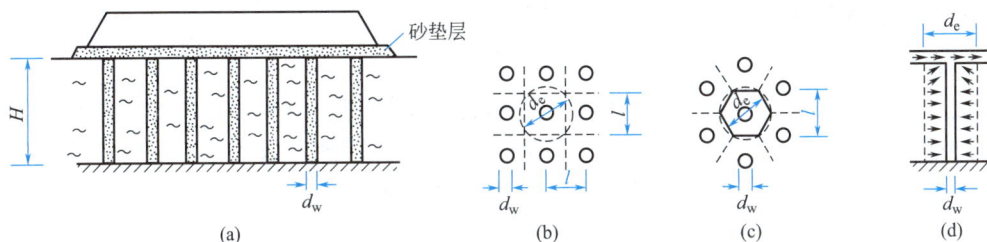

图 6-3　砂井布置图

（a）剖面图；（b）正方形布置；（c）梅花形布置；（d）砂井的排水途径

（2）砂垫层

在砂井顶面应铺设砂垫层，连通各个砂井形成通畅的排水面，以便将水排到场地以外。砂垫层厚度不应小于 0.5m；水下施工时，砂垫层厚度一般为 1.0m 左右。为节省砂料，也可采用连通砂井的纵横砂沟代替整片砂垫层，砂沟的高度一般为 0.5~1.0m，砂沟宽度一般取砂井直径的 2 倍。

（3）预压荷载

预压荷载的大小应根据设计要求确定。对于沉降有严格限制的建筑物，应采用超载预压处理。超载量应根据预压时间内要求完成的变形量通过计算确定，并宜使预压荷载下受压土层各点的有效竖向应力大于建筑物荷载引起的相应点的附加应力。预压荷载顶面的范围应等于或大于建筑物基础外缘所包围的范围。

（4）加载速率

加载速率应根据地基土的强度确定。当天然地基土的强度满足预压荷载下地基的稳定性要求时，可一次性加载，否则应分级加载，待前期预压荷载下地基土的强度增长满足下一级荷载下地基的稳定性要求时方可加载。

（5）其他

预压法地基处理的设计中还包括地基土的固结度、强度增长、抗滑稳定性和变形等的计算，以满足地基上建筑工程的各项要求，具体的计算可参见《建筑地基处理技术规范》JGJ 79—2012。

6.3.4　砂石桩法

砂石桩又称粗颗粒土桩，是指用振动、冲击或水冲等方式在软弱地基中成孔后，再将碎石或砂挤压入已成的孔中，形成大直径的碎石或砂所构成的密实桩体，并和桩周土组成复合地基的地基处理方法。

砂石桩法适用于挤密松散砂土、粉土、黏性土、素填土、杂填土等地基，也可用于处理可液化地基。对饱和黏土地基上对变形控制要求不严的工程也可采用砂石桩置换处理。

1. 砂石桩的作用

成桩方法不同，地基土类别不同，砂石桩加固地基的作用也不相同。砂石桩加固地基的作用可体现在挤密作用，振密作用，转换作用，排水作用。

2. 砂石桩的设计

（1）加固范围

加固范围应根据建筑物的重要性和场地条件及基础形式而定，通常都大于基底面积。对一般地基，加固范围应大于基底范围，处理宽度宜在基础外缘扩大 1～3 排桩。对可液化地基，在基础外缘扩大宽度不应小于可液化土层厚度的 1/2，并不应小于 5m。

（2）桩直径及桩位布置

砂石桩的直径应根据地基土质情况和成桩设备等因素确定，可按每根桩所用填料量计算。砂石桩直径可采用 300～1000mm，对饱和黏性土地基宜选用较大直径。对大面积满堂处理，桩位宜用等边三角形布置；对独立或条形基础，桩位宜用正方形、矩形或等腰三角形布置；对于圆形或环形基础（如油罐基础）宜用放射形布置。

（3）砂石桩间距

由于砂石桩在松散砂土和软弱黏性土中作用原理有所不同，因此桩间距计算方法也有所不同。

在砂土地基中，基本假定是挤密后土体中土颗粒增多而体积不变，借以控制加固后的孔隙比，从而计算桩间距，即根据要求的孔隙比计算。

按等边三角形布置时：
$$s = 0.95\xi d\sqrt{\frac{1+e_0}{e_0-e_1}} \tag{6.3-6}$$

按正方形布置时：
$$s = 0.89\xi d\sqrt{\frac{1+e_0}{e_0-e_1}} \tag{6.3-7}$$

$$e_1 = e_{max} - D_{r1}(e_{max} - e_{min}) \tag{6.3-8}$$

式中，s 为砂石桩间距（m）；d 为砂石桩直径（m）；ζ 为修正系数，当考虑振动下沉密实作用时可取 1.1～1.2，不考虑振动下沉密实作用时可取 1.0；e_0 为地基处理前砂土的孔隙比，按原状土试验确定，也可根据动力或静力触探等对比试验确定；e_1 为地基挤密后要求达到的孔隙比；e_{max}、e_{min} 为砂土最大、最小孔隙比，可按现行国家标准《土工试验方法标准》GB/T 50123—2019 的有关规定确定；D_{r1} 为要求砂土达到的相对密实度，一般取 0.70～0.85。

在黏性土地基中，桩距可按面积置换率要求计算。

按等边三角形布置时：
$$s = 1.08\sqrt{A_e} \tag{6.3-9}$$

按正方形布置时：
$$s = \sqrt{A_e} \tag{6.3-10}$$

$$A_e = A_p/m \tag{6.3-11}$$

式中，A_e 为 1 根砂石桩承担的处理面积（m²）；A_p 为砂石桩的截面积（m²）；m 为面积置换率。

（4）砂石桩桩长

砂石桩桩长可根据工程要求和工程地质条件通过计算确定，一般不宜小于 4m。当松软土层厚度不大时，砂石桩桩长宜穿过松软土层；当松软土层厚度较大时，对按变形控制的工程，砂石桩桩长应满足处理后地基变形量不超过建筑物的地基变形容许值并满足软弱下卧层承载力的要求，对按稳定性控制的工程，加固深度不小于最危险滑动面以下 2m 的深度；在可液化地基中，加固深度应按现行国家标准《建筑抗震设计规范》（2016 年版）GB 50011—2010 的有关规定采用。

（5）材料

桩体材料可以就地取材，可用碎石、卵石、角砾、圆砾、砾砂、粗砂、中砂或石屑等硬质材料，含泥量不得大于 5%，最大粒径不宜大于 50mm。

（6）垫层

砂石桩施工完毕后，基础底面应铺设 300～500mm 厚度的砂石垫层，垫层应分层铺设，用平板振动器振实。在不能保证施工机械正常行驶和操作的软弱土层上，应铺设施工用临时性垫层。

6.3.5　高压喷射注浆法

高压喷射注浆法适用于淤泥、淤泥质土、流塑、软塑或可塑黏性土、粉土、砂土、湿陷性黄土、素填土和碎石土的地基加固。当土中含有较多的大粒径块石、大量植物根茎或有较高的有机质，或地下水流速过大和已涌水的工程，应根据现场试验的结果确定其适用性。

1. 高压喷射注浆法的分类

高压喷射注浆法根据喷射流的移动方式可分为旋转喷射（简称旋喷）、定向喷射（简称定喷）和摆动喷射（简称摆喷）三种类别。高压喷射注浆法所形成的加固体形状与喷射流的移动方式有关。

旋喷法施工时：喷嘴一边喷射一边提升并旋转，加固体呈圆柱状或圆盘状。

定喷法施工时：喷嘴一边喷射一边提升，喷射的方向固定不变，加固体呈板状或壁状。

摆喷法施工时：喷嘴一边喷射一边提升，喷射的方向呈较小角度来回摆动，加固体呈较厚墙状。

高压喷射注浆法根据注浆管的类型又可分为单管法、双管法、三管法和多管法等四种，具体的施工方法详见教学单元 5"水泥土桩的施工与检测"。

视频微课

6.3.3　高压喷射注浆施工

2. 高压喷射注浆法的特征

高压喷射注浆法具有以下特点：①适用范围较广，可用于既有建筑和新建建筑的地基加固，深基坑、地铁等工程的土层加固或防水；②适用土层较多，适用范围从淤泥、淤泥质土到碎石土，均有良好的加固效果；③施工简便灵活，设备较简单、轻便，机械化程度高，全套设备紧凑，体积小，机动性强，占地少，能在狭窄场地施工；操作容易，管理方便，速度快，效率高，用途广泛，成本低；④可控制加固体的形状和加固范围；⑤耐久性好，可用于永久性工程中；⑥环保效果好，用于已有建筑物地基加固而不扰动附近土体，施工噪声低，振动小。

3. 高压喷射注浆法的加固地基的机理

高压喷射注浆时，为了取得更大的破坏力，一般要求高压脉冲泵的工作压力在20MPa以上，高压喷射流像金属翼一样冲击土体，使土体由整体变成松散状，随着喷射流的连续冲切和移动，土体破坏的深度和范围不断扩大。

从土体上冲落下来的土粒，一部分随着水流与气流被带出地面，其余的土粒与浆液搅拌混合，经过一系列的物理化学反应，便凝固成加固体。

喷射流在终期区域，能量衰减很快，不能直接冲击土体使土粒剥落，但能对有效射程的边界土产生挤压，并使部分浆液进入土粒之间的空隙里，使加固体与四周土紧密相依，不产生脱离现象。

喷射流虽然具有巨大的能量，但由于压力在土中急剧衰减，破坏土的有效射程较短，致使加固体的直径较小。当喷嘴出口的高压喷射流周围加上圆筒状空气流，进行水（浆）、气同轴喷射时，空气流使水（浆）的高压喷射流从破坏的土体上将土粒迅速吹散，使高压喷射流的喷射破坏条件得到改善，阻力大大减少，能量消耗降低，因而增大了高压喷射流的破坏能力，形成的加固体直径较大。

4. 高压喷射注浆法的设计要点

（1）加固体强度和范围。高压喷射注浆形成的加固体强度和范围，应通过现场试验确定。当无现场试验资料时，可参照相似土质条件的工程经验估计。

（2）桩的平面布置。竖向承载旋喷桩的平面布置可根据上部结构和基础特点确定，独立基础下的桩数一般不应少于4根。

（3）褥垫层设置。竖向承载旋喷桩复合地基宜在基础和桩顶之间设置褥垫层，褥垫层厚度可取200～300mm，其材料可选用中砂、粗砂、级配砂石等，最大粒径不宜大于30mm。

（4）地基承载力。竖向承载旋喷桩复合地基承载力特征值应通过现场复合地基荷载试验确定。初步设计时，单桩竖向承载力特征值可按以下两公式估算，取其中较小值。

$$R_a = \eta f_{cu} A_p \tag{6.3-12}$$

$$R_a = \mu_p \sum_{i=1}^{n} q_{si} l_i + q_p A_p \tag{6.3-13}$$

式中，f_{cu} 为与旋喷桩桩身水泥土配比相同的室内加固土试块（边长为70.7mm的立方体）在标准养护条件下28d龄期的立方体抗压强度平均值（kPa）；η 为桩身强度折减系数，可取0.33；A_p 为桩的截面积（m²）；n 为桩长范围内所划分的土层数；l_i 为桩周第 i 层土的厚度（m）；q_{si}、q_p 为桩周第 i 层土的侧阻力、桩端土的端阻力特征值（kPa），可按《建筑地基基础设计规范》GB 50007—2011有关规定确定。

6.3.6　水泥土搅拌桩法

水泥土搅拌桩法形成的水泥土加固体，可作为竖向承载的复合地基，基坑工程围护挡墙、被动区加固、防渗帷幕，大体积水泥稳定土等。水泥土搅拌桩法的具体适用范围详见教学单元5"水泥土桩的施工

视频微课

6.3.4　水泥土搅拌桩地基施工

与检测"。

1. 水泥土搅拌桩法的特点

水泥土搅拌桩法的特点包括：①在地基加固过程中无振动、无噪声、对周围环境无污染，对软土无侧向挤压，对邻近建筑物影响很小；②可根据上部结构需要灵活采用柱状、壁状、格栅状和块状等多种加固形状；③可有效提高地基强度（当水泥掺量为 8% 和 10% 时，加固体强度分别为 0.24MPa 和 0.65MPa，而天然软土地基强度仅 0.006MPa）；④施工机具比较简单，施工期较短，造价低廉，效益显著。

2. 水泥土搅拌桩法的设计要点

（1）对地质勘察的要求

确定处理方案前应搜集拟处理区域内详尽的岩土工程资料，包括：①填土层的厚度和组成；②软土层的分布范围、分层情况；③地下水位及酸碱度（pH 值）；④土的含水率、塑性指数和有机质含量等。

（2）布桩形式的选择

布桩形式可根据上部结构特点及对地基承载力和变形的要求，采用柱状、壁状、格栅状或块状等不同形式。桩可只在基础平面范围内布置，独立基础下的桩数不宜少于 3 根。柱状加固可采用正方形、等边三角形等布桩形式。

（3）桩长和桩径的确定

竖向承载搅拌桩的长度应根据上部结构对承载力和变形的要求确定，并宜穿透软弱土层到达承载力相对较高的土层；为提高抗滑稳定性而设置的搅拌桩，其桩长应超过危险滑弧以下 2m。湿法的加固深度不宜大于 20m；干法的加固深度不宜大于 15m。水泥土搅拌桩的桩径不应小于 500mm。

（4）地基承载力特征值

竖向承载水泥土搅拌桩复合地基的承载力特征值应通过现场单桩或多桩复合地基荷载试验确定。初步设计时，单桩竖向承载力特征值 R_a 也可按以下两公式估算，取其中较小值。

$$R_a = \mu_p \sum_{i=1}^{n} q_{si} l_i + \alpha q_p A_p \tag{6.3-14}$$

$$R_a = \eta f_{cu} A_p \tag{6.3-15}$$

式中，f_{cu} 为与搅拌桩桩身水泥土配比相同的室内加固土试块（边长为 70.7mm 的立方体）在标准养护条件下 28d 龄期的立方体抗压强度平均值（kPa）；η 为桩身强度折减系数，干法可取 0.2～0.30，湿法可取 0.25～0.33；n 为桩长范围内所划分的土层数；l_i 为桩周第 i 层土的厚度（m）；A_p 为桩的截面积（m²）；q_{si} 为桩周第 i 层土的侧阻力特征值（kPa），对淤泥可取 4～7kPa，对淤泥质土可取 6～12kPa，对软塑状态的黏性土可取 10～15kPa，对可塑状态的黏性土可取 12～18kPa；q_p 为桩端地基土未经修正的承载力特征值（kPa）；可按现行国家标准《建筑地基基础设计规范》GB 50007—2011 有关规定确定或地区经验确定；α 为桩端天然地基土的承载力折减系数，可取 0.4～0.6，承载力高时取低值。

■■■ **实训项目** ■■■

一、实训题目

地基处理案例分析。

二、实训方式

将学生分成若干小组，深入一个具体的地基处理施工现场，在指导教师或工程技术人员的指导下，参与施工过程的每一个环节。

三、实训目的

通过参加现场地基处理的有关工作，了解某一种地基处理方法的设计原理，熟悉其施工方法与质量检验，学会应用有关规范指导施工。

四、实训内容和要求

学生在施工现场应熟悉地基处理设计方案，了解施工现场的工程地质和水文地质资料，了解该地基土的特性、处理要点、处理效果及该处理方法的工作机理和适用性，熟悉该处理方法的施工设备、施工程序、施工中的有关注意事项、施工中常见的问题及处理措施，以及质量技术标准、质量检测方法等。

五、实训成果

现场工作完成后，各小组应对现场收集的有关资料进行整理，结合参与现场工作的认识和体会写出实训报告。各小组间交流成果，进行分析讨论，由指导教师讲评，以提高学生的实际工作能力。

■■■ **思考与练习** ■■■

一、简答题

1. 何谓软弱地基？试简述构成软弱地基的软弱土的特性？

2. 何谓复合地基？复合地基如何进行分类？

3. 何谓换填垫层法？其适用范围是什么？如何确定垫层的厚度和宽度？

4. 何谓强夯法和强夯置换法？试述其加固机理。

5. 试述预压法的加固原理与设计要点。

6. 砂石桩的设计要点有哪些？

7. 何谓高压喷射注浆法？试述其加固地基的机理。

8. 试述水泥土搅拌法的特点。

9. 土工合成材料在地基处理中有哪些作用？

二、计算题

1. 某单独基础底面边长为 1.8m，埋深 0.5m，所受轴心荷载标准值 $F_k=500kN$。基底以上为填土，重度 $\gamma=18.0kN/m^3$；其下为淤泥质土，其承载力特征值 $f_{ak}=80kPa$。若在基础下用重度为 $\gamma=20.0kN/m^3$ 的粗砂做厚度为 1.0m 的砂垫层，试验算砂垫层厚度是否满足要求，并

学习检测

教学单元6 思考与练习答案

视频微课

6.3.4 计算题1讲解

确定砂垫层的底面尺寸。

2.某砖混住宅,承重墙下条形基础,宽 1m,基础埋深 0.7m,上部结构作用于基础的荷载为 165kN/m,基础的平均重度为 20kN/m³。地基土表层为杂填土,厚度 0.7m,重度为 18kN/m³;第二层为淤泥,厚度 20m,重度 17.5kN/m³,地基承载力特征值 $f_{ak}=$ 60kPa;第三层为砾石。地下水距地表 0.7m。因为地基土较软弱,不能承受建筑物的荷载,试设计砂垫层。

拓展学习

地基基础课程 考试试卷A	地基基础课程 考试试卷A答案	地基基础课程 考试试卷B	地基基础课程 考试试卷B答案	基础工程技能 考试试题1—8

参考文献

[1] 中华人民共和国住房和城乡建设部. JGJ 120—2012 建筑基坑支护技术规程 [S]. 北京：中国建筑工业出版社，2012.

[2] 中华人民共和国住房和城乡建设部. JGJ 79—2002 建筑地基处理技术规范 [S]. 北京：中国建筑工业出版社，2002.

[3] 中国工程建设标准化协会标准. CECS 96—97 基坑土钉支护技术规程. 北京：中国计划出版社，1997.

[4] 中华人民共和国住房和城乡建设部. GB 50007—2011 建筑地基基础设计规范 [S]. 北京：中国建筑工业出版社，2010.

[5] 中华人民共和国住房和城乡建设部. GB 50086—2001 锚杆喷射混凝土支护技术规范 [S]. 北京：中国计划出版社，2001.

[6] 中华人民共和国国家标准：GB 50202—2002 建筑地基基础工程施工质量验收规范 [S]. 北京：中国计划出版社，2002.

[7] 中华人民共和国住房和城乡建设部. GB 50021—2001 岩土工程勘察规范. 北京：中国建筑工业出版社，2010.

[8] 董建国. 土力学与地基基础 [M]. 上海：同济大学出版社，2011.

[9] 朱永祥. 地基基础工程技术 [M]. 上海：中国科学技术大学出版社，2008.

[10] 杨小平. 建筑地基基础 [M]. 广东：华南理工大学出版社，2011.

[11] 卓玲. 地基基础工程 [M]. 北京：中国建材工业出版社，2012.

[12] 陈兰云. 土力学与地基基础 [M]. 北京：机械工业出版社，2012.

[13] 肖先波. 地基与基础 [M]. 上海：同济大学出版社，2009.

[14] 杨太生. 地基与基础 [M]. 北京：中国建筑工业出版社，2004.

[15] 裴利剑. 地基基础工程施工 [M]. 北京：科学出版社，2010.

[16] 江正荣. 基坑工程便携手册 [M]. 北京：机械工业出版社，2004.

[17] 张永波，孙新忠. 基坑降水工程 [M]. 北京：地震出版社，2000.